权威·前沿·原创

皮书系列为

“十二五”“十三五”“十四五”时期国家重点出版物出版专项规划项目

智库成果出版与传播平台

北京市哲学社会科学研究基地智库报告系列丛书

平安北京建设发展报告（2024）

ANNUAL REPORT ON THE DEVELOPMENT OF SAFE BEIJING (2024)

主　编／张李斌　王建新

社会科学文献出版社
SOCIAL SCIENCES ACADEMIC PRESS (CHINA)

图书在版编目(CIP)数据

平安北京建设发展报告 . 2024 / 张李斌，王建新主编 . --北京：社会科学文献出版社，2024. 12.
(平安中国蓝皮书) . --ISBN 978-7-5228-4567-8

Ⅰ. D631. 4

中国国家版本馆 CIP 数据核字第 2024FV4236 号

平安中国蓝皮书
平安北京建设发展报告（2024）

主　　编 / 张李斌　王建新

出 版 人 / 冀祥德
组稿编辑 / 恽　薇
责任编辑 / 颜林柯
文稿编辑 / 周晓莹
责任印制 / 王京美

出　　版 / 社会科学文献出版社 · 经济与管理分社（010）59367226
地址：北京市北三环中路甲 29 号院华龙大厦　邮编：100029
网址：www. ssap. com. cn
发　　行 / 社会科学文献出版社（010）59367028
印　　装 / 天津千鹤文化传播有限公司

规　　格 / 开 本：787mm × 1092mm　1/16
印 张：22. 25　字 数：330 千字
版　　次 / 2024 年 12 月第 1 版　2024 年 12 月第 1 次印刷
书　　号 / ISBN 978-7-5228-4567-8
定　　价 / 158. 00 元

读者服务电话：4008918866

本书是中国人民公安大学首都社会安全研究基地承担的2023年度北京社科基金重点项目“平安北京建设发展报告2024”（项目号：23JCB037）的研究成果，得到了北京市教育委员会、北京市社会科学界联合会、北京市哲学社会科学规划办公室的大力支持，社会科学文献出版社的出版指导，北京高校哲学社会科学创新中心——首都安全治理创新中心、中国发展战略学研究会公共安全战略专业委员会的资源支持。诸多社会安全领域专家学者提供指导意见，中国人民公安大学治安学院本科生、研究生调查团队圆满完成了调查工作。在此向所有参与本书编写的作者、开展数据整理和书稿校对的同学们以及为本书顺利出版辛勤审校的编辑们一并表示衷心感谢。

编 委 会

主要编撰者简介

（按撰稿顺序）

王建新　法学博士，中国人民公安大学治安学院副院长、教授、博士研究生导师，《治安学研究》主编，首都社会安全研究基地理事长，首都安全治理创新中心研究员。治安学二级学科带头人，全国公安优秀教师，北京市高等学校青年教学名师，霍英东教育基金会优秀青年教师，研究方向为治安法治、治安防控、应急警务。兼任中国法学会行政法学研究会理事，中国战略学研究会公共安全战略专委会会员，公安部治安管理局特聘专家。主持参与省部级以上课题10余项，在《行政法学研究》等期刊上发表学术论文20余篇，10余篇智库报告获采纳批示。

张李斌　管理学博士，法学博士后，中国人民公安大学治安学院副教授、博士研究生导师，《治安学研究》副主编，首都社会安全研究基地研究部主任，首都安全治理创新中心研究员，研究方向为社会治理与政策、治安学理论。兼任中国发展战略学研究会公共安全战略专委会会员。2019年至今，主持国家社科基金项目、北京市社会科学基金项目、科技部国家重点研发计划子课题、校级项目9项，参编著作8部，发表学术论文19篇，9篇咨询报告获采纳批示，获北京市第十七届哲学社会科学优秀成果奖二等奖。

戴　锐　法学博士，博士后，中国人民公安大学治安学院副教授、硕士研究生导师。曾获德国巴登弗腾堡州政府奖学金，在德国弗莱堡大学交流访问 1 年，研究方向为社会治安防控。发表学术论文 10 余篇，主持、参与编撰多部著作、教材，博士论文曾获评北京大学优秀博士论文（三等奖）。主持中国博士后科学基金项目、国家社科基金项目、国家自然科学基金项目、公安部重点课题、北京市社会科学基金项目等多项。讲授治安秩序管理、治安案件查处、治安管理学概论、派出所工作、行业场所管理、治安刑案等课程。

刘晓栋 工学博士，博士后，中国人民公安大学治安学院副教授、硕士研究生导师，研究方向为公共安全与应急管理、智慧治安。发表 SCI、EI 学术论文 20 余篇，获国家发明专利授权 2 项，参与著作 3 部，主持国家重点研发计划课题、国家自然科学基金项目、中国博士后科学基金项目、北京市社会科学基金项目等多项。

房　欣 管理学博士研究生，中国人民公安大学治安学院讲师，研究方向为基层警务、涉警舆情。参与多项国家社科基金项目、北京市社会科学基金项目、国家重点研发计划等。参编教材《治安管理学》，参编《中国大百科全书》。主要讲授安全风险评估、治安管理学等课程。

刘瑞平 社会学博士，中国人民公安大学治安学院讲师、硕士研究生导师，首都社会安全研究基地研究员，研究方向为社会统计方法、公安人口管理、人口社会学。参与国家社科基金项目多项，在《人口研究》《中国人口科学》《人口学刊》《宁夏社会科学》等期刊上发表学术论文 10 余篇。

于小川 法学博士，中国人民公安大学治安学院副教授、院长助理，兼任首都安全治理创新中心研究员、首都社会安全研究基地研究员、中国犯罪学学会理事，研究方向为治安学基础理论、犯罪防控。主持国家社会科学基金等项目。出版《被害人教义学与诈骗罪研究》专著，发表《校园欺凌之治安干预机制研究》《再议法律的治安价值》《回看社会治安治理的文化价值》《治安实体解读》《个人极端暴力犯罪的形成机理与逻辑推演》等论文。

姜　峰　法学博士，中国人民公安大学治安学院副教授，具有5年基层公安工作经验，研究方向为社会治安治理、警察执法等。参与国家级科研项目多项，主持中国法学会部级课题3项。发表《中国国家安全观演进下的警务发展》、*Roles of Chinese Police Amidst the COVID-19 Pandemic* 等论文10余篇，其中SSCI/SCI收录4篇，CSSCI收录2篇。参与《中国大百科全书》第三版公安学卷、《新时代公安派出所建设研究——杭州样本》和《治安管理学》等多部著作的撰写，撰写的调研报告被公安部相关部门采纳。

邱志勇　公共管理硕士，北京警察学院治安系主任、教授，公安部部级精品课程"群体性涉访事件处置"建设负责人，研究方向为治安学、群体性事件处置。主编教材3部，主持省部级课题2项，在《公安研究》等期刊上发表学术论文30余篇，多篇智库报告获采纳批示。

吕志强　法学硕士，北京警察学院治安系教研室主任、讲师，研究方向为社会治安防控、公共安全应急管理。近年主持完成省部级课题1项、局级课题3项，发表论文10余篇。

摘　要

党的二十届三中全会在新的起点上就如何更好地维护国家安全和社会稳定、建设更高水平的平安中国进行了战略部署。首都安全是国家安全的关键一环，在国家安全体系中具有重要地位。在平安中国建设的指引下，平安北京建设在体制机制、方法举措、监督保障等方面进一步优化升级，取得了新发展和新成绩，为首都高质量发展提供了有效的支撑和保障。本书是对平安北京建设进行专业、科学、系统调查评估后形成的研究报告，由总报告、分报告、专题报告三部分组成。总报告进行总体评价和提出对策，分报告对北京市的社会治理、社会治安防控、应急管理、矛盾纠纷化解、民生安全、平安建设保障和安全感7项内容进行评估和分析，专题报告在选取教育领域涉访维稳风险进行研究的同时，添加附录，提供本年度平安北京建设发展评估指标体系和调查问卷。本年度的调查评估继续对北京市16个行政区进行全覆盖，共回收1808份调查问卷，数据来源真实可靠，能够较大程度地反映平安北京建设的真实水平。

结果显示，平安北京建设发展评估总得分为86.84分，处于“优秀”等级。“社会治理”“应急管理”等5项一级指标得分处于“优秀”等级，“社会治安防控”“安全感”2项一级指标处于“良好”等级。从区域得分来看，北京市各辖区“社区安全感”“公共交通场所防控情况”等指标得分普遍较高，区域差异相对较小，但在“校园安全感”等指标得分方面区域差异相对较大。从得分变化来看，一级和二级指标的“优秀”率呈现波动上升趋势，表明北京市平安建设质效持续向好，不同领域之间的均衡性不断提升。但评估也发现，2024 年平安北京建设在社会治安防控和安全感方面存在一定短板。下一步，应当进一步提升平安北京建设的体系化能力，聚焦平安北京建设的重点领域和薄弱环节，不断提升基层社会治理的群众参与效果，加强新业态治安风险防控，提升城市韧性安全建设，健全矛盾纠纷治理体系，深化食药环旅领域治理，构建多元经费保障机制，提升城市空间治理水平，积极回应居民安全需求，不断提升群众安全感。

关键词： 平安北京　社会治理　社会治安防控　矛盾纠纷化解　安全感

目录

I 总报告

II 分报告

III 专题报告

皮书数据库阅读**使用指南**

总报告

B.1 平安北京建设发展评估报告（2024）

王建新*

摘　要： 平安北京建设发展评估总得分为86.84分，处于“优秀”等级。“社会治理”“应急管理”等5项一级指标得分处于“优秀”等级，“社会治安防控”“安全感”2项一级指标得分处于“良好”等级。从区域得分来看，北京市各辖区“社区安全感”“公共交通场所防控情况”等指标得分普遍较高，区域差异相对较小，但在“校园安全感”等指标得分方面区域差异相对较大。从得分变化来看，一级指标和二级指标的“优秀”率呈现波动上升趋势，表明北京市平安建设质效持续向好，不同领域之间的均衡性不断提升；同时，平安北京建设在社会治安防控和安全感方面存在一定短板。未来要不断提升基层的群众参与治理效果，加强新业态治安风险防控，推进城市韧性安全建设，健全矛盾纠纷治理体系，深化食药环旅领域治理，提升

* 王建新，法学博士，中国人民公安大学治安学院副院长、教授、博士研究生导师，首都社会安全研究基地理事长，首都安全治理创新中心研究员，《治安学研究》主编。

城市空间治理水平和居民安全感。

关键词： 平安北京　社会治理　治安防控　安全感

一　平安北京建设新发展

2024 年是新中国成立 75 周年，是实现“十四五”规划目标任务的关键之年，同时也是习近平总书记创造性提出总体国家安全观 10 周年。10 年来，总体国家安全观作为一个内容丰富且在不断发展的思想体系，为维护国家安全提供了坚实的理论基础，也为建设更高水平的平安中国提供了思想引领与实践指南。围绕在新的起点上如何更好地维护国家安全和社会稳定，党和国家进行了一系列的战略谋划与工作部署。2024 年初，习近平总书记对政法工作作出重要指示，强调要坚决维护国家安全，提高政治敏锐性和政治鉴别力，防范化解重大安全风险；要坚决维护社会稳定，坚持和发展新时代“枫桥经验”，正确处理人民内部矛盾，维护群众合法权益。[①] 2024 年《政府工作报告》指出要坚持和发展新时代“枫桥经验”，推进矛盾纠纷预防化解，推动信访工作法治化；加强公共法律服务；强化社会治安整体防控，推进扫黑除恶常态化，依法打击各类违法犯罪活动，建设更高水平的平安中国。[②] 2024 年 5 月 29~30 日，全国公安工作会议在北京召开，习近平总书记于 28 日下午在北京人民大会堂亲切会见全国公安工作会议代表，向他们致以诚挚问候，勉励全国广大公安民警辅警奋力推进公安工作现代化，为推进强国建设、民族复兴伟业作出新的更

① 《以政法工作现代化支撑和服务中国式现代化——习近平总书记重要指示为政法战线接续奋进指明方向》，中国政府网，2024 年 1 月 14 日，https：//www.gov.cn/yaowen/liebiao/202401/content_6925916.htm。

② 《政府工作报告》，中国政府网，2024 年 3 月 12 日，https：//www.gov.cn/yaowen/liebiao/202403/content_6939153.htm。

大贡献。[①] 此次召开的全国公安工作会议既是对加快推进公安工作现代化的战略擘画，也是对公安机关履行平安中国建设职责使命的具体部署。党的二十届三中全会指出，要将“聚焦建设更高水平平安中国，健全国家安全体系，强化一体化国家战略体系，增强维护国家安全能力，创新社会治理体制机制和手段，有效构建新安全格局”作为分领域改革目标之一。[②]

平安北京建设是平安中国建设的重要一环，有着“首都稳、全国稳”的特殊地位。在平安中国建设的指引下，平安北京建设在体制机制、方法举措、监督保障等方面进一步优化升级，取得了新发展和新成绩。北京市《2024 年政府工作报告》将“加快构建大安全大应急框架，全力维护首都安全稳定”作为 2024 年北京市政府要着力做好的十一个方面的工作之一，并着重强调要建设更高水平的平安北京；全面落实意识形态工作责任制，坚决捍卫首都政治安全；扎实开展“平安单位”“平安医院”“平安学校”创建活动，严厉打击各类违法犯罪，全力保障社会安定、人民安宁。[③] 中国共产党北京市第十三届委员会第五次全体会议于 2024 年 8 月 30 日在北京召开，全会强调，要健全维护首都安全稳定制度机制，健全首都国家安全体系和平安北京建设体制机制，完善公共安全治理机制，健全首都社会治理体系。[④] 同时，市委平安北京建设领导小组会议也对 2024 年平安北京建设的主要工作和重点任务进行了部署，强调要强化政治安全体系和能力建设，为党中央站好岗放好哨；要全力防范化解重大安全风险，坚持以首善标准打好防范化解重大风险主动仗，严防各种“黑天鹅”“灰犀牛”；要提升平安北京智能

① 张天培、亓玉昆：《奋力推进公安工作现代化——习近平总书记会见全国公安工作会议代表引发热烈反响》，《人民日报》2024 年 5 月 31 日，第 2 版。

② 《中共中央关于进一步全面深化改革　推进中国式现代化的决定》，中国政府网，2024 年 7 月 21 日，https：//www. gov. cn/zhengce/202407/content_ 6963770. htm? sid_ for_ share = 80113_ 2。

③ 《2024 年政府工作报告》，北京市人民政府网站，2024 年 1 月 29 日，https：//www. beijing. gov. cn/zhengce/zhengcefagui/202403/t20240312_ 3587260. html。

④ 《中国共产党北京市第十三届委员会第五次全体会议决议》，北京市人民政府网站，2024 年 8 月 31 日，https：//www. beijing. gov. cn/ywdt/hyxx/sw/202408/t20240831_ 3786036. html。

化水平，持续深化行业区域平安创建等。[①] 北京市民政局等部门也将特殊困难老年人探访关爱工作纳入平安北京建设重要任务。[②] 北京市各区也立足于本区实际，积极开展平安北京建设创新提升工作。西城区正确把握高质量发展和高水平安全的辩证关系，践行“红墙意识”，争当“红墙先锋”，持续深化平安建设各项工作，以更高水平的平安西城建设为发展新质生产力提供坚实保障。[③] 房山区不断夯实平安房山的基层基础，强化科技赋能，切实解决影响人民群众安全感的突出问题，持续深化平安铁路、平安校园、平安医院建设。[④] 此外，广大市民也积极参与平安北京建设，以“朝阳群众”“西城大妈”为代表的群防群治力量为中非合作论坛峰会等重大活动的顺利举办提供了安全助力。

二　评估指标体系和调查问卷

（一）评估指标体系

2024 年平安北京建设发展评估指标体系包括三个层级，其中，一级指标 7 项、二级指标 36 项、三级指标 125 项。平安北京建设是一项系统工程，其领域和内容根据安全发展需求的变化不断进行动态调整，与此相适应，2024 年的评估指标体系对部分二级指标与三级指标进行了优化和完善，以更加契合当前平安北京建设的实际情况。

首先，对部分二级指标进行了优化。将一级指标“社会治安防控”下的

---

① 《市委平安北京建设领导小组会议召开　尹力主持　刘伟出席》，北京市人民政府网站，2024 年 3 月 1 日，https：//www. beijing. gov. cn/ywdt/hyxx/sw/202403/t20240301_ 3576967. html。

② 《北京市民政局等十部门印发〈关于开展特殊困难老年人探访关爱服务的实施方案〉的通知》，北京市人民政府网站，2024 年 2 月 4 日，https：//www. beijing. gov. cn/zhengce/zhengcefagui/202407/t20240726_ 3760545. html。

③ 《西城区委平安西城建设领导小组 2024 年全体（扩大）会议召开》，北京市人民政府网站，2024 年 5 月 7 日，https：//www. beijing. gov. cn/ywdt/gqrd/202405/t20240507_ 3663608. html。

④ 《房山区委平安房山建设领导小组 2024 年全体（扩大）会议召开》，北京市人民政府网站，2024 年 2 月 23 日，https：//www. beijing. gov. cn/ywdt/gqrd/202402/t20240223_ 3568117. html。

原二级指标“重点行业场所治安防控”调整为“重点行业场所治安防控及危险物品等要素管控”，且将其权重由10%调整至15%。将原二级指标“机关、企事业单位内部安全防控”调整为“机关、企事业单位、社会团体等单位防控”。将原二级指标“首都外围防控”调整为“城市圈层查控”，且二级指标“社会治安防控效果”的权重由30%调整至25%。在一级指标“应急管理”下增设二级指标“韧性安全建设”，并调整其他二级指标的权重。一级指标“矛盾纠纷化解”下的4项二级指标均有所调整，由“社会矛盾源头预防和排查化解”“矛盾纠纷多元调解”“重大决策社会稳定风险评估”“信访法治化建设”调整为“矛盾纠纷预防”（权重为25%）、“矛盾纠纷处置”（权重为30%）、“矛盾纠纷化解效果”（权重为30%）、“矛盾纠纷化解巩固”（权重为15%）。

其次，对部分三级指标也进行了完善。将二级指标“乡镇（街道）和村（社区）治安防控”下的原三级指标“综合管理服务平台建设情况”调整为“社区服务中心建设运转情况”。将二级指标“城市圈层查控”① 下的三级指标由“多元勤务查控机制建设情况”“环京外围公安检查站覆盖情况”“首都外围防控效果”调整为“市区卡口查控情况”（权重为30%）、“远郊区卡口查控情况”（权重为30%）、“环京公安检查站查控情况”（权重为40%）。删除了二级指标“社会治安防控效果”下的三级指标“治安乱点整治情况”，将原三级指标“刑事警情数量”“刑事案件数量”合为“刑事案件立、破案数量”（权重为20%），将原三级指标“治安警情数量”“治安案件数量”调整为“公安行政处罚、强制案件办理情况”（权重为30%）、“法院受理公安行政案件数量”（权重为20%），且将“重大案件、事件处置情况”三级指标的权重由20%调整至30%。删除了二级指标“应急管理保障体系”下的“预警信息发布机制”“举报投诉机制”“应急协同机制”“应急预案体系”“应急科技支撑体系”5项三级指标，并调整其他三级指标的权重。同时，在新增的二级指标“韧性安全建设”下设置“空间韧性”“工程韧性”“管理韧性”“社会韧性”4项三级指标，权重均为25%。在新调整

① 2023年该指标名称为“首都外围防控”。

的二级指标“矛盾纠纷预防”下设置“开展矛盾纠纷排查情况”“重大决策社会稳定风险评估落实情况”“群众利益表达渠道畅通情况”3 项三级指标，权重依次为 40%、30%、30%。在二级指标“矛盾纠纷处置”下设置“矛盾纠纷处理主体是否及时受理或回应”“矛盾纠纷多元化解创新情况”“信访法治化建设情况”“行政复议化解行政争议情况”“公共法律服务体系建设情况”“社会心理服务体系建设情况”6 项三级指标，权重分别为 15%、20%、20%、15%、15%、15%。在二级指标“矛盾纠纷化解效果”下设置“矛盾纠纷化解数量”“群众对矛盾纠纷化解的感受”“‘枫桥经验’在矛盾纠纷化解中的应用情况”3 项三级指标，权重分别为 35%、35%、30%。在二级指标“矛盾纠纷化解巩固”下设置“对已化解的矛盾纠纷进行回访调查情况”“对已化解的矛盾纠纷典型案例宣传报道情况”2 项三级指标，权重分别为 60%、40%。将二级指标“法治保障”下的原三级指标“平安建设政府决策、行政执法等容错纠错保障机制建设情况”调整为“平安建设决策容错纠错保障机制建设情况”。

（二）调查问卷

2024 年平安北京建设发展评估调查问卷共设置 5 个部分，117 个问题，主要包括个人基本信息、首都社区安全状况、社会公共空间安全状况、学校与单位安全状况、民生安全状况。与 2023 年的调查问卷相比，“首都社区安全状况”部分增加了“矛盾化解主体诉求处理情况”“了解或接受过公益法律援助服务情况”“了解或接受过社会心理援助服务情况”“解决诉求后的回访调查情况”“社区应急避难所数量”“危险化学品经营单位数量”“社区防火防震情况”“社区供电供水供热供气情况”“社区电动自行车违规停放或充电情况”“居民基本应急技能具备情况”等问题，删减了“社区中居民出租房屋比例”“社区矛盾纠纷发生情况”“应急避难场所位置”等问题。“社会公共空间安全状况”部分增加了“行业场所智慧化防范技术运用程度”“企业或事业单位参与社会治理作用”“是否有陌生人在网上添加您好友后进行推销、借款或者骚扰性聊天”“对工作等项目的满意度”“五环内交通卡口治安检查”“五环外交通卡口治安检查”“最近一年手机或者电脑是否受到过病毒攻击”“最近一年办理手机号码时是否要求实名登记”等问题，删减了“邮寄快递时快递员是否要求提供身份证件”“网购产生矛盾纠纷情况”“是否有网购矛盾纠纷解决渠道”“在北京面临的主要困难”等问题。“学校与单位安全状况”部分增加了“校园欺凌的发现和干预制度”“所在单位治保会是否有效运行”“基础设施运营单位内部保卫工作效果”等问题，删减了“受访者单位类型”的问题。“民生安全状况”部分增加了“是否浏览旅游安全知识相关的宣传手册、视频”的问题，删减了“旅游安全知识宣传活动参加情况”“过去 12 个月内，是否在北京旅游过”等问题。总体上来看，2024 年调查问卷的调整符合目前平安北京建设的实际状况与未来发展趋势，指标覆盖度高，问卷填答时间适中。

2024 年平安北京建设发展评估指标的观测来源主要有问卷调查数据、统计数据和网络检索数据三类。一般来说，问卷调查数据和统计数据比网络检索数据更加科学规范，可信度也更高。2024 年平安北京建设发展评估指标体系中有 125 项三级指标，其中能够用问卷调查数据进行观测评价的三级指标有 71 项，能用统计数据进行观测评价的三级指标有 33 项，两类指标占比约 78.4%（扣除重复计算的 6 项后合计 98 项），相比于往年有较大提升，体现了 2024 年平安北京建设发展评估的科学性与合理性。

（三）问卷调查的方法与过程

2024 年，平安北京建设发展评估依然沿用了问卷调查法，采取 PPS 抽样方法进行抽样，并将北京的 16 个区全部纳入抽样区域，做到了区域全覆盖。根据北京市统计用区划代码（2023 年版），按照各区人口数量确定各区样本量，随机抽取了 60 个街道的 90 个社区发放问卷（见表 1）。

表 1　平安北京建设发展评估调查问卷（2024）抽样情况

单位：个

抽样城区	发放样本量	回收样本量	有效样本量	抽样街道数量	抽样社区数量
东城区	52	50	50	3	3
西城区	101	93	90	3	4
朝阳区	255	250	250	7	14

续表

抽样城区	发放样本量	回收样本量	有效样本量	抽样街道数量	抽样社区数量
丰台区	167	160	160	6	8
石景山区	46	45	45	2	2
海淀区	243	240	240	7	13
门头沟区	29	29	25	2	2
房山区	125	120	120	3	5
通州区	150	144	140	5	8
顺义区	181	177	175	3	5
昌平区	196	190	190	6	10
大兴区	162	162	160	5	8
怀柔区	48	40	40	2	2
平谷区	40	40	40	2	2
密云区	42	40	40	2	2
延庆区	30	28	25	2	2
总计	1867	1808	1790	60	90

为完成本次调查，课题组组建了由 22 名硕士研究生和 38 名本科生组成的调查团队，采用线下发放并收回问卷的形式，由调查员到北京市 16 个抽样城区，一对一入户进行问卷调查。在正式开展调查前，课题组教师对调查员进行了专业培训。在调查过程中，调查员尽量排除各种因素对调查对象的干扰，确保了问卷的填答质量。本次调查共发放问卷 1867 份，回收 1808 份，其中有效问卷 1790 份（各区实际完成量见表 1），问卷回收率为 95. 88%。

（四）访谈情况

为了增强评估方法的科学性和评估结果的有效性，2024 年平安北京建设发展评估同样设置了访谈的环节，访谈结果不计入指标得分，主要目的是对评估结果进行验证。2024 年共设计了 20 个问题，进行了 21 次访谈，涵盖了 6 项一级指标（见表 2）。访谈方式主要是电话访谈和现场访谈，访谈

对象包括国家机关的工作人员、科研院所的专家学者、社会组织的负责人、社区的居民等。本次访谈的内容合理、访谈对象有代表性且分布广泛，对评估结果有着良好的印证作用。

表 2　2024 年平安北京建设发展评估访谈信息

单位：次，个

访谈次数	相关指标	访谈方式	问题数量	访谈对象
4	社会治理	电话访谈 现场访谈	3	北京市公安局某总队民警 北京市民政局工作人员 北京市通州区某社会组织负责人 北京市西城区某社区居民
4	社会治安防控	电话访谈	4	北京市公安局治安总队民警 北京市公安局某分局民警 北京市公安局特警总队民警 北京市丰台区某社区工作人员
3	应急管理	电话访谈 现场访谈	3	北京市应急管理局工作人员 北京市应急管理科学技术研究院工作人员 北京市科学技术研究院研究员
3	矛盾纠纷化解	电话访谈	3	北京市人民检察第二分院检察官助理 北京市大兴区某街道办工作人员 北京市昌平区某社区居民
4	民生安全	现场访谈 电话访谈	4	北京市公安局某总队民警 北京市某大学教授 北京市某党校讲师 北京市海淀区某社区居民
3	平安建设保障	电话访谈	3	北京市公安局某总队副支队长 北京市某大学副教授 教育部直属高校副教授

（五）得分计算

2024 年平安北京建设发展评估指标体系包括一级指标、二级指标和三级指标，首先计算出每项三级指标的得分，其次根据每项三级指标的权重计算出相应二级指标的得分，最后根据每项二级指标的权重计算出相应一级指标的得分，每项指标得分均在 0~100 分[1]。三级指标的得分计算数据来源有三种，分别是网络检索数据、统计数据和问卷调查数据。

1. 三级指标得分计算

得分来源只有一类数据的指标，其观测来源数据得分即最终得分。

得分来源有两类及以上数据的指标，其计算方法如下：如某项指标的得分来源为网络检索数据和问卷调查数据，网络检索数据权重为 40%，问卷调查数据权重为 60%；如某项指标的得分来源为网络检索数据和统计数据，网络检索数据权重为 50%，统计数据权重为 50%；如某项指标的得分来源为统计数据和问卷调查数据，统计数据权重为 40%，问卷调查数据权重为 60%；如某项指标的得分来源为网络检索数据、统计数据和问卷调查数据，网络检索数据权重为 30%，统计数据权重为 30%，问卷调查数据权重为 40%。

2. 二级指标得分计算

计算出三级指标得分后，根据二级指标下每项三级指标的权重，将每项三级指标得分与各自的权重相乘，再将相乘后的分数相加就是二级指标的得分。

3. 一级指标得分计算

计算出二级指标得分后，根据一级指标下每项二级指标的权重，将每项二级指标得分与各自的权重相乘，再将相乘后的分数相加就是一级指标的得分。

4. 总得分计算

计算出一级指标得分后，将其与各自的权重相乘，再将相乘后的分数相加就是平安北京建设发展评估总得分。

---

① 课题组综合考虑平安北京建设覆盖领域广泛、参与主体众多、涉及内容复杂、建设难度较大等因素，征求专家意见后，采取百分制的形式将平安北京建设发展评估指标体系总得分的结果分为四个等级：85 分及以上的为“优秀”；75 分及以上且 85 分以下的为“良好”；60 分及以上且 75 分以下的为“中等”；小于 60 分的为“较差”。

三　评估结果及分析

（一）总体得分情况

2024 年平安北京建设发展评估总得分为 86.84 分，处于“优秀”等级，7 项一级指标得分均在“良好”等级及以上（见表 3），本次调查覆盖了北京市 16 个行政区，范围广泛，数据真实可靠，能够较高程度地反映 2024 年北京市平安建设发展的真实水平。评估结果表明 2024 年平安北京建设发展效果良好，能满足广大市民和各企事业单位的安全需要，能够为首都高质量发展提供有力的安全保障。

表 3　2024 年平安北京建设发展评估得分及等级

单位：分

指标	得分	等级
平安北京建设发展	86.84	优秀
社会治理	91.52	优秀
社会治安防控	82.21	良好
应急管理	87.54	优秀
矛盾纠纷化解	87.24	优秀
民生安全	86.15	优秀
平安建设保障	89.14	优秀
安全感	82.66	良好

从 2024 年平安北京建设发展评估一级指标评价等级情况来看（见图 1），“社会治理”“应急管理”“矛盾纠纷化解”“民生安全”“平安建设保障”5 项一级指标得分处于“优秀”等级，占比达 71%；“社会治安防控”“安全感”2 项一级指标得分处于“良好”等级，占比为 29%。与 2023 年相比，2024 年“应急管理”一级指标得分下降最多（下降 3.47 分），“社会治安

防控”一级指标下降 2 分，“矛盾纠纷化解”一级指标下降 1. 54 分。[①] 这 3 项一级指标得分的下降影响了 2024 年平安北京建设总得分。

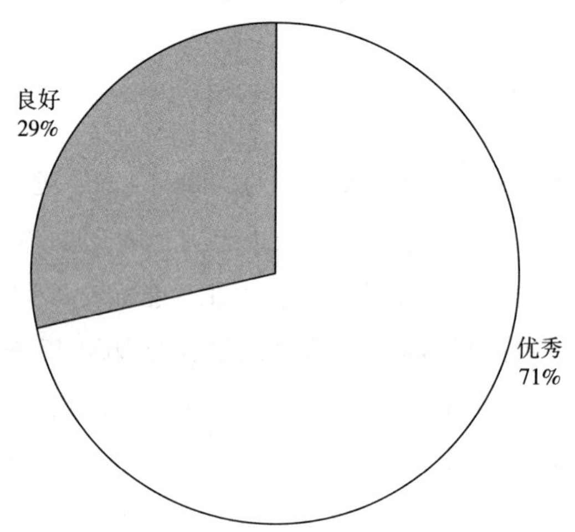

图 1　2024 年平安北京建设发展评估一级指标评价等级情况

在 7 项一级指标中，“社会治理”得分最高（91. 52 分），较 2023 年上升 1. 31 分，是 2024 年得分上升最多的一级指标。这表明随着国家治理体系和治理能力现代化的全面推进，党建引领基层治理的路径和方式更加科学，更多的社会主体参与到基层社会治理格局中，能够回应人民群众对基层社会治理的多元需求，广大人民群众对基层社会治理工作持肯定性态度。但也存在着社会组织和企事业单位参与社会治理作用有限、群防群治品牌和成果存在不对应性等现实问题。“社会治安防控”得分较低，为 82. 21 分，成为北京市平安建设发展的短板，也是下一步需要重点加强的领域。除此之外，在 7 项一级指标中最高得分与最低得分之间的分差为 9. 31 分，说明 2024 年平安北京建设不同领域差距明显，发展不够均衡，短板相对突出，各领域均衡发展也将是更高水平的平安北京建设的重点方向。

① 上述 3 项一级指标在 2024 年对下设的二级指标和三级指标进行了较大的优化调整，得分波动属于正常现象；评估指标的调整变化也是本年度平安北京建设发展评估总得分比 2023 年有所下降的主要原因。

从2024年平安北京建设发展评估二级指标评价等级情况来看（见图2），“党委领导治理”“政府主导治理”等20项二级指标得分处于“优秀”等级，占比为56%；“人民团体、社会组织、企事业单位参与社会治理”“社会面治安防控”等13项二级指标得分处于“良好”等级，占比为36%；“信息网络治安防控”“矛盾纠纷预防”“公共场所安全感”3项二级指标得分处于“中等”等级，占比为8%。2024年平安北京建设发展评估二级指标得分情况较好，“优秀”和“良好”等级的占比达92%，表明总体上2024年平安北京建设已达到较高的水平，但也有少数指标得分低于75分，处于“中等”等级，表明“信息网络治安防控”、“矛盾纠纷预防”和“公共场所安全感”领域仍存在短板。

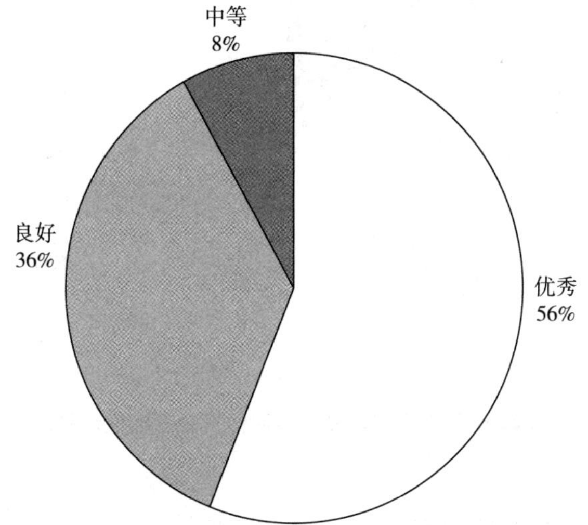

图2　2024年平安北京建设发展评估二级指标评价等级情况

从2024年平安北京建设发展评估三级指标评价等级情况来看（见图3），在125项三级指标中，“人民团体参与社会治理情况”“群防群治参与力量情况”等77项三级指标得分处于“优秀”等级，占比为62%。“群防群治品牌建设情况”“商场、购物中心、集贸市场等商贸场所防控情况”等33项三级指标得分处于“良好”等级，占比为26%。“社区服务中心建设运转情况”“公众对车站、广场、公园、商场等公共场所环境安全状况的主观感受”等12

项三级指标得分处于“中等”等级，占比为10%。“个人信息安全保护情况”“年均每百万人口自然灾害死亡率”“重大决策社会稳定风险评估落实情况”3项三级指标得分处于“较差”等级，占比为2%。其中，“年均每百万人口自然灾害死亡率”得分最低，为49.03分，这与2023年北京经历了特大暴雨等重大自然灾害关联密切。对此，平安北京建设应在自然灾害风险治理工作中进一步凸显极限思维，提升基础设施对超常规风险的应对能力。

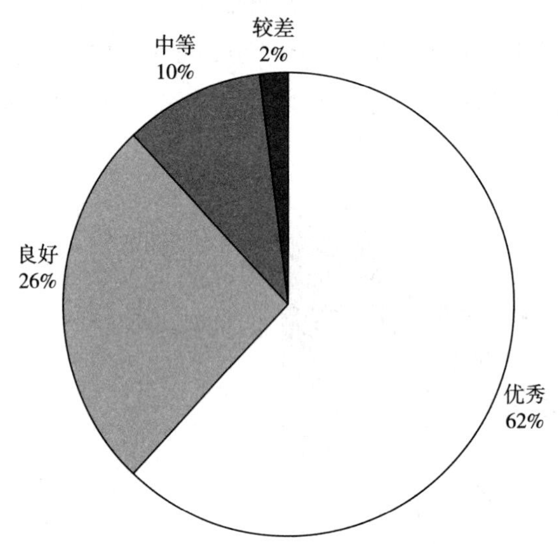

图3　2024年平安北京建设发展评估三级指标评价等级情况

（二）平安北京建设发展评估区域分析

2024年平安北京建设发展评估区域分析是在2023年北京市四类功能区域（首都功能核心区、城市功能拓展区、城市发展新区、生态涵养发展区）平安建设情况分析的基础上，对其16个市辖区进行的更加细化的指标横向比较。[①] 在指标选取原则上，坚持科学性和延续性，指标得分均采用问卷调查数据，这有助于检视平安北京在各个市辖区建设的空间差异，为今后北京

① 本次评估从7项一级指标中选取19项二级指标下的一个或多个有代表性的三级指标进行圈层分析（以下各区域的指标得分均采用问卷调查数据）。

市均衡各区域的平安建设提供了参考数据。

从“首都群防群治”二级指标中选取“群防群治参与力量情况”“群防群治品牌建设情况”“群防群治成果”3项三级指标并对其得分进行分析可以得出，北京市16个市辖区在以上指标的平均得分均在80分以上，说明北京市整体在群防群治建设方面成效显著。其中“群防群治品牌建设情况”指标平均得分最高，为85.36分。具体而言，从“群防群治参与力量情况”指标得分来看，北京市16个市辖区中昌平区得分最高，为87.17分；东城区在“群防群治品牌建设情况”中得分最高，为92.66分，顺义区在“群防群治成果”中得分最高，为90.28分（见图4）。

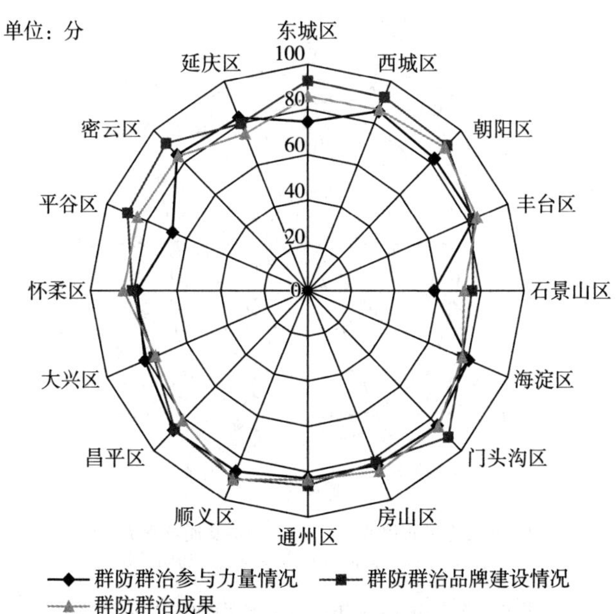

图4　北京市16个市辖区首都群防群治情况

从“社会面治安防控”二级指标中选取“街面巡逻防控情况”“公共交通场所防控情况”“银行、学校、医院等重点单位及周边防控情况”3项三级指标并对其得分进行分析可以得出，北京市16个市辖区在“银行、学校、医院等重点单位及周边防控情况”三级指标的平均得分最高，为92.54分，而在

“街面巡逻防控情况”指标平均得分最低，说明应在此维度进一步加强防控。

具体而言，朝阳区的 3 项指标得分差异明显，其中“街面巡逻防控情况”指标得分明显低于该区域其他 2 项指标。石景山区的“银行、学校、医院等重点单位及周边防控情况”指标得分明显高于该区域其他 2 项指标。北京市 16 个市辖区中“街面巡逻防控情况”指标得分最高的为西城区，为 84.17 分；从“公共交通场所防控情况”指标得分来看，丰台区得分最高，为 93.17 分；从“银行、学校、医院等重点单位及周边防控情况”指标得分来看，北京市 16 个市辖区中朝阳区得分最高，为 96.42 分（见图 5）。

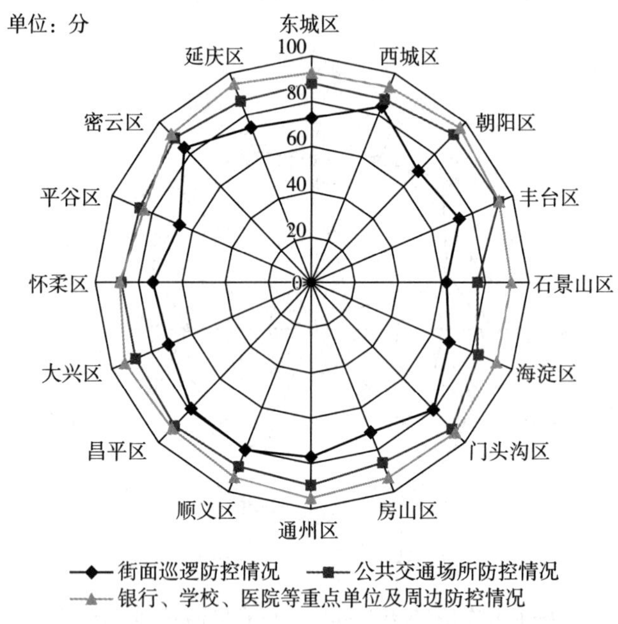

图 5　北京市 16 个市辖区社会面治安防控情况

从“乡镇（街道）和村（社区）治安防控”二级指标中选取“网格化管理情况”“社区服务中心建设运转情况”“社区警务实施情况”3 项三级指标并对其得分进行分析可以得出，北京市 16 个市辖区的“网格化管理情况”指标平均分最高，为 83.32 分，“社区服务中心建设运转情况”指标平均分最低，说明需要着重加强社区服务建设。具体而言，顺义区的“社区服务中心建设运转情况”和“社区警务实施情况”指标得分均为最高，一定程度上反映了该区域的基层多元治理水平较高。从“网格化管理情况”指标得分来看，密云区得分最高，为93.17分（见图6）。

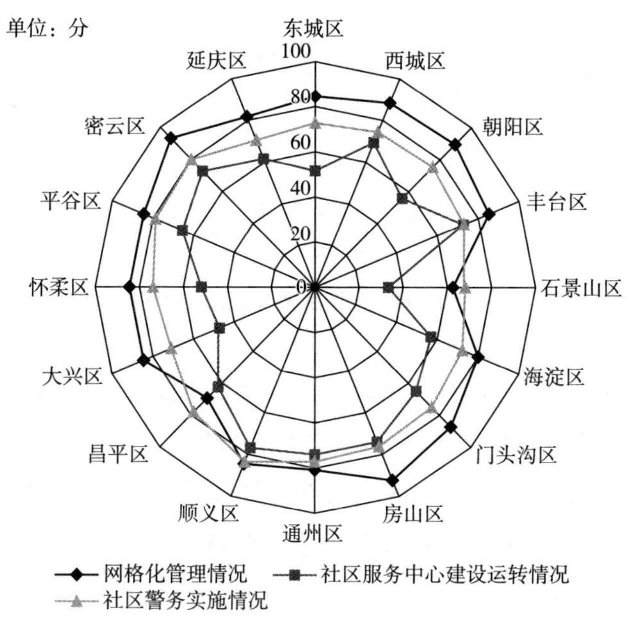

图6　北京市16个市辖区乡镇（街道）和村（社区）治安防控情况

对“个人信息安全保护情况”指标得分进行分析，北京市16个市辖区的平均得分为55.56分，说明信息安全保护形势依旧严峻。其中，西城区得分最高，为70.00分（见图7），密云区、门头沟区和延庆区的得分相对较低，反映了北京市在生态涵养发展区还需加强对个人信息安全的保护。

从“应急管理”一级指标中选取“企业开展风险隐患排查治理情况”“应急救援队伍”“企业开展应急宣传教育情况”“企业开展应急演练情况”4项三级指标并对其得分进行分析，发现北京市16个市辖区在以上指标的平均得分均超过80分，反映了北京市在应急管理各个流程方面整体建设效果良好，但不同区域之间的指标得分也存在明显差异，海淀区的“应急管理”指标整体得分偏低，4项三级指标的得分均在80分以下；朝阳区和石

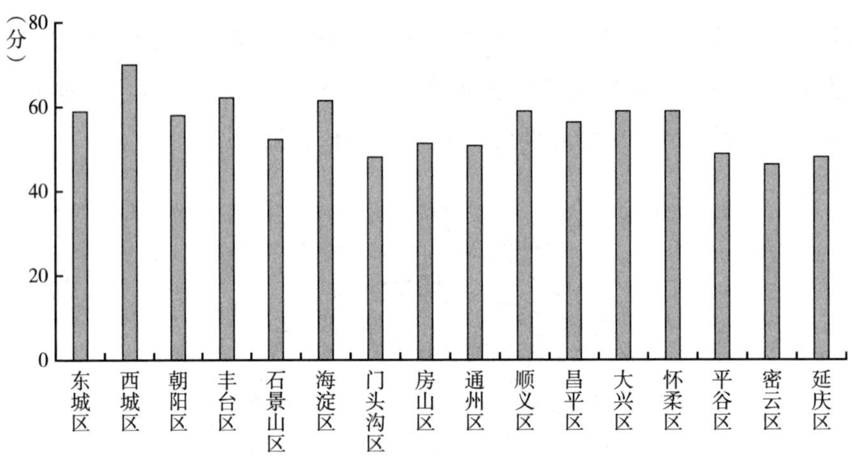

图 7　北京市 16 个市辖区个人信息安全保护情况

景山区有 1 项指标得分在 80 分以上，其他 3 项指标得分在 80 分以下；东城区、通州区、怀柔区和延庆区有 1 项指标得分在 80 分以下，其他 3 项指标得分均在 80 分以上。除以上区域之外，西城区、丰台区等其他 9 个区的“应急管理”各项指标均在 80 分以上（见图 8）。

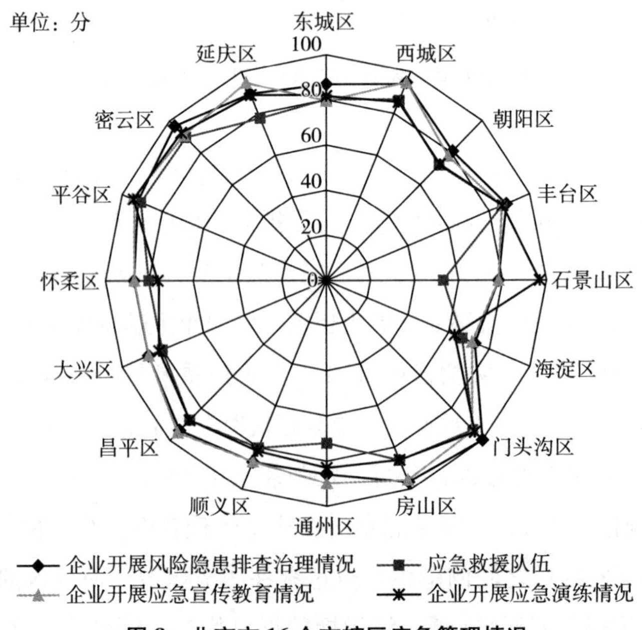

图 8　北京市 16 个市辖区应急管理情况

从“矛盾纠纷预防”二级指标中选取“群众利益表达渠道畅通情况”三级指标并对其得分进行分析，发现北京市16个市辖区的平均得分达到81.44分，说明首都的群众利益表达渠道总体上较为畅通，这有利于主动倾听群众心声、及时解决群众难题。从区域来看，西城区、朝阳区、门头沟区、顺义区、怀柔区、平谷区和密云区7个市辖区该项指标的得分超过了平均分，其他9个市辖区该项指标的得分均低于平均值，这表明北京市群众利益表达渠道建设效果的区域差异较大（见图9）。

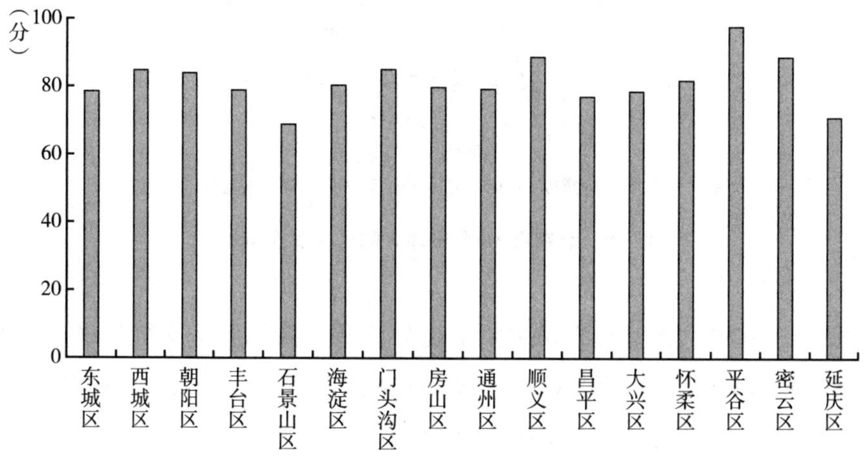

图9　北京市16个市辖区群众利益表达渠道通畅情况

从“民生安全”一级指标中选取“食品安全”“药品安全”“旅游安全”3项二级指标下设的三级指标并对其得分进行分析可以得出，北京市16个市辖区在“药品安全满意度”指标的平均得分最高，为83.07分。具体而言，“食品安全满意度”指标得分最高的是顺义区，为86.77分；密云区在“药品安全满意度”指标上得分最高，为91.45分；“旅游服务质量”指标得分最高的依然是顺义区，为92.11分（见图10）。

从“平安建设保障”一级指标中选取“民众对法治保障的感受”“民众对人员保障情况的感受”“民众对财务装备保障的感受”3项三级指标并对其得分进行分析可以得出，北京市16个市辖区在以上指标的平均得分均超

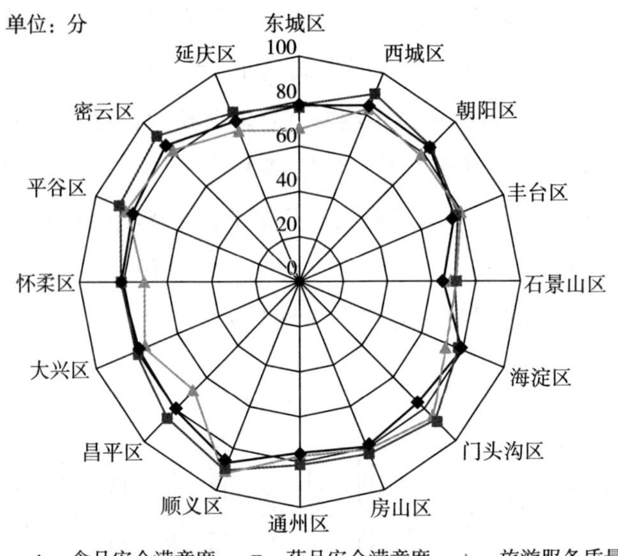

图 10　北京市 16 个市辖区的民生安全情况

过 80 分，其中“民众对人员保障情况的感受”指标的平均得分最高，为 85.85 分。具体而言，“民众对法治保障的感受”指标得分最高的是顺义区，为 99.34 分，“民众对人员保障情况的感受”指标得分最高的是朝阳区，为 94.81 分，“民众对财务装备保障的感受”指标得分最高的是门头沟区，为 92.86 分。平谷区的“民众对法治保障的感受”指标得分明显高于其他 2 项；延庆区的“民众对财务装备保障的感受”指标得分明显低于其他 2 项（见图 11）。

从“安全感”一级指标中选取“公众对北京安全状况的总体感受”三级指标，即“总体安全感”二级指标，分析其得分情况发现，北京市 16 个市辖区在这一指标上的平均得分为 84.85 分，顺义区得分最高，为 93.00 分（见图 12）。

对“公共场所安全感”“单位安全感”“社区安全感”“校园安全感” 4 项二级指标进行分析，北京市 16 个市辖区的“校园安全感”指标平均得分为 87.60 分，高于其他 3 项指标。其中，位于城市功能拓展区 4 个市辖区

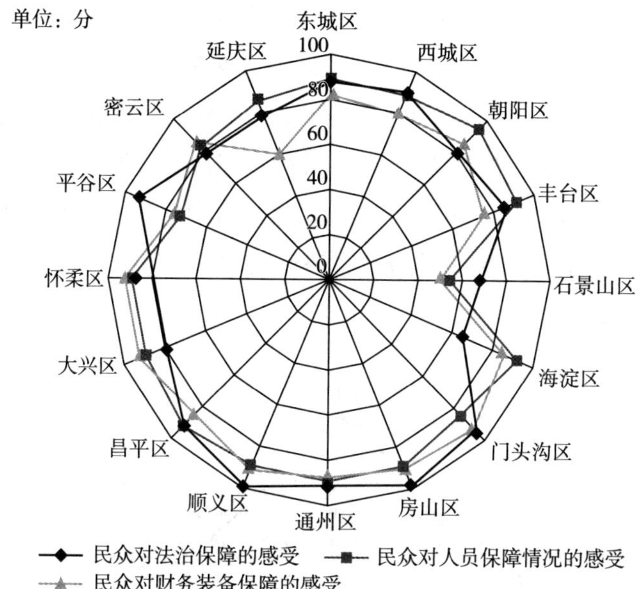

图 11　北京市 16 个市辖区平安建设保障情况

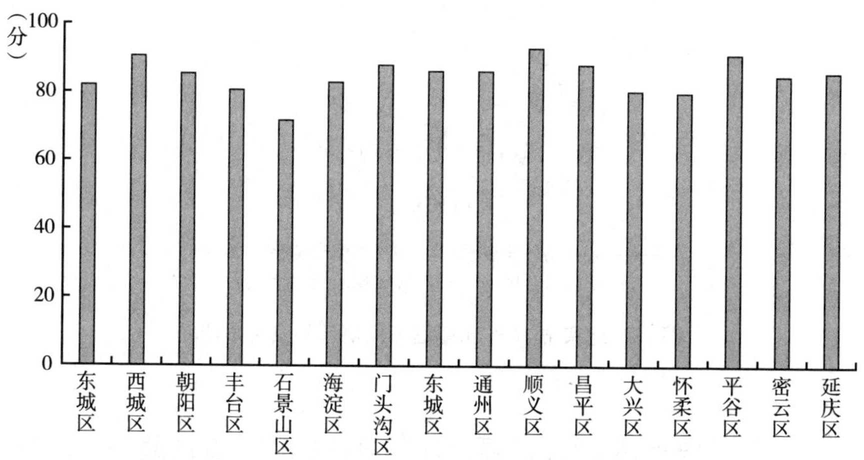

图 12　北京市 16 个市辖区的总体安全感情况

（朝阳区、海淀区、丰台区、石景山区）的“校园安全感”指标得分均超过 90 分，位于首都功能核心区的东城区和西城区在“校园安全感”指标上的得分差异较大。从“公共场所安全感”指标得分来看，北京市 16 个市辖区的平均得分为 71.53 分，明显低于其他 3 项指标。东城区的“公共场所安全感”指标得分低于其他 3 项指标。“公共场所安全感”得分最高的是门头沟区，为 82.53 分。从“单位安全感”指标得分来看，北京市 16 个市辖区的平均得分为 83.20 分。“单位安全感”指标得分最高的是顺义区，为 92.45 分。从“社区安全感”指标得分来看，北京市 16 个市辖区的平均得分为 83.38 分，仅次于“校园安全感”指标，其中得分最高的是西城区，为 88.01 分（见图 13）。

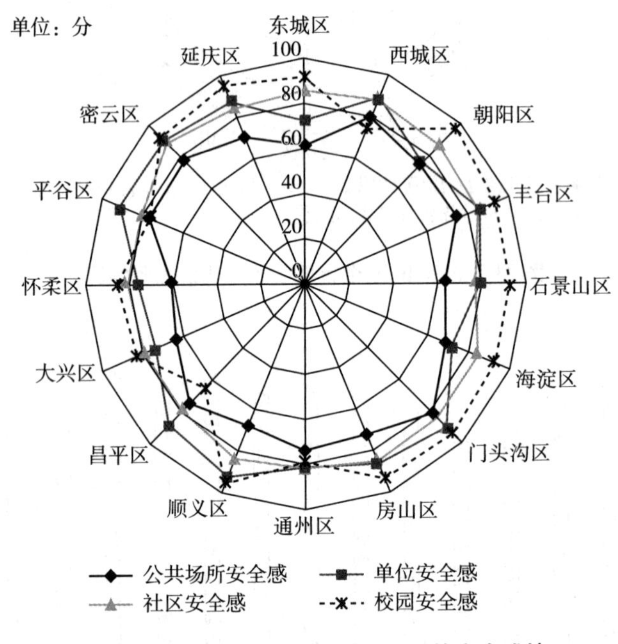

图 13　北京市 16 个市辖区不同场所的安全感情况

（三）平安北京建设发展评估部分指标得分变动趋势（2018～2024年）

1. 指标得分等级占比变动趋势

从各级指标的优秀率来看，一级指标、二级指标的优秀率大致呈现增长趋势，一级指标优秀率从 2018 年的 43%上升到 2024 年的 71%，与 2023 年持平（见图 14）。这与平安北京建设发展评估总得分近几年的变化是一致的，说明一级指标得分对总得分的影响最大、最直接。三级指标的优秀率总体呈现缓慢下降的趋势，这与平安北京建设发展评估三级指标的变动有关。为了更好地反映实际情况，平安北京建设发展评估的三级指标较往年有所调整。

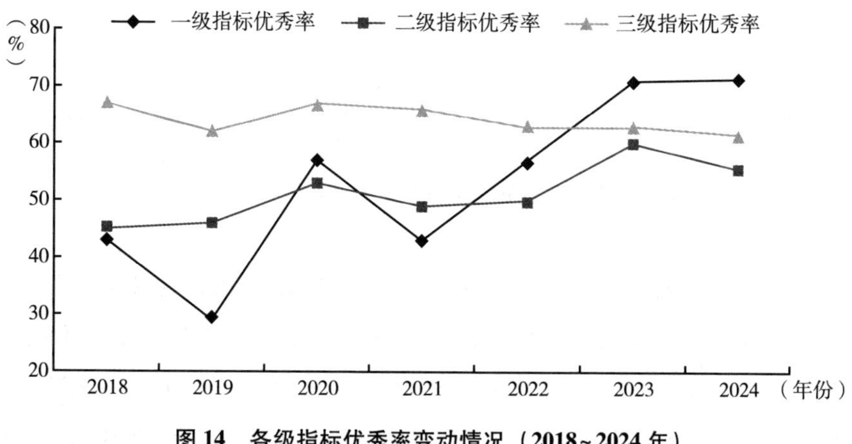

图 14　各级指标优秀率变动情况（2018~2024 年）

从各级指标得分等级较差率来看，二级指标、三级指标的较差率总体呈现降低的趋势，一级指标的较差率连续 7 年为 0（见图 15）。这说明平安北京建设近年来成果显著，对以往出现的问题开展了针对性研究并加以解决。平安北京建设整体水平提升，不同领域之间发展越来越均衡，建设效果之间的差距也在缩小。

2. 部分指标得分变动趋势①

（1）“安全感”指标

总体来看，在“安全感”一级指标下的 5 项二级指标中，“总体安全感”得分变化趋势最为平稳，7 年来得分始终在 80 分以上（见图 16）。“校园安全感”7 年来得分最高，变化趋势较为平稳，始终保持在“优秀”等

① 为了更好地反映平安北京建设发展的实际情况，每年的平安北京建设发展评估指标都会进行优化完善，因此下文仅选用指标名称和评估方式不变的指标进行连续观测。

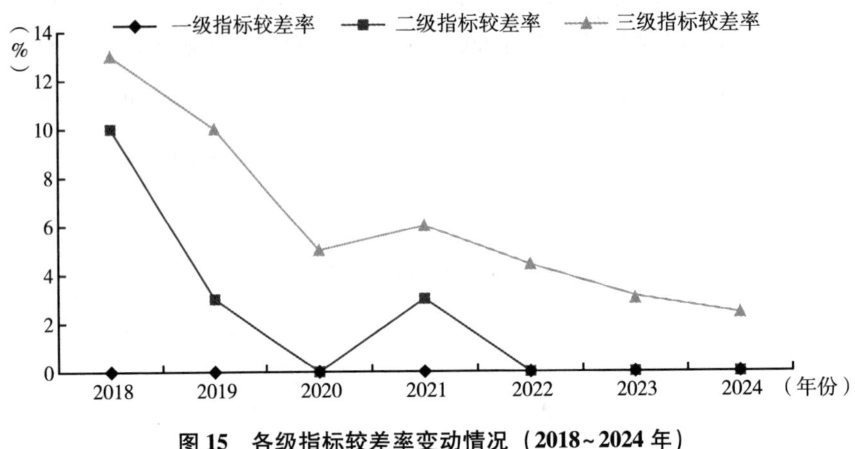

图 15　各级指标较差率变动情况（2018~2024 年）

级。“公共场所安全感”二级指标得分下降幅度最大，与 2018 年相比，2024 年的得分下降 25.2%。“社区安全感”二级指标得分波动最为明显，2019 年得分下降明显（较 2018 年下降 15.5%），随后开始上升，2021 年得分上升幅度最大（较 2020 年上升 15.9%），2024 年得分达到 7 年来最高值（84.13 分）。“单位安全感”二级指标得分总体保持波动上升态势，但 2021~2024 年提升较不明显。从“总体安全感”二级指标得分变化来看，该指标得分较为平稳、总体呈上升趋势，说明近年来北京市居民总体安全感较强，人民群众的获得感、幸福感、安全感稳步提升。2018~2024 年，北京市居民安全感呈现平稳中略有波动的趋势。即使是在 2022~2024 年“公共场所安全感”得分下降幅度较大的情况下，“总体安全感”的得分变化幅度也很小，说明居民对平安北京建设的“安全感”感受相对稳定。“安全感”作为主观见之于客观的评价指标，在较大程度上会被受访者本人的主观接受能力影响，因此出现一定变动也属于合理情况。从“公共场所安全感”二级指标得分变化来看，自 2021 年以来逐年下降，2024 年的得分仅为 63.9 分，比 2023 年下降了 4.29 分。针对这一情况，建议完善城市空间治理，提升治安力量可见度，积极开展相应宣传工作，进而提高社区居民对公共场所治安的信任程度。从“单位安全感”二级指标得分变化来看，整体呈现出上升态势，表明单位环境的安全感在逐年提高，北京市单位安全生产宣传工作取得了一定的进展。从“社区安全感”二级指标得分变化来看，自2019年以来实现了较大的提升，说明北京市社区治安防控水平不断提高、治安状况持续改善，社区居民认同社区所发挥的安全价值，对社区的安全庇护能力具有信心。“校园安全感”作为“安全感”一级指标下得分最高的二级指标，2021~2024年连续4年得分在90分以上，说明北京市校园安全感得分一直保持较高水平。

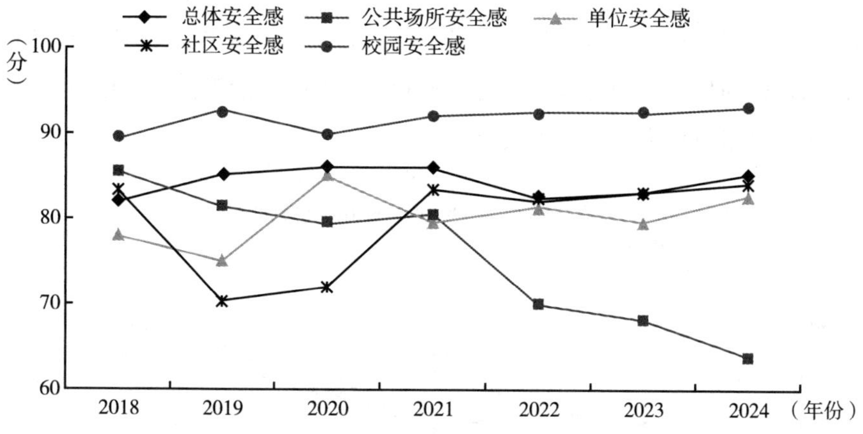

图16　“安全感”一级指标下二级指标得分变化情况（2018~2024年）

注：为多方面测量公共场所安全状况，更加全面地反映公众的主观感受，2021年以后“公共场所安全感”二级指标下三级指标中新增若干场所，因此“公共场所安全感”二级指标2021年后得分变动较大。

（2）“首都群防群治”指标

“首都群防群治”二级指标下的3项三级指标得分均呈上升趋势，该二级指标得分的上升趋势明显。这说明经过近几年的发展，群防群治品牌的认可度不断提高，群防群治的力量在不断壮大，但仍需加大相关成果的转化力度。从“群防群治参与力量情况”指标得分变化来看，2018~2024年总体呈现波动上升的态势，2024年该指标得分达到90分，与2023年相比上升明显，保持在“优秀”等级（见图17）。这说明北京市平安建设志愿服务人数逐步增多，在校园安全、城市道路、社区安全等方面发挥的作用越来越大，群防群治参与的范围和途径更加广泛。从“群防群治品牌建设情况”指标得分变化来看，总体呈现波动上升的态势，与2018年的指标得分（62.59分）相比，2024年的指标得分（84.87分）增长35.34%，上升势头明显。说明“朝阳群众”“西城大妈”“丰台劝导队”等作为7年来认可度较高的群防群治品牌，在提供犯罪线索、常态化开展邻里守望、提供智慧助老和阳光助残等志愿服务方面为平安北京建设做出了很大贡献。从“群防群治成果”指标得分变化来看，2018~2024年，2024年的得分最高，说明平安北京建设在群众参与和品牌建设方面的投入正在逐步发挥实效，但与民众的期待间仍存在一定差距，还需不断加大群防群治工作的转化力度，提高群防群治组织化程度和品牌效应。

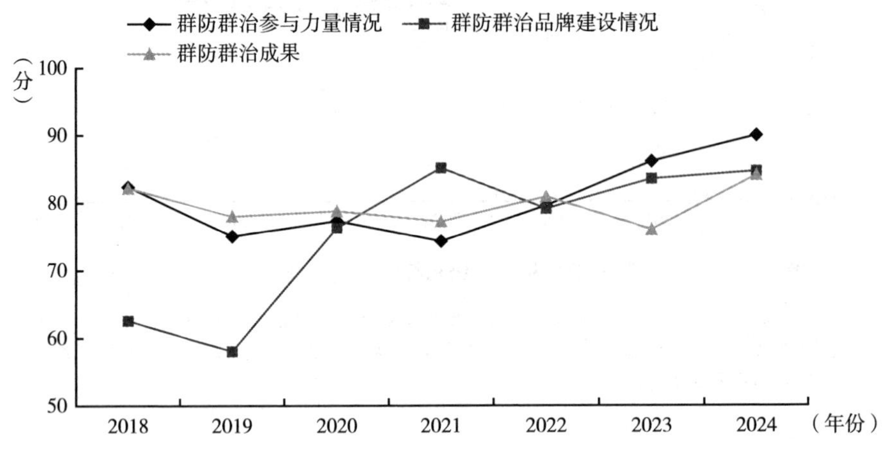

图17　“首都群防群治”二级指标下三级指标得分变化情况（2018~2024年）

（3）“社会面治安防控”部分三级指标①

从“社会面治安防控”二级指标下的三级指标“街面巡逻防控情况”得分变化来看，与其余2项三级指标（“公共交通场所防控情况”指标和

① 部分二级指标于2019年新设，没有2018年的指标数据与之对应，因此对2019~2024年的数据进行分析，下同。

“银行、学校、医院等重点单位及周边防控情况”指标）相比，该指标总体得分较低，2019～2024 年的得分均在 65～80 分，并且总体变化趋势较为平稳（见图 18），说明仍需进一步加大北京市街面巡逻防控力度、提升公共场所见警率以及治安志愿者的服务水平。从“公共交通场所防控情况”指标得分变化来看，自 2022 年以来呈现上升趋势，说明北京市火车站、机场、汽车站等公共交通场所的防控力度有所强化。从“银行、学校、医院等重点单位及周边防控情况”指标得分变化来看，该指标得分总体变化较为平稳，6 年来没有出现太大的波动，说明相关场所的治安防控情况趋于稳定。

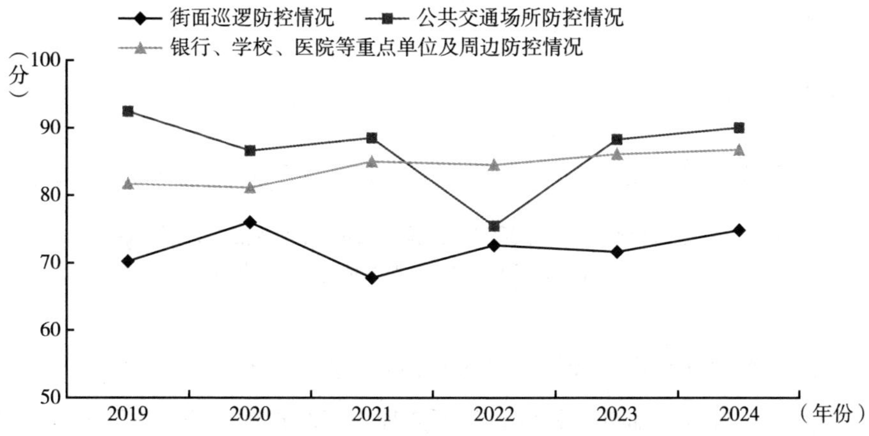

图 18　“社会面治安防控”二级指标下部分三级指标得分变化情况（2019～2024 年）

（4）“重点行业场所治安防控及危险物品等要素管控”部分三级指标

从“重点行业场所治安防控及危险物品等要素管控”二级指标下的三级指标“旅馆业、印章业、典当业等重点行业治安管理情况”得分变化来看，2019～2024 年总体呈现波动下降的趋势（见图 19）。具体来看，印章业治安管理情况的得分较低，拉低了整个三级指标的得分。因此，要强化印章业治安管理工作，打击非法代办、刻制公章等行为，以保障印章业良好的治安状况。从“物流寄递业治安管理情况”指标得分变化来看，2019～2024 年总体呈现波动上升的态势，说明北京市不断加大对物流寄递业的安全管控力度，取得了积极的效果。“枪支、管制刀具、危爆物品治安管理情况”指标得分总体变化趋势平稳，2019～2024 年均在 95 分以上，说明北京市相关领域的治安管理工作成效较好。

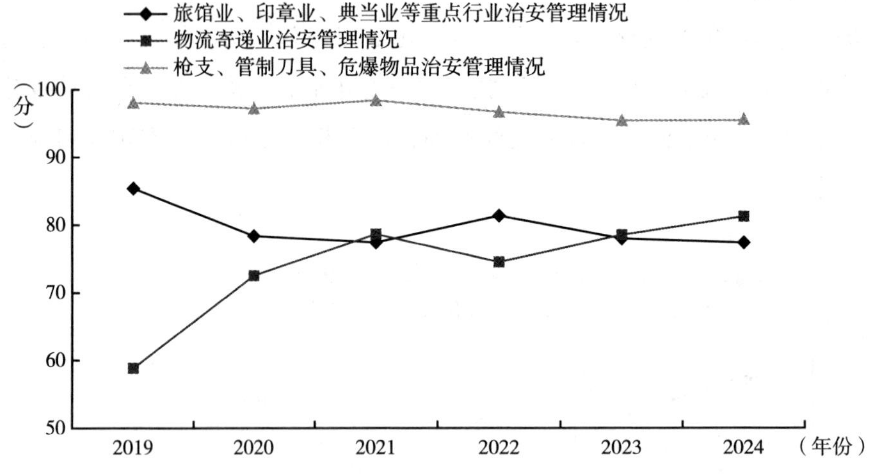

图 19　“重点行业场所治安防控及危险物品等要素管控”二级指标下部分三级指标得分变化情况（2019～2024 年）

（5）“乡镇（街道）和村（社区）治安防控”指标

“乡镇（街道）和村（社区）治安防控”二级指标下的 3 项三级指标得分均呈现总体上升的趋势（见图 20），说明 2019～2024 年基层社区的治安防控工作取得了积极效果，首都基层社会治理能力显著提升。从“网格化管理情况”指标得分变化情况来看，2019～2024 年总体呈现上升态势，说明社区网格化管理人员逐渐为群众所熟悉，群众对网格化管理的参与程度也慢慢提升。从“社区警务实施情况”指标得分变化情况来看，2019～2024 年整体提升幅度较大，从 2019 年的 50.26 分上升到 2024 年的 75.52 分，涨幅达 50.26%。这说明群众对社区民警的熟悉度大幅提升，但是未来还需进一步提升社区民警下社区的频率，落实走访调查，积极开展安全宣传服务工作。

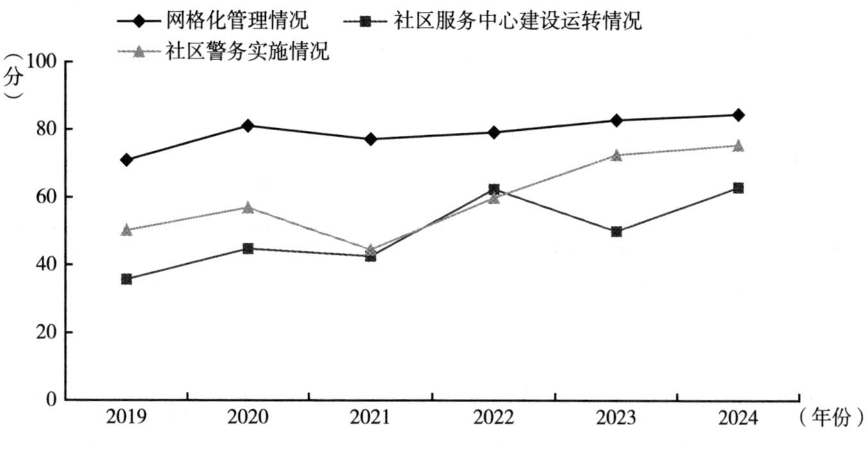

图 20　“乡镇（街道）和村（社区）治安防控”三级指标得分变化情况（2019~2024 年）

（6）“应急管理”部分三级指标

选取“应急管理”一级指标下具有代表性的 5 项三级指标进行分析。在应急管理责任制度体系方面，从“责任追究制度是否落实”指标得分变化情况来看，除 2021 年出现了断崖式的下降外，总体呈现缓慢增长的态势（见表 4）。在建设应急管理责任制度体系的过程中，要强化事故调查处理和责任追究，严格落实安全生产事故责任制度，重视企业安全生产主体责任的落实工作，减少发生安全生产事故的可能。

表 4　“应急管理”部分三级指标得分变化情况（2019~2024 年）

单位：分

一级指标	二级指标	三级指标	2019 年	2020 年	2021 年	2022 年	2023 年	2024 年
应急管理	应急管理责任制度体系	责任追究制度是否落实	87.06	90.68	73.68	90.29	88.85	91.80
	应急管理保障体系	应急救援队伍	78.40	88.23	82.25	86.99	83.75	88.08
		企业安全管理人员配备状况	84.76	91.77	89.63	90.29	80.16	81.57

续表

一级指标	二级指标	三级指标	2019 年	2020 年	2021 年	2022 年	2023 年	2024 年
应急管理	应急管理宣传教育	企业开展应急宣传教育情况	84.85	88.96	89.09	85.93	84.04	86.75
		企业开展应急演练情况	72.25	84.66	78.73	81.85	75.09	81.65

注：2019 年“应急管理”一级指标下新增了“企业安全管理人员配备状况”“企业开展应急宣传教育情况”“企业开展应急演练情况”三级指标，没有 2018 年的指标数据与之对应，因此对 2019~2024 年的数据进行分析。

在应急管理保障体系方面，从“应急救援队伍”指标得分变化情况来看，2019~2024 年总体呈现波动中略有上升的趋势，说明北京市已具备一定规模的应急救援队伍，并出台了具体管理办法，持续完善应急管理保障体系的建设。从“企业安全管理人员配备状况”指标得分变化情况来看，2019~2022 年指标得分变化相对平稳，自 2023 年出现较大幅度下降后，2024 年指标得分略有上升，说明北京市企业安全人员的配备监管仍存在一定短板，需要进一步加大对企业安全生产的监督力度，确保企业合理设置安全生产员，推进企业安全管理人员队伍建设，降低安全生产事故发生的概率。

在应急管理宣传教育方面，从“企业开展应急宣传教育情况”指标得分变化情况来看，2019~2024 年该指标得分较为稳定，自 2022~2023 年连续两年下降后，2024 年指标得分出现上升趋势，说明北京市不断拓展宣传教育渠道，但还需注重应急管理宣传教育的持续性，平安北京建设在这一方面仍有较大的提升空间。从“企业开展应急演练情况”指标得分变化情况来看，2019~2024 年总体呈现波动中略有上升的态势，说明大部分企业能够按照相关规定开展应急演练工作，但仍有部分群众不熟悉工作环境中的应急管理工作，企业的应急管理基础仍然薄弱。

（7）“矛盾纠纷预防”部分三级指标

从“矛盾纠纷预防”二级指标下的三级指标“群众利益表达渠道是否畅通”得分变化来看，2018~2024 年总体呈波动上升的趋势（见图 21）。与

2018 年相比，2024 年得分增长 8%，2022 年得分上升趋势最明显。根据问卷调查反馈结果，2024 年受访者认为反映渠道“很通畅”的占比 47.54%，与 2023 年（42.11%）相比提高了 5.43 个百分点；认为“不通畅”的占比 0.56%，认为“不太通畅”的占比 1.68%，均较 2023 年（1.06%，2.71%）有所下降。这说明群众在反映自身合理诉求与问题的过程中总体感受相对较好，平安北京建设发展中注重倾听民声民意、回应群众诉求，但需要注意群众知晓度和参与程度低的问题。

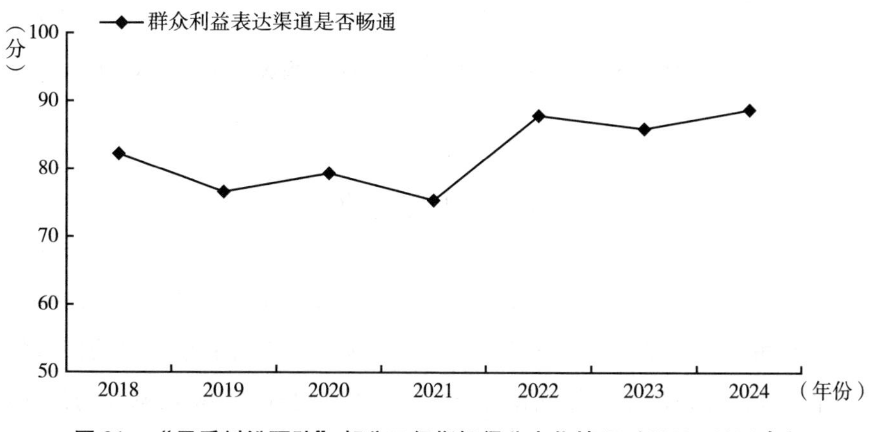

图 21 “矛盾纠纷预防”部分三级指标得分变化情况（2018~2024 年）

（8）“平安建设保障”部分三级指标

选取“平安建设保障”一级指标下具有代表性的 2 项三级指标“民众对法治保障的感受”“民众对财务装备保障的感受”进行分析。从“民众对法治保障的感受”指标得分变化情况来看，2021~2024 年总体变化趋势平稳、波动不大（见图 22），说明北京市不断完善平安建设相关立法，未来仍需关注部分领域立法缺失的问题，进一步强化平安北京建设的法治保障。从“民众对财务装备保障的感受”指标得分变化情况来看，2021~2024 年总体呈上升趋势，说明平安北京建设在财务装备保障工作方面有一定进步，未来应加大相关内容的宣传力度，进一步提升财务装备保障工作的民众知晓度。

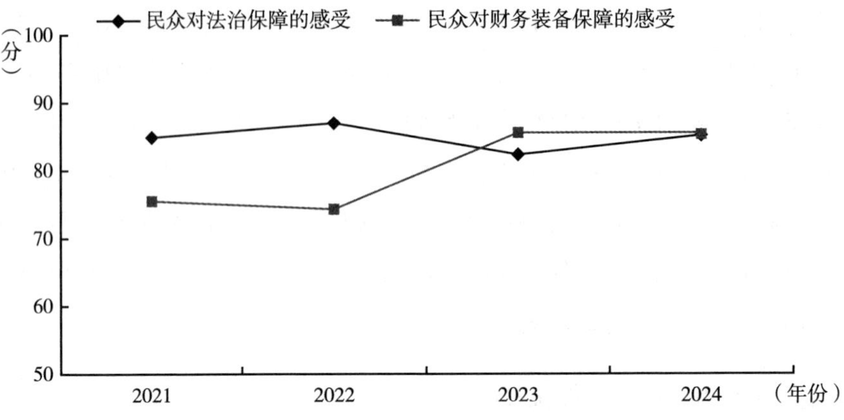

图 22 “平安建设保障”部分三级指标得分变化情况（2021~2024 年）

四 对策建议

评估得分显示，2024 年平安北京建设发展的短板主要存在于社会治安防控领域和安全感方面。下一步，应当进一步加强平安北京建设的体系化，聚焦平安北京建设的重点领域和薄弱环节，不断提升基层的群众参与治理效果，加强新业态治安风险防控，提升城市韧性安全建设，健全矛盾纠纷治理体系，深化食药环旅领域治理，构建多元经费保障机制，提升城市空间治理水平，积极回应居民安全需求，不断提升群众安全感。

（一）规范平安建设信息公开工作，提升群众参与治理效果

一是规范平安建设信息公开工作，尤其是严格落实《中华人民共和国政府信息公开条例》等法律法规，做好政府平安建设信息指南和目录的动态更新。同时，也要注重平安建设信息公开的内容及方式方法，包括内容的完整性、媒介的普及性等。二是重视社会组织、企事业单位等群防群治力量在社会治理中的重要作用，将政府力量与以上群防群治力量相结合，发挥各自优势，弥补各自不足，建设社会治理的新格局。同时，也要注重群防群治力量的培育与品牌的创建，充分展现社会治理的整体效果。

（二）推动公共网络信息安全建设，加强新业态治安防控

一是要贯彻落实与公共网络信息和个人网络信息相关的法律法规要求，提升监管力度，严厉打击相关违法犯罪。尤其是对于未成年人的信息保护，应该严格按照新修订的《中华人民共和国未成年人保护法》，加大信息保护力度。二是要使社会治理重心继续向基层社区延伸，推动包括社区警务、网格化治理、社区网络服务平台等治理要素在内的全面深化。三是要强化街面和重点行业场所的治安防控，引入智慧化巡防，实现全天候、无死角的巡防效果。四是要重点关注新产业、新业态滋生的新型违法犯罪，应充分研究并制定完善的预防与打击对策。

（三）强化风险隐患排查治理，推进韧性安全城市建设

一是构建风险评估、风险隐患排查一体化发展的双重预防机制，健全“市—区—企业”三级预警系统，完善“人防、物防、技防、工程防、管理防”五位一体的综合防控体系，进一步降低影响首都安全稳定的安全风险。二是重点推动北京韧性安全城市建设，结合《北京市韧性城市空间专项规划（2022 年—2035 年）》等文件要求和建设标准，从空间韧性、工程韧性、管理韧性、社会韧性等多个方面推进韧性安全城市建设。三是要注重基层应急管理能力的提升，包括基层街道办事处、物业、志愿者团体等，要加大培训与宣传教育力度。

（四）健全矛盾纠纷治理体系，提高矛盾纠纷应对能力

一是从制度化与智能化角度发力，提升矛盾纠纷排查工作的质量。对于矛盾纠纷排查过程中的各个要素，应积极建立各项制度予以规范，也要将各类高科技手段、创新性手段融入矛盾纠纷排查的过程中，提升排查工作的速度与准度。二是完善重大决策社会稳定风险评估机制，加强与人民群众的风险沟通，拓宽稳评文件发布渠道，积极回应人民群众的意见和建议，提升人民群众的参与度。三是推动矛盾纠纷化解的体系化建设，包括

化解方式体系化和化解联动体系化，充分发挥其综合效果，提高矛盾纠纷的应对能力。

（五）推动人口高质量发展，深化食药环旅领域治理

一是深化户籍制度改革，进一步实现流动人口基本公共服务的均等化，满足流动人口的实际需求。优化北京人口区域结构，发展北京周边城区的基础设施、产业配套等，疏散北京核心城区人口。二是完善包括法律法规、应急预案、监督检查、违法犯罪打击、宣传教育等在内的食品药品安全治理体系建设，提升食品药品安全水平。三是补齐生态环境安全短板，加大生态环境保护力度，实现生态环境全维度、全方位治理，促进北京市经济社会发展的绿色转型。四是进一步强化旅游法治建设，加大对旅游行业的监督检查力度，保护好来京游客的合法权益，加强旅游安全风险的预测预警，提升旅游行业的应急管理能力。

（六）完善法治保障和宣传教育，构建多元化资金保障体系

一是重视平安北京建设的法治保障，针对平安建设发展的新情况，提升相关立法的数量、质量与层次。尤其是针对法治保障的薄弱领域，如应急管理、矛盾纠纷化解等，应在立法上予以重点关注。二是进一步拓宽平安北京建设的财务保障渠道，广泛动员各方力量，构建和完善市场经济体制下以政府投入为主体，企业和社会力量广泛参与的多渠道、多元化资金保障体系。三是创新平安北京宣传教育方式，结合当前社会文化的特点，推出人民群众喜闻乐见的平安北京建设文化产品，提高平安北京建设的普及度和认知度。

（七）提升城市空间治理水平，积极回应居民安全需求

一是提升作为秩序载体的城市空间治理水平，健全城市公共空间体系，加大空间秩序管理力度，落实精细化管理模式，优化城市界面形象，提高居民社区安全感。大力推动产业结构优化升级，盘活各片区的存量资源，全面提升城市的经济发展效益与服务质量。二是积极回应人民群众对于安全提升

的需求，在老旧住宅区、自然灾害多发区、重点公共场所设置充足的应急设施和安防设备，提升群众安全感。三是充分利用 AI 等新技术，搭建公共安全舆情动态监测系统，实现公众安全感的实时细微监测，并利用数据分析建立预警系统，为政府决策提供支持。

分报告

B.2 北京市社会治理调查报告（2024）*

张李斌**

摘　要： 国家安全是中国式现代化行稳致远的重要基础，健全社会治理体系是推进国家安全体系和能力现代化的核心板块。健全首都社会治理体系，完善首都社会治理新格局，是北京构建超大城市现代化治理体系的关键内容。对北京市2024年社会治理情况开展评估，既可以识别此年度社会治理的全貌，也可以观测平安北京建设概况。科学设置党委领导治理，政府主导治理，人民团体、社会组织、企事业单位参与社会治理，首都群防群治4项二级指标和12项三级指标，各项指标的评测综合使用网络检索数据、统计数据、问卷调查数据。结果表明，“社会治理”一级指标得分为91.52分，是自2020年以来的最高分；4项二级指标得分分别是100.00分、96.07分、81.49分、86.70分。研究发现，北京市社会

* 本报告是笔者主持的2022年度国家社科基金一般项目“习近平总书记关于社会治理现代化重要论述的理论体系和原创性贡献研究”（项目号：22BKS085）的阶段性成果。

** 张李斌，管理学博士，法学博士后，中国人民公安大学治安学院副教授、博士研究生导师，《治安学研究》副主编，首都社会安全研究基地研究部主任，首都安全治理创新中心研究员。

治理存在一些问题：政府相关部门平安建设信息公开仍有短板、社会组织和企事业单位参与社会治理作用有限、群防群治品牌和成果存在不对应性。需要采取针对性措施解决，包括规范政府相关部门平安建设信息公开、全方位提升社会组织和企事业单位参与社会组织效果、持续提高群防群治组织化程度和品牌效应。

关键词： 社会治理　平安建设　党委领导　政府主导　群防群治

一　指标设置及评估标准

（一）指标设置

2024年“社会治理”一级指标下设置4项二级指标和12项三级指标，与往年保持一致。4项二级指标是“党委领导治理”“政府主导治理”“人民团体、社会组织、企事业单位参与社会治理”“首都群防群治”，权重分别是30%、20%、20%、30%。每项二级指标下设置若干项三级指标，共有12项，聚焦党委领导责任制、政府职责定位、政府信息公开、平安建设考核、人民团体参与、社会组织参与、群防群治力量、群防群治品牌等具体方面。“社会治理”指标设置见表1。

表1　“社会治理”指标设置

一级指标（权重）	二级指标（权重）	三级指标（权重）
社会治理（15%）	党委领导治理（30%）	是否建立党委领导责任制（60%）
		市委常委会会议是否讨论平安建设议题（40%）
	政府主导治理（20%）	市政府在平安北京建设中的定位是否明确（25%）
		是否定期召开全市平安建设相关会议（25%）
		政府相关部门是否公开平安建设相关信息（25%）
		是否将平安建设纳入年度考核（25%）

续表

一级指标(权重)	二级指标(权重)	三级指标(权重)
社会治理(15%)	人民团体、社会组织、企事业单位参与社会治理(20%)	人民团体参与社会治理情况(30%)
		社会组织参与社会治理情况(40%)
		企事业单位参与社会治理情况(30%)
	首都群防群治(30%)	群防群治参与力量情况(40%)
		群防群治品牌建设情况(30%)
		群防群治成果(30%)

（二）设置依据及评估标准

“社会治理”一级指标设置的主要依据是习近平总书记重要讲话、中央重要会议和重要文件、北京市重要会议和重要文件，包括《中共中央　国务院关于加强基层治理体系和治理能力现代化建设的意见》《北京市“十四五”时期社会治理规划》《中共北京市委　北京市人民政府关于加强基层治理体系和治理能力现代化建设的实施意见》《北京市接诉即办工作条例》《北京市街道办事处条例》《关于促进社会组织参与社区治理的意见》等。

各项指标的评估主要使用网络检索数据、统计数据、问卷调查数据。根据每项三级指标的差异，综合选择使用其中一种、两种或三种数据加以测量，并且三种数据在使用时所占比重不同，以不同形式组合对每项三级指标进行测量，具体组合形式和所占比重见表 2。2024 年北京市社会治理评估的 12 项三级指标，1 项使用网络检索数据+统计数据+问卷调查数据，4 项使用网络检索数据+问卷调查数据，7 项使用网络检索数据。根据三种数据组合形式计算出每项三级指标的得分，再根据 12 项三级指标的权重计算出 4 项二级指标的得分，最后根据二级指标的权重计算出“社会治理”一级指标的得分。另外，本报告对 2020~2024 年北京市社会治理情况进行比较分析，进而展示北京市社会治理成效的整体面貌。

表 2　三种数据组合形式及占比

使用一种数据及占比	使用两种数据及占比	使用三种数据及占比
网络检索数据×100%	网络检索数据×50%+统计数据×50%	网络检索数据×30%+统计数据×30%+问卷调查数据×40%
统计数据×100%	网络检索数据×40%+问卷调查数据×60%	
问卷调查数据×100%	统计数据×40%+问卷调查数据×60%	

二　总体评估结果分析

2024 年“社会治理”一级指标得分为 91.52 分，是自 2020 年以来的最高分，也是连续第二次得分高于 90 分。根据网络检索数据、统计数据、问卷调查数据的三种数据组合形式，依次计算出三级指标和二级指标得分，各级指标得分详见表 3。其中“党委领导治理”二级指标得分为 100.00 分，连续 5 年没有发生变化，说明党委在社会治理中一直发挥强有力的作用。“政府主导治理”二级指标得分为 96.07 分，高于 2023 年（95.99 分），但是低于 2020 年（100.00 分）、2021 年（100.00 分）、2022 年（100.00 分），主要原因是 2023 年和 2024 年该指标的测量都使用两种数据，其中问卷调查数据是客观数据，更加客观地展现了该二级指标的实际情况。从中可以看到，政府在社会治理中的主导作用发挥良好，作为政策执行机构来说，政府对于推动社会治理各项政策落地至关重要。“人民团体、社会组织、企事业单位参与社会治理”二级指标得分为 81.49 分，在 2022~2024 年连续 3 年得分高于 80 分，表明这三类单位参与社会治理的效果在不断提升。其中，三级指标“企事业单位参与社会治理情况”的测量首次采用网络检索数据和问卷调查数据。“首都群防群治”二级指标得分为 86.70 分，为 2020~2024 年最高分，在 2023~2024 年连续 2 年得分超过 80 分，说明首都群防群治在社会治理中的作用进一步凸显。其中三级指标“群防群治参与力量情况”的测量使用了网络检索数据、统计数据、问卷调查数据三种数据。2020~2024 年北京市“社会治理”一级指标、二级指标得分见表 4，变化趋势见图 1。其中，2022 年是京津冀“社会治理”各级指标的得分情况，2022 年的第 4 项二级指标是“人民群众参与”。

表 3　“社会治理”各级指标得分

单位：分

一级指标	二级指标	三级指标
社会治理(91.52)	党委领导治理(100.00)	是否建立党委领导责任制(100.00)
		市委常委会会议是否讨论平安建设议题(100.00)
	政府主导治理(96.07)	市政府在平安北京建设中的定位是否明确(100.00)
		是否定期召开全市平安建设相关会议(100.00)
		政府相关部门是否公开平安建设相关信息(84.28)
		是否将平安建设纳入年度考核(100.00)
	人民团体、社会组织、企事业单位参与社会治理(81.49)	人民团体参与社会治理情况(90.00)
		社会组织参与社会治理情况(80.00)
		企事业单位参与社会治理情况(74.97)
	首都群防群治(86.70)	群防群治参与力量情况(90.00)
		群防群治品牌建设情况(84.71)
		群防群治成果(84.13)

表 4　2020~2024 年北京市“社会治理”一级指标、二级指标得分

单位：分

指标	2020 年	2021 年	2022 年	2023 年	2024 年
“社会治理”一级指标	86.64	88.94	89.56	90.21	91.52
“党委领导治理”二级指标	100.00	100.00	100.00	100.00	100.00
“政府主导治理”二级指标	100.00	100.00	100.00	95.99	96.07
“人民团体、社会组织、企事业单位参与社会治理”二级指标	67.00	77.00	81.50	81.50	81.49
“首都群防群治”二级指标	77.46	78.46	77.52	82.37	86.70

（一）党委领导治理

该项指标评估使用网络检索数据，得分为 100.00 分。

二级指标“党委领导治理”包括 2 项三级指标，即“是否建立党委领

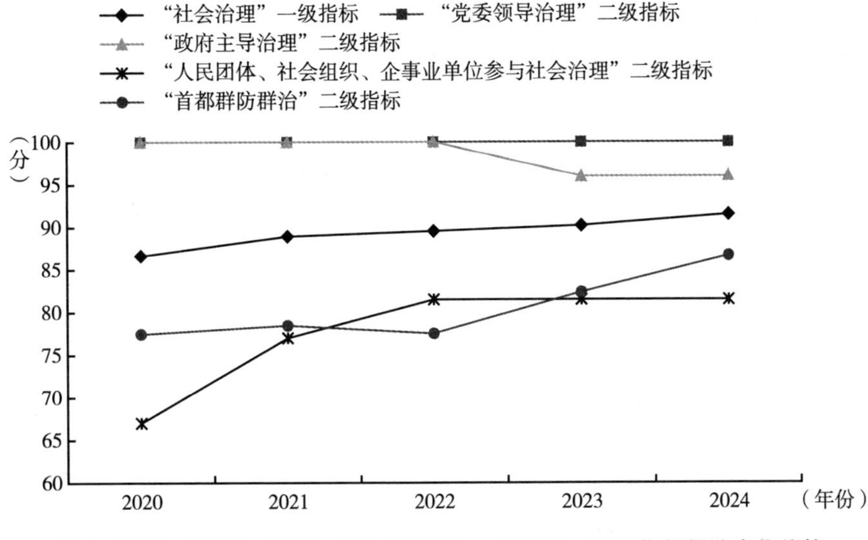

图 1　2020~2024 年北京市“社会治理”一级指标、二级指标得分变化趋势

导责任制”和“市委常委会会议是否讨论平安建设议题”，其评估均使用网络检索数据。

就第 1 项三级指标来说，网络检索数据表明，中国共产党北京市第十三届委员会第四次全体会议强调坚持和加强党的全面领导，统筹发展和安全，维护首都安全稳定，确保人民群众生命财产安全。市委平安建设领导小组突出对平安北京建设的总体领导，并着力提升其议事协调功能。北京市委全面深化改革委员会强调加强党对基层治理的全面领导，鼓励更多社会主体参与基层治理，为基层减负。这些都充分说明，党对平安建设和社会治理的领导作用十分突出，并不断得到强化，而且在顶层设计层面持续优化各类决策。因此，“是否建立党委领导责任制”三级指标的得分为 100. 00 分。

就第 2 项三级指标来说，网络检索数据表明，北京市委常委会多次召开会议，围绕重大问题开展学习、部署。传达习近平总书记重要讲话精神，强调始终绷紧安全这根弦，坚决遏制重特大事故发生，强化科技手段支撑，抓细抓实安全生产工作，紧盯重点行业领域，做好安全隐患排查整治，落实党政同责、一岗双责。研究部署灾后恢复重建工作，提出全面提升防灾减灾救灾能力，增强底线思维、极限思维，完善乡镇（街道）应急工作机制。要求做好重大活动安全保障工作，加快推进立体化、信息化社会治安防控体系建设。这些都充分说明，北京市委常委会讨论了诸多涉及平安建设的议题，展现了该议题的重要性和市委的高度重视，这也是推动相关工作的一个重要机制，即坚持高位推动。因此，“市委常委会会议是否讨论平安建设议题”三级指标的得分为100.00分。

根据以上分析，结合各项指标所占权重，“党委领导治理”二级指标的得分为：“是否建立党委领导责任制”三级指标得分×60%+“市委常委会会议是否讨论平安建设议题”三级指标得分×40%，即100×60%+100×40%=100.00（分）。

（二）政府主导治理

该项指标评估使用网络检索数据，得分为96.07分。

二级指标“政府主导治理”包括4项三级指标，即“市政府在平安北京建设中的定位是否明确”“是否定期召开全市平安建设相关会议”“政府相关部门是否公开平安建设相关信息”“是否将平安建设纳入年度考核”，除“政府相关部门是否公开平安建设相关信息”的评测使用网络检索数据和问卷调查数据外，其余3项三级指标都使用网络检索数据进行评测。

就第1项三级指标来说，网络检索数据表明，北京市人民政府印发了《2024年市政府工作报告重点任务清单》，明确任务，责任到部门、责任到人，注重落实细化责任，比如市委社会工作部和市信访办主责深入推进信访工作法治化。市政府召开常务会议，研究非机动车停放秩序治理。市政府通过召开会议明确分工，研究重大事项，表明市政府在平安建设中明晰自身职责定位，并且狠抓工作落实。因此，“市政府在平安北京建设中的定位是否明确”三级指标的得分为100.00分。

就第2项三级指标来说，网络检索数据表明，北京市政府召开会议研究防汛抗旱有关工作，要求统筹做好防汛抗旱、极端天气、旱涝急转等应对工作；研究电动自行车安全隐患全链条整治，要求全覆盖抓好销售、使用、停放等情况摸排，严厉打击违法拼改装行为；研究本市安全生产治本攻坚三年行动方案，强调紧盯关键部位、薄弱环节的风险问题，健全事故责任倒查机制。这些会议涉及平安建设和社会治理等重要事项，对于推动相关工作起到促进作用。因此，“是否定期召开全市平安建设相关会议”三级指标的得分为 100.00 分。

就第 3 项三级指标来说，网络检索数据表明，北京市市场监督管理局定期公布食品安全监督抽检信息，让公众了解食品安全状况；北京市教育委员会印发全市教育系统工程建设领域安全管理工作要点，让公众了解诸如校舍建筑、教室装修、操场建设等工程建设领域的安全管理情况。因此，网络检索数据得分为 100 分。问卷调查数据表明，当问及“您是否了解政府公开的平安建设相关信息?”时，47.21%的受访者回答“是”，16.76%的受访者回答“否”，36.03%的受访者回答“不清楚”，经计算，问卷调查数据得分为 73.80 分。因此，“政府相关部门是否公开平安建设相关信息”三级指标的得分为网络检索数据得分×40%+问卷调查数据得分×60%，即 100×40%+73.80×60%=84.28（分）。

就第 4 项三级指标来说，网络检索数据表明，顺义区北小营镇在 2023 年平安建设工作考核等次为优秀的基础上，认真分析部分方面存在的问题，对照解决，争取 2024 年再上新台阶。朝阳区注重提高群众安全感，召开会议分析薄弱环节，开展督导检查，加大考核力度，形成鲜明导向。大兴区西红门镇公开预防煤气中毒工作方案，要求做好预防、督导、检查、考核等，提高群众安全意识，发现隐患及时治理，并将考核结果纳入平安建设考核中。因此，“是否将平安建设纳入年度考核”三级指标的得分为 100.00 分。

根据以上分析，结合各项指标所占权重，“政府主导治理”二级指标得分为“市政府在平安北京建设中的定位是否明确”三级指标得分×25%+“是否定期召开全市平安建设相关会议”三级指标得分×25%+“政府相关部门是否公开平安建设相关信息”三级指标得分×25%+“是否将平安建设纳入年度考核”三级指标得分×25%，即 100×25%+100×25%+84.28×25%+100×25%=96.07（分）。

（三）人民团体、社会组织、企事业单位参与社会治理

该项指标评估使用网络检索数据和问卷调查数据，得分为 81.49 分。

二级指标“人民团体、社会组织、企事业单位参与社会治理”包括 3 项三级指标，即“人民团体参与社会治理情况”“社会组织参与社会治理情况”“企事业单位参与社会治理情况”。其中，“企事业单位参与社会治理情况”三级指标评估使用网络检索数据和问卷调查数据，其余 2 项三级指标评测都使用网络检索数据。

就第 1 项三级指标来说，网络检索数据表明，北京市总工会大力推进工匠学院建设、工匠人才培育工作，助推首都高质量发展。北京市妇联成立最美家庭宣讲团和开展智慧家长讲堂活动，帮助家长们树立法治思维及开展家庭教育工作。北京市共青团组织志愿服务队向市民宣传防诈骗、应急救援、消防安全等知识。可以看到，人民团体利用自身优势，在平安建设和社会治理等方面发挥了积极作用。因此，“人民团体参与社会治理情况”三级指标的得分为 90.00 分。

就第 2 项三级指标来说，网络检索数据表明，朝阳区南磨房地区社区社会组织联合会开展以“新形势下如何做好社区矛盾调解工作”为主题的培训活动。顺义区成立物业管理协会，发挥桥梁和纽带作用为政府决策服务，提升物业管理为民服务水平。北京司法鉴定业协会印发《司法鉴定机构实验室安全管理规程》，规范司法鉴定机构实验室的安全管理工作。社会组织通过各种形式参与社会治理，起到较好的补充和辅助作用，但是所发挥的作用相对有限，需要进一步激发其动能。因此，“社会组织参与社会治理情况”三级指标的得分为 80.00 分。

就第 3 项三级指标来说，网络检索数据表明，朝阳区—清华大学社会治理联合调研组到安贞街道安华里社区围绕社会治理、社区建设开展调研。亚信安全科技股份有限公司将携手相关公司，打造更加多元化的数字安全保障险应用场景。因此，网络检索数据得分为 80.00 分。问卷调查数据表明，当问及“您认为北京市的企业或事业单位参与社会治理作用如何?”时，受访

者回答“作用很大”、“作用大”、“作用一般”、“作用不大”、“没有作用”的比例分别是 37.99%、23.74%、28.49%、6.26%、3.52%，经计算，问卷调查数据得分为 71.61 分。因此，“企事业单位参与社会治理情况”三级指标的得分为网络检索数据得分×40%+问卷调查数据得分×60%，即 80×40%+71.61×60%=74.97（分）。

根据以上分析，结合指标设置和所占权重，“人民团体、社会组织、企事业单位参与社会治理”二级指标的得分为“人民团体参与社会治理情况”三级指标得分×30%+“社会组织参与社会治理情况”三级指标得分×40%+“企事业单位参与社会治理情况”三级指标得分×30%，即 90×30%+80×40%+74.97×30%=81.49（分）。

（四）首都群防群治

该项指标评估使用网络检索数据、统计数据和问卷调查数据，得分为 86.70 分。

二级指标“首都群防群治”包括 3 项三级指标，即“群防群治参与力量情况”“群防群治品牌建设情况”“群防群治成果”。“群防群治参与力量情况”三级指标评估使用网络检索数据、统计数据和问卷调查数据，其余 2 项三级指标评估都使用网络检索数据和问卷调查数据。

就第 1 项三级指标来说，网络检索数据表明，密云区组织 1700 余名村民参与密云水库的周边巡逻和环境维护，共同守护水库生态安全。丰台区“V丰警”志愿者服务队成员已达 8500 余人。群防群治参与力量不断增加，参与范围在不断扩展，因此网络检索数据得分为 90 分。统计数据得分按照每万人志愿者数进行计算，北京市每万人志愿者数是 2127 人，超过全国平均水平的 1678 人，因此得分为 100 分。问卷调查数据表明，受访者回答“在您居住社区中，能在重大活动或重要时间节点看到戴红袖标的治安志愿者吗?”“在您居住地的街道、广场等公共地方，重大活动或重要时间节点能看到戴红袖标的治安志愿者吗?”“您认为北京市维护社会治安秩序的力量是否充足?”三个问题的平均分是 82.51 分。因此，“群防群治参与力量情况”三级指标的得分为网络检索数据得分×30%+统计数据得分×30%+问卷调查数据得分×40%，即90×30%+100×30%+82.51×40%=90.00（分）。

就第2项三级指标来说，网络检索数据表明，石景山区举行新经济组织和城市运行保障志愿者服务队成立启动仪式，“石景山老街坊”力量扩容。密云区委平安办发动群防群治力量，“柠檬黄”守望暖心出行路，“志愿蓝”聚焦法律援助和社会治安。可以看出，各区立足区情，宣传、扩容和发展自己的志愿品牌，助力群防群治品牌可持续发展。因此，网络检索数据得分为85.00分。问卷调查数据表明，当问及“您是否认可下列治安志愿者组织的工作效果?”时，西城大妈、东城守望者、丰台劝导队、海淀网友、朝阳群众、石景山老街坊防消队的得分依次是84.53分、84.63分、84.20分、84.37分、86.73分、84.23分，平均得分为84.78分。因此，“群防群治品牌建设情况”三级指标的得分为网络检索数据得分×40%+问卷调查数据得分×60%，即85×40%+84.78×60%=84.87（分）。

就第3项三级指标来说，网络检索数据表明，西城公安分局在开展辖区违法出租房屋清理整治和隐患排查工作中，“西城大妈”及时准确地锁定有不稳定因素的出租房屋。延庆区永宁镇多措并举做好党的二十届三中全会安保维稳工作，针对各类重点人员开展工作。平谷区设置“群众守望岗”，化解矛盾330余起，交通劝阻350余次，秩序维护570余次，救助服务群众6900余次。因此，网络检索数据得分为85.00分。问卷调查数据表明，当问及“您认为上述治安志愿者力量开展下列维护社会治安工作的效果如何?”巡逻防控、提供破案线索、排查化解矛盾纠纷的得分依次是85.17分、81.94分、83.54分，平均得分为83.55分。因此，“群防群治成果”三级指标的得分为网络检索数据得分×40%+问卷调查数据得分×60%，即85×40%+83.55×60%=84.13（分）。

根据以上分析，结合各项指标的权重，“首都群防群治”二级指标的得分为“群防群治参与力量情况”三级指标得分×40%+“群防群治品牌建设情况”三级指标得分×30%+“群防群治成果”三级指标得分×30%，即90×40%+84.87×30%+84.13×30%=86.70（分）。

三　指标评估结果分析

（一）是否建立党委领导责任制

该项指标评估使用网络检索数据，得分为100.00分。

通过网络检索，在首都之窗检索到关于“市委平安北京建设领导小组会议召开”的报道。会议指出，2024年是新中国成立75周年，维护首都安全要求更高、任务更重。要始终坚持总体国家安全观，努力建设更高水平的平安北京，为新时代首都发展营造安全稳定的政治社会环境。坚决捍卫政治安全，压紧压实意识形态工作责任。落实平安建设责任制，提升平安北京领导小组和平安办的议事协调功能，持续巩固市委对平安北京建设的总体领导，筑牢平安北京建设的首都城墙。①

通过网络检索，在首都之窗检索到关于“市委十三届四次全会”的报道。会议强调，要坚持和加强党的全面领导，为各方面工作提供坚强政治和组织保证，坚决维护首都安全稳定，统筹高质量发展和高水平安全，坚持和发展新时代“枫桥经验”。同时会议提出，要夯实安全生产责任制，开展重点领域专项整治，持续提升城市安全运行水平；更加注重底线思维、防范风险，始终绷紧安全这根弦，确保人民群众生命财产安全和首都安全稳定。②

通过网络检索，在首都之窗检索到关于“市委全面深化改革委员会召开第九次会议”的报道。会议强调，要加强党对基层治理的全面领导，探索完善党建引领基层治理的路径和方式，完善社区党建工作协调委员会运行机制，鼓励更多社会主体参与基层治理。大力推进基层治理法治建设，提升

---

① 《市委平安北京建设领导小组会议召开　尹力主持　刘伟出席》，北京市人民政府网站，2024年3月1日，https：//www. beijing. gov. cn/ywdt/hyxx/sw/202403/t20240301_ 3576967. html。

② 《市委十三届四次全会强调　推动学习贯彻习近平新时代中国特色社会主义思想持续走向深入　以新时代首都发展为统领奋力书写中国式现代化的北京篇章　市委常委会主持会议　尹力讲话》，北京市人民政府网站，2023年12月21日，https：//www. beijing. gov. cn/ywdt/hyxx/sw/202312/t20231221_ 3506142. html。

基层党员、干部法治素养，引导群众积极参与支持基层治理。切实为基层减负，完善基层治理制度机制，持续优化街乡管理体制和运行机制，统筹规范面向基层的督查检查考核。①

通过网络检索，可以发现北京市委高度重视平安北京建设和社会治理，进一步落实党委领导平安北京建设责任，持续完善意识形态工作责任制，从严从实抓好各领域风险防范，夯实安全生产责任制，开展重点领域专项整治，努力建设更高水平的平安北京，为新时代首都发展营造安全稳定的政治社会环境。同时，坚持党对基层社会治理的领导，加强顶层设计，推进法治建设，为基层减负等。这些都反映出党委领导对社会治理乃至平安北京建设的重要性，表明北京市已经建立了党委领导责任制并持续发挥关键作用。

因此，“是否建立党委领导责任制”三级指标的得分为 100 分。

（二）市委常委会会议是否讨论平安建设议题

该项指标评估使用网络检索数据，得分为 100.00 分。

通过网络检索，在首都之窗检索到《市委常委会召开会议　传达学习习近平总书记重要讲话精神　研究部署春节假期安全生产工作　市委书记尹力主持会议》的报道。会议强调安全稳定是做好首都工作的前提和基础。要坚持极端负责的工作态度，进一步抓细抓实安全生产工作，扎实推进治本攻坚三年行动。要紧盯重点行业领域，持续做好安全隐患排查整治。织密安全生产责任体系，严格落实党政同责、一岗双责，督促企事业单位切实扛起主体责任，把安全要求落实到基层一线和生产工作基本单元。坚持科技兴安，提升应急管理智慧化水平。②

通过网络检索，在首都之窗检索到《市委常委会召开会议　传达学习

① 《市委全面深化改革委员会召开第九次会议　尹力主持　李秀领魏小东刘伟出席》，北京市人民政府网站，2024 年 2 月 28 日，https：//www.beijing.gov.cn/ywdt/hyxx/sw/202402/t20240228_ 3571704.html。

② 《市委常委会召开会议　传达学习习近平总书记重要讲话精神　研究部署春节假期安全生产工作　市委书记尹力主持会议》，北京市人民政府网站，2024 年 2 月 8 日，https：//www.beijing.gov.cn/ywdt/hyxx/sw/202402/t20240208_ 3559259.html。

习近平总书记重要讲话精神　研究“23·7”极端强降雨灾后恢复重建工作等事项　市委书记尹力主持会议》的报道。会议指出，要全面提升防灾减灾救灾能力，进一步夯实新时代首都发展基础，各区、各部门树牢风险意识，增强底线思维、极限思维，用好“23·7”复盘成果，大力提升首都安全发展水平。全面深入排查风险隐患，完善各类应急预案，完善乡镇街道应急工作机制，从细从实做好准备，全力确保首都安全平稳度汛。①

通过网络检索，在首都之窗检索到《市委常委会召开会议　研究全面建设美丽北京和安全生产工作等事项　市委书记尹力主持会议》的报道。会议强调，要始终绷紧安全这根弦，以时时放心不下的责任感抓好安全生产工作，继续从严从紧落实各项措施。不断提升全社会风险意识、安全意识，坚决遏制重特大事故发生。强化科技手段支撑，完善安全生产基础设施，提升监测预警和应急处置能力。要全力营造安全稳定的政治社会环境，坚持和发展新时代“枫桥经验”，用好群防群治经验，对各类矛盾纠纷做到早发现、早预警、早化解，全力做好重大活动安全保障工作，加快推进立体化、信息化社会治安防控体系建设。②

通过网络检索，可以发现北京市委常委会研究涉及北京市改革发展稳定的重大事项，其中包括诸多平安北京建设议题。北京市贯彻落实习近平总书记对北京防汛工作的重要指示，加强北京应急管理体系建设。安全生产是北京市统筹发展与安全的基础要素，要始终紧绷安全生产这根弦，深刻吸取教训，提升安全生产应急处置能力。同时，坚持和发展新时代“枫桥经验”，有效化解矛盾纠纷。

因此，“市委常委会会议是否讨论平安建设议题”三级指标的得分为100.00分。

---

① 《市委常委会召开会议　传达学习习近平总书记重要讲话精神　研究“23·7”极端强降雨灾后恢复重建工作等事项　市委书记尹力主持会议》，北京市人民政府网站，2024年6月13日，www.beijing.gov.cn/ywdt/hyxx/sw/202406/t20240613_3711081.html。

② 《市委常委会召开会议　研究全面建设美丽北京和安全生产工作等事项　市委书记尹力主持会议》，北京市人民政府网站，2024年7月4日，https://www.beijing.gov.cn/ywdt/hyxx/sw/202407/t20240704_3737429.html。

（三）市政府在平安北京建设中的定位是否明确

该项指标评估使用网络检索数据，得分为100.00分。

通过网络检索，在首都之窗检索到《市政府召开全市安全生产电视电话会议　殷勇主持会议并讲话》的报道。会议强调，要加强火灾风险防控，以案为鉴拉网式排查托管托育机构、商铺、酒店等存在的风险隐患，从严整治违规用火用电问题。要强化建筑施工安全管理，开展施工质量安全专项检查，严厉打击违法违规施工行为，严格对边营业边施工项目的审批和监管。要认真做好交通运输安全整治，研判节日期间大客流和冰冻雨雪天气带来的安全风险，严查严管重点车辆违法行为，强化应急力量组织和交通秩序维护。①

通过网络检索，在首都之窗检索到《市政府召开常务会议　研究首都环境建设管理和非机动车停放秩序治理等事项　市长殷勇主持会议》的报道。会议强调，要全面开展轨道交通站点、医院、商圈等重点场所周边非机动车停放秩序治理，抓好电动自行车火灾防范全链条整治，完善停放、充电等配套基础设施，便利群众停放和充电。落实好汛期安全防范应对措施，及时排查隐患、识别风险、监测预警，做好极端天气应急抢险，确保城市运行安全有序和群众生命财产安全。②

通过网络检索，在首都之窗检索到《北京市人民政府关于印发〈2024年市政府工作报告重点任务清单〉的通知》的报道。清单显示，全面落实意识形态工作责任制，坚决捍卫首都政治安全。深入推进信访工作法治化，着力健全预防、受理、办理、监督追责和维护秩序法治化为一体的信访工作法治化工作体系，明确相关程序、工作标准、时限要求和责任落实等具体规

---

① 《市政府召开全市安全生产电视电话会议　殷勇主持会议并讲话》，北京市人民政府网站，2024年1月27日，https：//www.beijing.gov.cn/ywdt/hyxx/szf/202401/t20240127_3547282.html。

② 《市政府召开常务会议　研究首都环境建设管理和非机动车停放秩序治理等事项　市长殷勇主持会议》，北京市人民政府网站，2024年6月19日，https：//www.beijing.gov.cn/ywdt/hyxx/szf/202406/t20240619_3720374.html。

定。扎实开展“平安单位”“平安医院”“平安学校”创建活动，严厉打击各类违法犯罪行为，全力保障社会安定、人民安宁。①

政府在平安建设中的定位关系到各项具体工作的落实与反馈。网络检索数据说明，北京市政府注重排查北京市各项安全风险隐患，深入探索北京韧性城市建设，全面提升北京市应急防控能力，进一步完善应急防控体系，加强信访工作法治化建设，强化基层基础，注重明晰政府各部门的工作任务，抓好重点单位、部位的平安建设。所以北京市政府在平安建设中的定位是明确清晰的。

因此，“市政府在平安北京建设中的定位是否明确”三级指标的得分为100.00分。

（四）是否定期召开全市平安建设相关会议

该项指标评估使用网络检索数据，得分为100.00分。

通过网络检索，在首都之窗检索到《市政府召开常务会议　研究安全生产和防汛抗旱有关工作等事项　市长殷勇主持会议》的报道。会议强调，要进一步强化风险意识，统筹做好防汛抗旱、极端天气、旱涝急转等各项应对工作。要全力做好防汛应对，科学精准监测预报预警，深入做好重点部位风险隐患排查整治，加强抢险救援力量部署，遇有汛情及时组织避险转移安置工作。要强化高温、大风等极端天气防范，及时发布预警信息和风险提示，深入排查滨水空间涉水风险。深化重点场所消防安全整治，强化技术手段应用，加大应用场景开发，有效消除安全风险隐患。②

通过网络检索，在首都之窗检索到《市政府召开常务会议　研究电动自行车安全隐患全链条整治等事项　市长殷勇主持会议》的报道。会议强

① 《北京市人民政府关于印发〈2024年市政府工作报告重点任务清单〉的通知》，北京市人民政府网站，2024年2月1日，https://www.beijing.gov.cn/zhengce/zhengcefagui/202402/t20240201_3553511.html。

② 《市政府召开常务会议　研究安全生产和防汛抗旱有关工作等事项　市长殷勇主持会议》，北京市人民政府网站，2024年6月26日，https://www.beijing.gov.cn/ywdt/hyxx/szf/202406/t20240626_3728307.html。

调，电动自行车安全事关广大群众生命和财产安全，要全力拧紧电动自行车安全监管链条，全覆盖抓好销售、使用、停放等情况摸排，严厉打击违法拼改装行为，强化监管和路面执法，加强电动自行车停放充电设施建设，规范充电服务及收费行为，建立健全报废回收体系，加快推动车辆及蓄电池以旧换新，加强对违规停放、入户充电等行为的执法检查，严格事故溯源倒查追责，加强警示宣传教育，引导市民群众共同维护公共安全。①

通过网络检索，在首都之窗检索到《市政府召开常务会议　研究本市安全生产治本攻坚三年行动方案等事项　市长殷勇主持会议》的报道。会议强调，要紧盯关键部位、薄弱环节的风险问题，健全事故责任倒查机制，从严从快处理每一起责任事故。严密做好人员密集场所火灾防范，筑牢消防安全底线，持续抓好危险化学品、特种设备、烟花爆竹等重点行业领域专项整治，对排查出的问题隐患要录入系统、逐项销账、形成闭环，提升排查整治质效。②

会议是推动工作的重要手段。北京市政府召开常务会议研究电动自行车安全隐患全链条整治工作，全力拧紧电动自行车安全监管链条；高度重视安全生产工作，着重强调风险意识和底线思维，要求建立健全事故责任倒查机制，加强重点领域安全生产风险防范。网络检索数据说明北京市政府定期召开平安建设相关会议，研究具体工作，部署行动计划。

因此，“是否定期召开全市平安建设相关会议”三级指标的得分为100.00分。

（五）政府相关部门是否公开平安建设相关信息

该项指标评估使用网络检索数据和问卷调查数据，得分为84.28分。

---

① 《市政府召开常务会议　研究电动自行车安全隐患全链条整治等事项　市长殷勇主持会议》，北京市人民政府网站，2024年5月21日，https：//www.beijing.gov.cn/ywdt/hyxx/szf/202405/t20240521_3689588.html。

② 《市政府召开常务会议　研究本市安全生产治本攻坚三年行动方案等事项　市长殷勇主持会议》，北京市人民政府网站，2024年2月7日，https：//www.beijing.gov.cn/ywdt/hyxx/szf/202402/t20240207_3558516.html。

通过网络检索，在北京市市场监督管理局网站检索到《北京市市场监督管理局关于食品安全监督抽检信息的公告（2024 年第 36 期）》的报道。北京市市场监督管理局组织抽检糕点、食用农产品、餐饮食品、餐饮具共 950 批次。依据食品安全国家标准及国家有关规定进行检验和判定，合格 940 批次，不合格 10 批次。并对本次检验项目、食品抽检合格产品信息、食品抽检不合格产品信息以及不合格检验项目小知识进行了公示。从该网站可以了解到，截至 2024 年 7 月 31 日，已经发布公告 41 期。①

通过网络检索，在北京市教育委员会网站检索到《北京市教育委员会关于印发〈2024 年度本市教育系统工程建设领域安全管理工作要点〉的通知》的报道，其目的是为建立全新的教育系统工程建设领域安全管理工作体系，提升监管的精准性和有效性。要点中提到了 11 条主要任务，包括自建房专项整治和校舍建筑安全管理工作，中小学、幼儿园教室装修的环保安全工作，中小学操场建设的质量和环保安全工作等。②

从网络检索数据来看，北京市市场监督管理局定期公布食品安全监督抽检信息，对合格与不合格的食品信息进行公示，让公众知晓食品安全抽检情况。北京市教育委员会下发通知并公开教育系统工程建设领域安全管理工作要点，列出若干个主要任务，明确安全管理责任，让公众了解该领域的安全管理情况。因此，网络检索数据得分为 100.00 分。

同时，针对该项三级指标开展了问卷调查，设置的问题为“您是否了解政府公开的平安建设相关信息?”，受访者选择“是”的占比 47.21%，选择“否”的占比 16.76%，选择“不清楚”的占比 36.03%（见表 5）。因此，问卷调查数据得分为 73.80 分。

---

① 《北京市市场监督管理局关于食品安全监督抽检信息的公告（2024 年第 36 期）》，北京市市场监督管理局网站，2024 年 7 月 12 日，https：//scjgj. beijing. gov. cn/zwxx/gs/spzlgs/202407/t20240712_ 3744776. html。

② 《北京市教育委员会关于印发〈2024 年度本市教育系统工程建设领域安全管理工作要点〉的通知》，北京市教育委员会网站，2024 年 4 月 3 日，https：//jw. beijing. gov. cn/xxgk/2024zcwj/2024qtwj/202404/t20240403_ 3609705. html。

表 5　问卷调查——政府相关部门是否公开平安建设相关信息

单位：%

相关变量	类别	占比
您是否了解政府公开的平安建设相关信息？	是	47.21
	否	16.76
	不清楚	36.03

因此，“政府相关部门是否公开平安建设相关信息”三级指标的得分为网络检索数据得分×40%+问卷调查数据得分×60%，即 100×40%+73.80×60%=84.28（分）。

（六）是否将平安建设纳入年度考核

该项指标评估使用网络检索数据，得分为 100.00 分。

通过网络检索，在首都之窗网站检索到《北小营镇召开 2024 年度平安建设考核工作调度会》的报道。平安建设办公室负责人传达相关精神，北小营镇 2023 年平安建设工作考核等次为优秀，但仍有部分工作落实不到位，存在扣分情况。会议强调，要高度重视平安建设工作，做好事前工作方案和事后总结报送，确保工作流程完整无缺漏。做好责任落实，确保分工清晰，各项工作高效有序推进。加强沟通协作，加强上下级和部门之间的沟通，涉及多部门的工作要支持互助，确保 2024 年平安建设考核成绩再上新台阶。①

通过网络检索，在“平安北京朝阳”百家号检索到《朝阳区召开 2024 年提升群众安全感工作部署会》的报道。朝阳区委政法委通报了 2023 年群众安全感调查情况、存在的主要问题，并对下一步工作进行了部署。会议提出，要充分认识提升群众安全感的重要意义，客观分析当前工作存在的问题和薄弱环节。要开展督导检查，做好街乡全面自查和部门督查检查，对发现的问题逐一明确整改目标。加大考核力度，形成奖优罚劣导向，激发动力，

① 《北小营镇召开 2024 年度平安建设考核工作调度会》，北京市顺义区人民政府网站，2024 年 5 月 24 日，https：//www.bjshy.gov.cn/web/ywdt84/jcdt34/zrmzf/bxyz15/1512939/index.html。

挖掘潜力、提升质效。①

通过网络检索，在首都之窗检索到《大兴区西红门镇人民政府关于西红门镇2023至2024年度预防煤气中毒工作方案》的报道。制定该方案的目的是全面提高群众的自防能力和自防意识，通过强化日常入户检查，及时发现整改安全隐患。方案提出，要加强督导检查和培训考核，内容围绕方案制定、机构建设、宣传检查落实、事故应急处置及情况信息上报等要点，考核结果上报镇预防办，由镇预防办综合评定，纳入对各成员单位平安建设考核。②

从网络检索数据来看，顺义区北小营镇高度重视平安建设工作，明确工作重点与目标，加强沟通与协作，努力做好2024年平安建设工作。朝阳区召开提升群众安全感工作部署会，客观分析存在的问题，对照目标进行整改，加大考核力度，形成奖惩机制。大兴区西红门镇积极开展预防煤气中毒工作，通过宣传、检查、督导等方式，提高群众防范意识，及时发现和消除安全隐患，并将考核结果纳入对各成员单位的平安建设考核。

因此，“是否将平安建设纳入年度考核”三级指标的得分为100.00分。

（七）人民团体参与社会治理情况

该项指标评估使用网络检索数据，得分为90.00分。

通过网络检索，在北京市总工会网站检索到《北京市总工会引导广大职工争当发展新质生产力“尖兵”》的报道。北京市总工会贯彻落实中国工会十八大和全国总工会“559”工作部署，要坚持系统观念，进一步把准重点任务和关键环节。要坚持目标导向，整体把握工作方向，抓好统筹。大力推进工匠学院建设、工匠人才培育工作，为加快发展新质生产力、推动首

① 《朝阳区召开2024年提升群众安全感工作部署会》，“平安北京朝阳”百家号，2024年3月28日，https：//baijiahao. baidu. com/s？ id＝1794780496304902465&wfr＝spider&for＝pc。

② 《大兴区西红门镇人民政府关于西红门镇2023至2024年度预防煤气中毒工作方案》，北京市人民政府网站，2023年11月21日，https：//www. beijing. gov. cn/zhengce/gfxwj/xzjd/202311/t20231122_ 3307264. html。

都高质量发展贡献工会力量。①

通过网络检索，在北京市妇女联合会网站检索到《提升家庭教育水平　促进未成年人健康成长》的报道。成立最美家庭宣讲团，通过分享优秀家庭的先进事迹和成功经验，为广大家庭提供学习的标杆和示范。持续开展智慧家长讲堂活动，帮助家长们树立法治思维，知法、懂法、依法带娃。持续优化“113N”家庭教育指导平台建设，依托家庭教育指导中心、未成年人心理健康辅导站，联动各成员单位发挥合力优势，共同推动家庭教育工作落到实处、做出成效。②

通过网络检索，在北京共青团网站检索到《传承弘扬雷锋精神，凝聚高水平建设首都西大门青年力量》的报道。门头沟区开展“学雷锋·文明实践我行动”主题活动。区教委志愿服务队组织青年志愿者宣传“幼升小”“小升初”等义务教育阶段入学政策，现场为居民进行升学入托指导和政策答疑解惑；来自企业和社会志愿服务团队的志愿者则向市民宣传防诈骗、应急救援、消防安全、通信安全和科学锻炼等知识，积极普及应急和健康生活常识。③

人民团体是社会治理的重要力量，也是平安建设的重要组成部分。从网络检索数据来看，北京市总工会加强工匠人才培养，推动新质生产力发展。北京市妇联依托家庭教育联席会制度，注重父母在未成年人成长过程中的言传身教，促进未成年人健康成长。

因此，“人民团体参与社会治理情况”三级指标的得分为 90.00 分。

---

① 《北京市总工会引导广大职工争当发展新质生产力“尖兵”》，北京市总工会网站，2024 年 7 月 8 日，https：//www. bjzgh. org/ywdt/ywdt/202407/20240708/j_ 2024070814093800017204189986841706. html。

② 《提升家庭教育水平　促进未成年人健康成长》，北京市妇女联合会网站，2024 年 7 月 3 日，http：//www. bjwomen. gov. cn/fnw_ 2nd_ web/static/articles/catalog_ ff808081641b3fa901641b4402a4000d/article_ ff8080818e5bf6330190779f40952a59/ff8080818e5bf6330190779f40952a59. html。

③ 《传承弘扬雷锋精神，凝聚高水平建设首都西大门青年力量》，共青团北京市委员会网站，2024 年 3 月 5 日，https：//www. bjyouth. gov. cn/html/1//501/8822. html。

（八）社会组织参与社会治理情况

该项指标评估使用网络检索数据，得分为80分。

通过网络检索，在北京市朝阳区人民政府网站检索到《南磨房地区社区社会组织联合会开展社区矛盾调解培训》的报道。报道指出，随着新形势下社区工作的不断变化，社区日益成为多种利益关系的交汇点、各种社会矛盾的聚焦点、12345的投诉点，为社区治理带来了新的挑战。针对以上问题，为提升南磨房地区社区矛盾风险预防和矛盾化解能力，促进社区接诉即办和社区治理的提质增效，南磨房地区社区社会组织联合会"磨才成真"养成营在酷车小镇和·艺术馆多功能厅开展了以"新形势下如何做好社区矛盾调解工作"为主题的培训活动。[①]

通过网络检索，在北京市顺义区人民政府网站检索到《顺义区成立物业管理协会》的报道。协会成立后，将积极构建党建引领社区治理框架下的物业管理体系、发挥桥梁和纽带作用，为政府决策服务、搭建会员单位相互学习交流的平台，在推动行业自律和诚信建设、提升物业管理为民服务水平等方面发挥积极作用。物业管理关系着居民生活服务的"最后一公里"，与百姓生活息息相关。区物业行业党委、区物业管理协会的先后成立，对深化党建引领物业管理创新模式、探索老旧小区物业管理破题机制将起到积极作用，有效提升物业管理水平。[②]

通过网络检索，在北京市人民政府网站检索到《北京司法鉴定行业首个团体标准出台》的报道。北京司法鉴定业协会印发《司法鉴定机构实验室安全管理规程》（以下简称《管理规程》），《管理规程》的正式出台，对于规范司法鉴定机构实验室的安全管理工作，确保鉴定过程的科学性、公

① 《南磨房地区社区社会组织联合会开展社区矛盾调解培训》，北京市朝阳区人民政府网站，2024年6月24日，http://www.bjchy.gov.cn/dynamic/jxdt/4028805a902fe752019047ccbc0b0706.html。

② 《顺义区成立物业管理协会》，北京市顺义区人民政府网站，2024年6月18日，https://bjshy.gov.cn/web/ywdt84/dtxx94/1525172/index.html。

正性、准确性和提高司法鉴定人员的安全意识和操作水平，降低实验室活动过程中的安全风险，推动司法鉴定行业的健康发展具有重要意义。[①]

社会组织是社会治理中的重要主体，社会建设越发展，体制机制越健全，社会组织的发展就越好。社区社会组织可以促进社区接诉即办和社区治理提质增效，助力矛盾纠纷调解。物业管理协会的成立实现党建引领物业管理新模式，在小区物业管理、居民生活品质提升等方面有着积极的作用。《司法鉴定机构实验室安全管理规程》的出台，对于提升鉴定人员安全意识、保障实验室安全、促进行业健康发展有着重要意义。

因此，“社会组织参与社会治理情况”三级指标的得分为 80.00 分。

（九）企事业单位参与社会治理情况

该项指标评估使用网络检索数据和问卷调查数据，得分为 74.97 分。

通过网络检索，在北京市朝阳区人民政府网站检索到《清华大学社会治理与发展研究院团队到安华里社区调研社会治理工作》的报道。朝阳区—清华大学社会治理联合调研组到安贞街道安华里社区，就社区社会治理相关工作开展调研。加强党建引领下的基层治理创新，是推进治理体系和治理能力现代化的重要内容。安贞街道将继续锚定党建引领基层治理目标，持续推进社区精细化治理，不断提升居民群众的获得感、幸福感、安全感。[②]

通过网络检索，在北京市人民政府网站检索到《“经开区数字经济网络安全风险保障平台”发布　经开区在全市率先开展网络安全保险试点》的报道。在全球数字化进程不断加快、网络空间对抗持续加剧的背景下，数字安全威胁日益凸显。数字安全保障险在转移和防范网络安全中发挥着重要作用。亚信安全科技股份有限公司将携手更多的生态合作伙伴，积极把握我国数字安

① 《北京司法鉴定行业首个团体标准出台》，北京市人民政府网站，2024 年 3 月 22 日，https：//www.beijing.gov.cn/ywdt/gzdt/202403/t20240322_3598213.html。

② 《清华大学社会治理与发展研究院团队到安华里社区调研社会治理工作》，北京市朝阳区人民政府网站，2024 年 6 月 25 日，http：//www.bjchy.gov.cn/dynamic/jxdt/4028805a902fe752019047a1031c06b7.html。

全保障险快速发展的重要机遇期，面向运营商、金融、能源、生物医药、智能制造等重点行业以及新一代信息技术、工业互联网等新兴技术领域，打造更加多元化的数字安全保障险应用场景，加快推动数字安全保障险的新产品创新、新模式落地，为筑牢数字中国可信可控的数字安全屏障添砖加瓦。①

企事业单位参与社会治理有其独特优势。高校联合社区开展基层治理、社区治理等方面的调查研究，为社区发展提供智力支撑；企业联合政府等部门推出数字安全保障险，开展数字安全建设，提升保障数字安全的技术。因此，网络检索数据得分为80.00分。

同时，针对该项三级指标开展了问卷调查，设置的问题为“您认为北京市的企业或事业单位参与社会治理作用如何?”，答案的选项类别和受访者选择的占比见表6。因此，问卷调查数据得分为71.61分。

表6　问卷调查——企事业单位参与社会治理情况

单位：%

相关变量	类别	占比
C12-您认为北京市的企业或事业单位参与社会治理作用如何?	作用很大	37.99
	作用大	23.74
	作用一般	28.49
	作用不大	6.26
	没有作用	3.52

因此，“企事业单位参与社会治理情况”三级指标的得分为网络检索数据得分×40%+问卷调查数据得分×60%，即80×40%+71.61×60%=74.97（分）。

（十）群防群治参与力量情况

该项指标评测使用网络检索数据、统计数据、问卷调查数据，得分为

① 《“经开区数字经济网络安全风险保障平台”发布　经开区在全市率先开展网络安全保险试点》，北京市人民政府网站，2024年6月12日，https://www.beijing.gov.cn/ywdt/gzdt/202406/t20240612_3710416.html。

90.00分。

通过网络检索，在北京市密云区人民政府网站检索到《平安密云·群防群治丨1700余名村民齐上阵　护密云水库安全》的报道。报道显示，在密云水库周边51个卡口、管护站和看护点，1700余名村民参加水库周边巡逻和环境维护，共同守护水库生态安全。环密云水库涉及7个镇43个行政村，水库水源保护区已用围网隔离，但仍有个别市民游客不遵守库区及水源管理规定，采用翻越栅栏、破坏围网等方式接近水源，网格员加强检查巡查频次和力度，及时堵漏补缺。①

通过网络检索，在北京政法网检索到《北京丰台举行"V丰警"志愿者服务队成立启动仪式　群防群治成员已达8500余人》的报道。"V丰警"志愿者队伍，是创新社会治理的重要方法，是打造丰台区"专群结合，分级分类"品牌群防群治的重要举措。截至2024年5月，"V丰警"志愿者服务队成员已达8500余人。下一步，公安机关将继续加强与行业单位等各方面的沟通协作，吸纳更多行业组织参与到"V丰警"队伍中来，打造专业力量+行业力量+义务力量的防控模式，形成"点线面"相结合的金字塔形群防群治工作体系。②

从网络检索数据来看，北京市积极发动群防群治力量，参与水库生态安全防护、社会治安防控等，群防群治力量不断增强，参与范围不断扩展。因此，网络检索数据得分为90.00分。

统计数据得分按照每万人志愿者数进行计算。截至2023年末，我国注册志愿者超过2.37亿人。根据第七次全国人口普查数据，全国总人口为14.1178亿人，计算得知，我国每万人志愿者数为1678人。同一时期，北京市志愿者为465万人，北京市总人口为2185.8万人，每万人志愿者数为

---

① 《平安密云·群防群治丨1700余名村民齐上阵　护密云水库安全》，北京市密云区人民政府网站，2024年5月15日，https：//www.bjmy.gov.cn/ywdt/rdgz/202405/t20240515_418184.html。

② 《北京丰台举行"V丰警"志愿者服务队成立启动仪式　群防群治成员已达8500余人》，北京政法网，2024年5月24日，https：//www.bj148.org/yck/zzdt/202405/t20240524_1665054.html。

2127 人，超过全国平均水平，因此，统计数据得分为 100. 00 分。

问卷调查数据得分是根据调查问卷结果计算得出的。该项指标下共设置了三个问题，即“在您居住社区中，能在重大活动或重要时间节点看到戴红袖标的治安志愿者吗?”“在您居住地的街道、广场等公共地方，重大活动或重要时间节点能看到戴红袖标的治安志愿者吗?”“您认为北京市维护社会治安秩序的力量是否充足?”，答案的选项类别和受访者选择的占比见表 7。计算得知，前两个问题的得分是 70. 07 分和 74. 83 分。第三个问题的答案有三个选项，得分依次是 89. 89 分、88. 53 分、89. 20 分。根据五个得分的平均数可知，问卷调查数据得分为 82. 51 分。

表 7　问卷调查——群防群治参与力量情况

单位：%

相关变量	类别	占比
在您居住社区中,能在重大活动或重要时间节点看到戴红袖标的治安志愿者吗	经常见到	57. 05
	偶尔见到	26. 04
	见不到	16. 91
在您居住地的街道、广场等公共地方,重大活动或重要时间节点能看到戴红袖标的治安志愿者吗?	经常见到	56. 82
	偶尔见到	36. 03
	见不到	7. 15
您认为北京市维护社会治安秩序的力量是否充足？——警察	过剩	5. 59
	充足	68. 44
	不足	8. 32
	不清楚	17. 65
您认为北京市维护社会治安秩序的力量是否充足？——专业队伍	过剩	5. 70
	充足	64. 13
	不足	9. 05
	不清楚	21. 12
您认为北京市维护社会治安秩序的力量是否充足？——社会力量	过剩	6. 65
	充足	63. 97
	不足	8. 55
	不清楚	20. 84

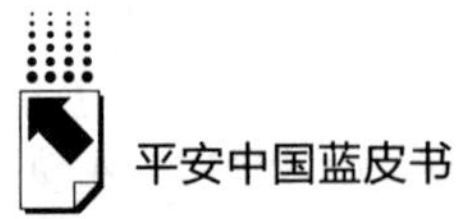

因此，“群防群治参与力量情况”三级指标的得分为网络检索数据得分×30%+统计数据得分×30%+问卷调查数据得分×40%，即 90×30%+100×30%+82.51×40%=90.00（分）。

（十一）群防群治品牌建设情况

该项指标评估使用网络检索数据和问卷调查数据，得分为 84.87 分。

通过网络检索，在北京市石景山区人民政府网站检索到《“石景山老街坊”队伍扩容！城市运行保障志愿者服务队成立》的报道。为凝聚基层社会治理合力，石景山区举行新经济组织和城市运行保障志愿者服务队成立仪式，“石景山老街坊”力量喜迎扩容。“石景山老街坊”与“朝阳群众”“西城大妈”“海淀网友”等组织一样，已成为首都社会基层治理的重要力量。该志愿者服务队的成立，不仅是石景山区群防群治工作提档升级、护航全区高质量发展的有力措施，也是石景山区有效整合社会各类力量，最大化发挥内保外巡、邻里守望作用的具体体现。①

通过网络检索，在北京市密云区人民政府网站检索到《平安密云·群防群治丨这群密云人同心合力助创城》的报道。自 2024 年以来，密云区委平安办发动群防群治力量，积极参与环境卫生整治、交通秩序引导、文明风尚宣传等工作。“柠檬黄”——公共文明引导员们不畏寒冬，起早贪黑，在站台和路口引导乘车、过马路秩序，守望暖心出行路。“志愿蓝”——各行各业志愿者队伍深入社区、农村，围绕医疗健康、法律援助、社会治安等主题，开展志愿服务活动，不断提升群众文明意识。②

从网络检索数据来看，北京市各区立足区情，宣传、扩容和发展自己的志愿品牌，品牌的功能定位、组织形式、社会活动等呈现多样性，展现了群

---

① 《“石景山老街坊”队伍扩容！城市运行保障志愿者服务队成立》，北京市石景山区人民政府网站，2024 年 7 月 23 日，https：//www.bjsjs.gov.cn/gongkai/zwgkpd/ztzl/2022/zfwzyxmt/zwgk/202407/t20240723_84282.shtml。

② 《平安密云·群防群治丨这群密云人同心合力助创城》，北京市密云区人民政府网站，2024 年 3 月 27 日，https：//www.bjmy.gov.cn/ywdt/rdgz/202403/t20240327_408332.html。

防群治品牌的生命力，助力其可持续发展。因此，网络检索数据得分为 85.00 分。

问卷调查数据得分是根据调查问卷结果计算得出的。该项指标下设置了一个问题，即“您是否认可下列治安志愿者组织的工作效果?”，答案的选项类别和受访者选择的占比见表 8。计算得知，西城大妈、东城守望者、丰台劝导队、海淀网友、朝阳群众、石景山老街坊防消队的得分依次是 84.53 分、84.63 分、84.20 分、84.37 分、86.73 分、84.23 分，平均得分为 84.78 分。

表 8　问卷调查——群防群治品牌建设情况

单位：%

相关变量	类别	占比
您是否认可下列治安志愿者组织的工作效果？——西城大妈	认可	56.82
	一般	21.62
	不认可	1.56
	不知道	20.00
您是否认可下列治安志愿者组织的工作效果？——东城守望者	认可	54.41
	一般	21.96
	不认可	0.89
	不知道	22.74
您是否认可下列治安志愿者组织的工作效果？——丰台劝导队	认可	53.35
	一般	21.90
	不认可	1.12
	不知道	23.63
您是否认可下列治安志愿者组织的工作效果？——海淀网友	认可	54.41
	一般	22.01
	不认可	1.12
	不知道	22.46
您是否认可下列治安志愿者组织的工作效果？——朝阳群众	认可	62.35
	一般	19.11
	不认可	1.45
	不知道	17.09

续表

相关变量	类别	占比
您是否认可下列治安志愿者组织的工作效果？——石景山老街坊防消队	认可	52. 23
	一般	21. 17
	不认可	1. 17
	不知道	25. 42

因此，“群防群治品牌建设情况”三级指标的得分为网络检索数据得分×40%+问卷调查数据得分×60%，即 85×40%+84. 78×60%＝84. 87（分）。

（十二）群防群治成果

该项指标评估使用网络检索数据和问卷调查数据，得分为 84. 13 分。

通过网络检索，在“北京日报客户端”百家号检索到《“西城大妈”立功！举报出租房违法问题获奖励》的报道。西城公安分局在开展辖区违法出租房屋清理整治和隐患排查工作中，处罚了多名未履行安全管理责任的房屋出租人，积极提供线索的“西城大妈”和保安员等群防群治力量获得警方奖励。在此次整治工作中，西城警方发挥社区“西城大妈”群防群治力量作用，及时准确锁定了有不稳定因素的出租房屋。①

通过网络检索，在北京市延庆区政府网站检索到《永宁镇多措并举做好二十届三中全会期间安保维稳工作》的报道。永宁镇启动社会面一级防控，发动群防群治力量参与治安巡逻、重点部位值守等工作。针对邪教重点人员、社戒社康人员、安置帮教人员、公安列管的严重精神障碍患者等重点人员采取走访谈话，责令监护人加强管护等措施，确保人员不脱管失控、肇事肇祸。②

① 《“西城大妈”立功！举报出租房违法问题获奖励》，“北京日报客户端”百家号，2024 年 8 月 27 日，https：//baijiahao. baidu. com/s？ id＝1808494332345975578&wfr＝spider&for＝pc。

② 《永宁镇多措并举做好二十届三中全会期间安保维稳工作》，北京市延庆区人民政府网站，2024 年 7 月 16 日，http：//www. bjyq. gov. cn/yanqing/xzjd62/1972726/1972725/yq23265326/index. shtml。

通过网络检索，在北京市平谷区政府网站检索到《“群众守望岗”架起警民连心桥》的报道。“群众守望岗”是为提升社会面立体防控整体效能，强化巡逻工作整体效能，创新防控机制，将巡逻工作以打防管控与服务群众有效结合，全力打造的“共建共治共享”新品牌。自“群众守望岗”运行以来，开展安全宣传1800余场次，发放各类宣传册5.4万余份，化解矛盾330余起，交通劝阻350余次，秩序维护570余次，救助服务群众6900余次。①

从网络检索数据来看，北京市各区都将群防群治品牌运用到社会治理、平安建设等多个方面，并取得了相应成效。“西城大妈”在出租房违法问题上立了功，延庆区发动群众做好党的二十届三中全会安保工作，平谷区创建了“群众守望岗”品牌，在秩序维护、矛盾纠纷化解等方面取得效果。因此，网络检索数据得分为85.00分。

问卷调查数据得分是根据调查问卷结果计算得出的。该项指标下设置的问题为“您认为上述治安志愿者力量开展下列维护社会治安工作的效果如何?”，答案的选项类别和受访者选择的占比见表9。计算得知，巡逻防控、提供破案线索、排查化解矛盾纠纷的得分依次为85.17分、81.94分、83.54分，平均得分为83.55分。

表9　问卷调查——群防群治成果

单位：%

相关变量	类别	占比
您认为上述治安志愿者力量开展下列维护社会治安工作的效果如何？——巡逻防控	好	69.29
	一般	26.61
	不好	1.08
	没有	3.02
您认为上述治安志愿者力量开展下列维护社会治安工作的效果如何？——提供破案线索	好	60.55
	一般	30.78
	不好	1.34
	没有	7.33

① 《“群众守望岗”架起警民连心桥》，北京市平谷区人民政府网站，2023年12月12日，https：//www.bjpg.gov.cn/pgqrmzf/zwxx0/jrpg/873942/index.html。

续表

相关变量	类别	占比
您认为上述治安志愿者力量开展下列维护社会治安工作的效果如何？——排查化解矛盾纠纷	好	64.78
	一般	27.96
	不好	1.55
	没有	5.71

因此，“群防群治成果”三级指标的得分为网络检索数据得分×40%+问卷调查数据得分×60%，即 85×40%+83.55×60%=84.13（分）。

四　评估结论

2024 年北京市“社会治理”一级指标得分为 91.52 分，是自 2020 年以来的最高分，4 项二级指标得分总体呈上升趋势，说明北京市持续加强和创新社会治理，不断完善社会治理体系，取得了可喜的成绩。同时，二级指标以及三级指标的得分存在一定的差异性，一些指标得分偏低，影响了本年度社会治理的整体得分。这正是存在的问题，需要找到其产生的原因，并提出完善建议。

（一）存在的问题

1. 政府相关部门平安建设信息公开仍有短板

从问卷调查数据来看，受访者在面对“您是否了解政府公开的平安建设相关信息?”这一问题时，回答“是”的比例为 47.21%，虽然高于 2023 年的 42.92%，但是仍没有超过 50%，说明超过一半的受访者不知道或不清楚政府公开的平安建设相关信息。“政府相关部门是否公开平安建设相关信息”三级指标的问卷调查数据得分为 73.80 分，虽然高于 2023 年的 73.23 分，但是变化幅度不大，都没有超过 80 分，处于中等水平。从网络检索数据可以看出，政府相关部门公开的平安建设信息比较少，特别是系统性和整体性的信息更少，以碎片化的信息为主，这也导致民众在查询平安建设信息时会遇到各样的问题，或是找不到，或是找不全，或是找不准。从访谈情况看，政府相关部门的工作人员认为本单位定期或不定期公布了平安建设相关信息，但是受访群众则认为没有看到这些信息，需要的时候去查询却发现不便捷，需要较长时间，甚至查询无果。这说明，政府相关部门在公开平安建设信息时，在方式方法上还有不足。

2. 社会组织和企事业单位参与社会治理作用不够突出

从二级指标得分可以看出，人民团体、社会组织、企事业单位参与社会治理的得分是 81.49 分，是 4 个二级指标中的最低分。从三级指标来看，社会组织参与社会治理的得分是 80.00 分，企事业单位参与社会治理的得分是 74.97 分，也是所有三级指标中得分较低的两个指标。从网络检索结果来看，社会组织和企事业单位参与社会治理的层次、范围、广度、深度、精度都不够，导致其参与效果并不理想。受访者面对“您认为北京市的企业或事业单位参与社会治理作用如何?”这一问题时，回答“作用很大”和“作用大”的比例分别为 37.99%和 23.74%，二者相加才刚刚超过 60%，仅仅处于及格的范围，而近 40%的受访者表示“作用一般”“作用不大”“没有作用”。因此，社会组织和企事业单位参与社会治理作用有限，认可度并不高，这与笔者所开展的访谈结果较为相近。笔者访谈的一位社会工作机构负责人表示，其所在的机构参与社会治理还停留在街道（社区）一级，区级层面相对较少，市级层面则几乎没有涉及。

3. 群防群治品牌和成果之间存在不对应性

首都群防群治是北京社会治理的一个特色，群防群治的力量在不断壮大和扩容，群防群治品牌的认可度也在提高，群防群治的成果也在凸显。但是从调查数据看，品牌认可度与成果彰显度之间还有距离。通过问卷调查可以看到，受访者对西城大妈、东城守望者、丰台劝导队、海淀网友、朝阳群众、石景山老街坊防消队以及其他组织的工作效果认可度得分都超过了 80 分；受访者对这些志愿者组织在巡逻防控、提供破案线索、排查化解矛盾纠纷方面的工作效果认可度得分也都超过了 80 分，并且“群防群治品牌建设情况”三级指标得分（84.87分）和“群众群治成果”三级指标得分（84.13分）都接近优秀等级。但是，群防群治品牌和成果之间存在不对应性。这些群防群治品牌与巡逻防控、提供破案线索、排查化解矛盾纠纷三大方面并不是对应的，有些品牌在多个方面的优势明显，有些则在其中的一个或两个方面优势明显。同时，群防群治品牌的效应和成果之间也存在差异，“朝阳群众”得分在2023年、2024年都超过85分，达到优秀等级，“巡逻防控”得分在2023年、2024年都高于“提供破案线索”“排查化解矛盾纠纷”得分，处于良好等级。

（二）完善建议

1. 规范政府相关部门平安建设信息公开方式

要严格执行《中华人民共和国政府信息公开条例》，坚持主动公开和依申请公开，明确平安建设信息公开主体，自觉接受社会和公众监督；要做好政府平安建设信息指南和目录并动态更新。平安建设与群众生活密切相关，群众需要了解的平安建设信息也是多样的，所以要把平安建设信息列举清楚，让群众能够快速、便捷地找到相关内容。要列出平安建设信息目录，做到要素齐全、格式统一，按照发布主体或信息类别等做好分类，按照一定时间动态更新。如果涉及依申请公开的平安建设信息，则需要将申请表等基本资料一并放入网站，使用通用格式存储，方便群众下载，也要避免重复填写或多头填报。还要做到全面公开，除另有规定不能公开的平安建设信息外，其余信息都要公开。要整体性公开、连续性公开，不能碎片化、片段化、要素化公开，避免缺项、漏项，更不能避重就轻式公开，特别是涉及居民安全利益或者重大平安建设决策时，这样群众就不能及时掌握身边的安全事宜，也不能全面了解平安建设的情况。

2. 全方位提升社会组织和企事业单位参与社会治理效果

要从首都安全稳定和创新社会治理的角度思考，把社会组织和企事业单位参与社会治理置于中国特色社会主义社会治理体系之中，放到健全完善共建共治共享社会治理制度之下，作为支撑共建共治共享社会治理格局的重要条件，从思想理念上高度重视起来，摆正社会组织和企事业单位在社会治理中的位置。要坚持主体平等和地位平衡，不能将社会组织或企事业单位简单看成政府的辅助单位甚至是低一级单位，故而在日常工作中出现主体不对等、地位失衡的情况，影响了这些单位的积极性和主动性。要平等对待，充分认识到社会组织和企事业单位是社会治理中不可缺少的主体，甚至在一些方面比政府做得还好，而不是沿袭陈旧的管理思维，放弃治理思维。要在平等的前提下，去培育更多优秀的社会组织，动员优秀的企事业单位参与到社会治理中，发挥他们在各自领域、方面的优势，该让渡管理权限时就要适当让渡，让这些组织和单位能够以主人翁精神全面、多维、纵深地参与社会治理，持续提升和不断增强其参与治理的效果。

3. 持续提高群防群治的组织化程度和品牌效应

要进一步提高群防群治的组织化程度。当前不少群防群治的组织化程度较低，碎片化现象严重，难以在更高层次和更大领域上发挥作用。可以由相关部门牵头，成立相应的协会或联合会，与人民团体等单位结合起来，形成组织化和自发性相结合的团体形式，既保持群防群治的相对独立性，又实现了组织化程度的提升。要进一步加大优势品牌建设。在当前一些优势品牌已经发挥较大作用的同时，从政府层面拿出措施，加大力度，持续宣传推介品牌，扩大群防群治的品牌效应。实现优势品牌对其他品牌的带动作用，通过绑定宣传、单体传播、联合推广等形式提升群防群治品牌的整体知名度和认可度。要进一步延展群防群治成果。在当前巡逻防控、提供破案线索、排查化解矛盾纠纷三大方面的基础上，深挖群防群治其他的成果形式，扩大成果范围，显示首都群防群治的整体效果。当然，识别群防群治成果还需要大兴调查研究之风，深入群防群治组织和群体中去，了解其工作动态，从中概括出当前群防群治工作的主要内容。

参考文献

［1］何雪松、崔晋宁：《情境合法性、协同治理与项目成效：社会组织参与社区治

理的案例比较研究》,《学术研究》2024 年第 7 期。
[2] 胡颖廉:《社会治理效能的本质、内涵与提升路径》,《江西社会科学》2024 年第 5 期。
[3] 李祖佩:《农村社会治理共同体:分析维度、基本问题与实现路径——基于中西部农村治理实践的讨论》,《西南大学学报》(社会科学版) 2024 年第 1 期。
[4] 王斌通:《“枫桥式工作法”与基层社会治理效能提升》,《行政管理改革》2024 年第 5 期。
[5] 王炳权:《基层社会治理共同体的理论谱系与行动逻辑》,《中共中央党校(国家行政学院)学报》2024 年第 1 期。
[6] 徐勇、谭松涛:《社会治理优先序构建与体制机制创新——兼及共同缔造的实践探索》,《行政论坛》2024 年第 4 期。
[7] 张李斌:《“放管服”改革与基层社会治理创新的耦合性研究》,《大连干部学刊》2023 年第 3 期。

B.3

北京市社会治安防控调查报告（2024）

戴　锐*

摘　要：　“社会治安防控”一级指标下设置7项二级指标，“社会面治安防控”“重点行业场所治安防控及危险物品等要素管控”“乡镇（街道）和村（社区）治安防控”“机关、企事业单位、社会团体等单位防控”“信息网络治安防控”“城市圈层查控”等6项二级指标对应着“社会治安防控网建设情况”，反映治安防控的实际情况。“社会治安防控效果”二级指标反映治安防控的实施效果。在7项二级指标下设置25项三级指标。评估来源包括网络调查、数据统计和调查问卷三项。2024年的调查问卷主要通过实地调研问卷发放的方式获得。“社会治安防控”一级指标得分为82.21分，其中得分最低的两项二级指标为“信息网络治安防控”（71.93分）、“乡镇（街道）和村（社区）治安防控”（75.38分）。

关键词：　社会治安防控　社会治安防控网　社会治安防控效果　北京市

一　指标设置及评估标准

（一）指标设置

2024年平安北京建设发展评估“社会治安防控”一级指标下设置7项二级指标，与2021年、2023年的指标设置相同。

---

* 戴锐，法学博士，博士后，中国人民公安大学治安学院副教授、硕士研究生导师，首都社会安全研究基地研究员。

本年度“社会治安防控”中的7项二级指标根据具体内容的不同，细分为25项三级指标。与2021年的指标相比，2023年主要增加了2项三级指标，即“社会面治安防控”二级指标下的“商场、购物中心、集贸市场等商贸场所防控情况”，以及原“重点行业场所治安防控”二级指标（现为“重点行业场所治安防控及危险物品等要素管控”二级指标）下的“娱乐、休闲服务等场所治安管理情况”。

与2023年相比，2024年的指标总数减少了2项，主要是删除了“治安乱点整治情况”，将原“刑事警情数量”和“刑事案件数量”合为“刑事案件立、破案数量”，并将原“治安警情数量”“治安案件数量”改为“公安行政处罚、强制案件办理情况”“法院受理公安行政案件数量”（见表1）。

表1　“社会治安防控”指标设置

<table>
<tr><th>一级指标(权重)</th><th>二级指标(权重)</th><th>三级指标(权重)</th></tr>
<tr><td rowspan="19">社会治安防控(15%)</td><td rowspan="4">社会面治安防控(20%)</td><td>街面巡逻防控情况(40%)</td></tr>
<tr><td>公共交通场所防控情况(20%)</td></tr>
<tr><td>商场、购物中心、集贸市场等商贸场所防控情况(20%)</td></tr>
<tr><td>银行、学校、医院等重点单位及周边防控情况(20%)</td></tr>
<tr><td rowspan="5">重点行业场所治安防控及危险物品等要素管控(15%)</td><td>旅馆业、印章业、典当业等重点行业治安管理情况(30%)</td></tr>
<tr><td>娱乐、休闲服务等场所治安管理情况(15%)</td></tr>
<tr><td>物流寄递业治安管理情况(15%)</td></tr>
<tr><td>枪支、管制刀具、危爆物品治安管理情况(20%)</td></tr>
<tr><td>行业场所智慧化治安管理情况(20%)</td></tr>
<tr><td rowspan="3">乡镇(街道)和村(社区)(10%)</td><td>网格化管理情况(40%)</td></tr>
<tr><td>社区服务中心建设运转情况(30%)</td></tr>
<tr><td>社区警务实施情况(30%)</td></tr>
<tr><td rowspan="3">机关、企事业单位、社会团体等单位防控(10%)</td><td>单位治保制度建设情况(40%)</td></tr>
<tr><td>单位视频监控系统普及应用情况(30%)</td></tr>
<tr><td>水电气热等基础设施运营单位安全防范情况(30%)</td></tr>
<tr><td rowspan="3">信息网络治安防控(10%)</td><td>信息网络安全管理制度建设情况(40%)</td></tr>
<tr><td>手机网络实名制落实情况(30%)</td></tr>
<tr><td>个人信息安全保护情况(30%)</td></tr>
</table>

续表

一级指标（权重）	二级指标（权重）	三级指标（权重）
社会治安防控（15%）	城市圈层查控（10%）	市区卡口查控情况（30%）
		远郊区卡口查控情况（30%）
		环京公安检查站查控情况（40%）
	社会治安防控效果（25%）	重大案件、事件处置情况（30%）
		刑事案件立、破案数量（20%）
		公安行政处罚、强制案件办理情况（30%）
		法院受理公安行政案件数量（20%）

（二）设置依据及评估标准

“社会治安防控”一级指标下的二级、三级指标设置的主要依据是《中共中央关于进一步全面深化改革—推进中国式现代化的决定》《中共中央关于全面深化改革若干重大问题的决定》《关于加强社会治安防控体系建设的意见》《关于全面深化平安北京建设的意见》《北京市国民经济和社会发展第十四个五年规划和二〇三五年远景目标纲要》《北京市旅馆业治安管理规定》等政策法规中关于治安防控的要求。

评估方法和标准与前几年一致。

二　总体评估结果分析

2024 年“社会治安防控”各级指标得分见表 2。

表 2　2024 年“社会治安防控”各级指标得分

单位：分

一级指标	二级指标	三级指标
社会治安防控（82.21）	社会面治安防控（80.12）	街面巡逻防控情况（74.84）
		公共交通场所防控情况（82.22）
		商场、购物中心、集贸市场等商贸场所防控情况（81.94）
		银行、学校、医院等重点单位及周边防控情况（86.77）

续表

一级指标	二级指标	三级指标
社会治安防控(82.21)	重点行业场所治安防控及危险物品等要素管控(82.35)	旅馆业、印章业、典当业等重点行业治安管理情况(77.40)
		娱乐、休闲服务等场所治安管理情况(77.77)
		物流寄递业治安管理情况(81.25)
		枪支、管制刀具、危爆物品治安管理情况(95.64)
		行业场所智慧化治安管理情况(80.72)
	乡镇(街道)和村(社区)治安防控(75.38)	网格化管理情况(84.54)
		社区服务中心建设运转情况(63.03)
		社区警务实施情况(75.52)
	机关、企事业单位、社会团体等单位防控(82.91)	单位治保制度建设情况(83.56)
		单位视频监控系统普及应用情况(82.61)
		水电气热等基础设施运营单位安全防范情况(82.34)
	信息网络治安防控(71.93)	信息网络安全管理制度建设情况(68.14)
		手机网络实名制落实情况(89.98)
		个人信息安全保护情况(58.94)
	城市圈层查控(83.09)	市区卡口查控情况(81.53)
		远郊区卡口查控情况(81.18)
		环京公安检查站查控情况(85.68)
	社会治安防控效果(90.00)	重大案件、事件处置情况(90.00)
		刑事案件立、破案数量(90.00)
		公安行政处罚、强制案件办理情况(90.00)
		法院受理公安行政案件数量(90.00)

(一)二级指标得分

每项三级指标总分均为100.00分，根据三级指标所占二级指标的权重将二级指标包含的三级指标得分累加即该二级指标的得分。

“社会面治安防控”得分80.12分，“重点行业场所治安防控及危险物品等要素管控”得分82.35分，“乡镇（街道）和村（社区）治安防控”得分75.38分，“机关、企事业单位、社会团体等单位防控”得分82.91分，“信息网络治安防控”得分71.93分，“城市圈层查控”得分83.09分，“社会治安防控效果”得分90.00分。

（二）一级指标得分

根据上面所述的二级指标得分和权重，计算“社会治安防控”一级指标得分为 80. 12×20%+82. 35×15%+75. 38×10%+82. 91×10%+71. 93×10%+83. 09×10%+90. 00×25%=82. 21（分）。

三　指标评估结果分析

（一）社会面治安防控

本项二级指标下设 4 项三级指标，分别为“街面巡逻防控情况”“公共交通场所防控情况”“商场、购物中心、集贸市场等商贸场所防控情况”“银行、学校、医院等重点单位及周边防控情况”。

1. 街面巡逻防控情况

（1）问卷调查的评估结果

针对该指标的问卷调查评估结果如表 3 所示。

表 3　问卷调查——街面巡逻防控情况

相关变量	类别	频数（个）	占比（%）	有效数据（个）	有效占比（%）	评分（分）	相关变量得分(分)
C4-您晚上独自行走在社区外面的街道、广场等地方，您会觉得害怕吗？	非常害怕	91	5. 08	1790	5. 08	0	74. 09
	比较害怕	160	8. 94		8. 94	25	
	一般	325	18. 16		18. 16	50	
	不太害怕	361	20. 17		20. 17	75	
	不害怕	853	47. 65		47. 65	100	
C5-在您居住地的街道、广场等公共地方，重大活动或重要时间节点能看到戴红袖标的治安志愿者吗？	经常见到	1017	56. 82	1790	56. 82	100	74. 83
	偶尔见到	645	36. 03		36. 03	50	
	见不到	128	7. 15		7. 15	0	

续表

相关变量	类别	频数（个）	占比（%）	有效数据（个）	有效占比（%）	评分（分）	相关变量得分(分)
C6-在您居住地的街道、广场等公共地方，经常见到警察或警车吗?	经常见到	1020	56.98	1790	56.98	100	75.61
	偶尔见到	667	37.26		37.26	50	
	见不到	103	5.75		5.75	0	

上述 3 项分数取平均值，计算得出该项指标问卷调查得分为 74.84 分。

（2）该三级指标的评估得分

因为问卷调查是该指标的唯一评估来源，所以该三级指标的得分为 74.84 分。

2. 公共交通场所防控情况

（1）问卷调查的评估结果

针对该指标的问卷调查评估结果如表 4 所示。

表 4　问卷调查——公共交通场所防控情况

相关变量	类别	频数（个）	占比（%）	有效数据（个）	有效占比（%）	评分（分）	相关变量得分(分)
C28-您最近一年内在车站、机场等附近见过黑车拉客行为吗?	经常见到	207	11.56	1790	11.56	0	73.52
	偶尔见到	534	29.83		29.83	50	
	未见到	1049	58.60		58.60	100	
C32A-您认为北京市下列交通场站的安防力量是否充足?——地铁站	是	1521	84.97	1632	93.20	100	93.20
	否	111	6.20		6.80	0	
	没去过(不读)	158	8.83		—	—	
C32B-您认为北京市下列交通场站的安防力量是否充足?——公交站	是	1350	75.42	1610	83.85	100	83.85
	否	260	14.53		16.15	0	
	没去过(不读)	180	10.06		—	—	

续表

<table>
<tr><th>相关变量</th><th>类别</th><th>频数（个）</th><th>占比（%）</th><th>有效数据（个）</th><th>有效占比（%）</th><th>评分（分）</th><th>相关变量得分（分）</th></tr>
<tr><td rowspan="3">C32C-您认为北京市下列交通场站的安防力量是否充足？——火车站</td><td>是</td><td>1497</td><td>83.63</td><td rowspan="3">1585</td><td>94.45</td><td>100</td><td rowspan="3">94.45</td></tr>
<tr><td>否</td><td>88</td><td>4.92</td><td>5.55</td><td>0</td></tr>
<tr><td>没去过（不读）</td><td>205</td><td>11.45</td><td>—</td><td>—</td></tr>
<tr><td rowspan="3">C32D-您认为北京市下列交通场站的安防力量是否充足？——长途汽车站</td><td>是</td><td>1248</td><td>69.72</td><td rowspan="3">1410</td><td>88.51</td><td>100</td><td rowspan="3">88.51</td></tr>
<tr><td>否</td><td>162</td><td>9.05</td><td>11.49</td><td>0</td></tr>
<tr><td>没去过（不读）</td><td>380</td><td>21.23</td><td>—</td><td>—</td></tr>
<tr><td rowspan="3">C32E-您认为北京市下列交通场站的安防力量是否充足？——飞机场</td><td>是</td><td>1401</td><td>78.27</td><td rowspan="3">1481</td><td>94.60</td><td>100</td><td rowspan="3">94.60</td></tr>
<tr><td>否</td><td>80</td><td>4.47</td><td>5.40</td><td>0</td></tr>
<tr><td>没去过（不读）</td><td>309</td><td>17.26</td><td>—</td><td>—</td></tr>
</table>

上述第一个问题的得分为 73.52 分，第二个问题的平均得分为 90.92 分，上述分数取平均值，得出该项指标问卷调查得分为 82.22 分。

（2）该三级指标的评估得分

因为问卷调查是该指标的唯一评估来源，所以该三级指标的得分为 82.22 分。

3. 商场、购物中心、集贸市场等商贸场所防控情况

（1）问卷调查的评估结果

针对该指标的问卷调查评估结果如表 5 所示。

表 5　问卷调查——商场、购物中心、集贸市场等商贸场所防控情况

<table>
<tr><th>相关变量</th><th>类别</th><th>频数（个）</th><th>占比（%）</th><th>有效数据（个）</th><th>有效占比（%）</th><th>评分（分）</th><th>相关变量得分（分）</th></tr>
<tr><td rowspan="4">C30-您最近一年内，在商场、购物中心、集贸市场等商贸场所遇到过打架斗殴、财物被盗等事情吗？</td><td>较为常见</td><td>109</td><td>6.09</td><td rowspan="4">1509</td><td>7.22</td><td>0</td><td rowspan="4">81.94</td></tr>
<tr><td>偶尔遇到</td><td>327</td><td>18.27</td><td>21.67</td><td>50</td></tr>
<tr><td>没遇见</td><td>1073</td><td>59.94</td><td>71.11</td><td>100</td></tr>
<tr><td>未逛过商贸场所（不读）</td><td>281</td><td>15.70</td><td>—</td><td>—</td></tr>
</table>

（2）该三级指标的评估得分

因为问卷调查是该指标的唯一评估来源，所以该三级指标的得分为81.94分。

4. 银行、学校、医院等重点单位及周边防控情况

（1）问卷调查的评估结果

与该指标相关的有四个问题。问题一是“您认为北京市医院的整体安全防范能力如何?”，针对该问题的问卷调查评估结果如表6所示。

表6　问卷调查——医院治安防控

相关变量	类别	频数（个）	占比（%）	有效数据（个）	有效占比（%）	评分（分）	相关变量得分(分)
C22-您认为北京市医院的整体安全防范能力如何?	强	967	54.02	1489	64.94	100	80.29
	一般	457	25.53		30.69	50	
	弱	65	3.63		4.37	0	
	不清楚(不读)	301	16.82		—	—	

该问题的得分为80.29分。

问题二是“当您去银行办理汇款业务时，银行工作人员会向您确认收款人吗?”，针对该问题的问卷调查评估结果如表7所示。

表7　问卷调查——银行治安防控

相关变量	类别	频数（个）	占比（%）	有效数据（个）	有效占比（%）	评分（分）	相关变量得分(分)
C21-当您去银行办理汇款业务时，银行工作人员会向您确认收款人吗?	都会	932	52.07	1370	68.03	100	85.97
	大多数会	234	13.07		17.08	75	
	会与不会，比例相当	111	6.20		8.10	50	
	偶尔会	59	3.30		4.31	25	
	不会	34	1.90		2.48	0	
	未办理(不读)	420	23.46		—	—	

该问题的得分为85.97分。

问题三是“据您了解，您或您亲属的孩子在校园当中是否存在下列安

全问题?”，该问题根据孩子所处的校园类型，又分为幼儿园、中小学、大学三类；另外还有一个适用于所有学校的问题。

对于孩子在幼儿园的情况，问卷调查评估结果如表 8 所示。

表 8　问卷调查——幼儿园治安防控

相关变量	类别	频数（个）	占比（%）	有效数据（个）	有效占比（%）	评分（分）	相关变量得分（分）
D3A1-(幼儿园)教师等工作人员虐待学生行为(比方说,体罚、侮辱性语言等)	是	5	3.33	150	3.33	0	96.67
	否	145	96.67		96.67	100	
D3A2-(幼儿园)猥亵儿童行为	是	4	2.67	150	2.67	0	97.33
	否	146	97.33		97.33	100	
D3A3-(幼儿园)校园食品安全问题	是	8	5.33	150	5.33	0	94.67
	否	142	94.67		94.67	100	
D3A4-(幼儿园)校园基础设施安全事故(比方说,失火、触电、中毒、交通、消防等)	是	9	6.00	150	6.00	0	94.00
	否	141	94.00		94.00	100	
D3A5-(幼儿园)在上学期间走失	是	7	4.67	150	4.67	0	95.33
	否	143	95.33		95.33	100	
D3A6-(幼儿园)其他校园安全问题	是	5	3.33	150	3.33	0	96.67
	否	145	96.67		96.67	100	

上述分数取平均值，计算出孩子在幼儿园的安全情况得分为 95.78 分。

对于孩子在中小学的情况，问卷调查评估结果如表 9 所示。

表 9　问卷调查——中小学治安防控

相关变量	类别	频数（个）	占比（%）	有效数据（个）	有效占比（%）	评分（分）	相关变量得分（分）
D3B1-(中小学)校园斗殴、欺凌行为	是	31	8.29	374	8.29	0	91.71
	否	343	91.71		91.71	100	
D3B2-(中小学)教师体罚学生行为	是	24	6.42	374	6.42	0	93.58
	否	350	93.58		93.58	100	

续表

相关变量	类别	频数（个）	占比（%）	有效数据（个）	有效占比（%）	评分（分）	相关变量得分（分）
D3B3-(中小学)性侵或性骚扰行为	是	9	2.41	374	2.41	0	97.59
	否	365	97.59		97.59	100	
D3B4-(中小学)校园周边娱乐场所引起的不安全问题	是	22	5.88	374	5.88	0	94.12
	否	352	94.12		94.12	100	
D3B5-(中小学)校园盗窃行为	是	15	4.01	374	4.01	0	95.99
	否	359	95.99		95.99	100	
D3B6-(中小学)校园欺诈行为	是	8	2.14	374	2.14	0	97.86
	否	366	97.86		97.86	100	
D3B7-(中小学)中小学心理健康危机	是	25	6.68	374	6.68	0	93.32
	否	349	93.32		93.32	100	
D3B8-(中小学)校园食品安全问题	是	35	9.36	374	9.36	0	90.64
	否	339	90.64		90.64	100	
D3B9-(中小学)校园基础设施安全问题（比方说，失火、触电、中毒、交通、消防等）	是	21	5.61	374	5.61	0	94.39
	否	353	94.39		94.39	100	
D3B10-(中小学)在上学期间走失	是	11	2.94	374	2.94	0	97.06
	否	363	97.06		97.06	100	
D3B11-(中小学)其他校园安全问题	是	11	2.94	374	2.94	0	97.06
	否	363	97.06		97.06	100	

上述分数取平均值，计算出孩子在中小学的安全情况得分为 94.85 分。

对于孩子在大学的情况，问卷调查评估结果如表 10 所示。

表 10　问卷调查——大学治安防控

相关变量	类别	频数（个）	占比（%）	有效数据（个）	有效占比（%）	评分（分）	相关变量得分（分）
D3C1-(大学)校园斗殴、欺凌行为	是	11	6.18	178	6.18	0	93.82
	否	167	93.82		93.82	100	
D3C2-(大学)性侵或性骚扰问题	是	7	3.93	178	3.93	0	96.07
	否	171	96.07		96.07	100	

续表

相关变量	类别	频数（个）	占比（%）	有效数据（个）	有效占比（%）	评分（分）	相关变量得分(分)
D3C3-(大学)校外娱乐场所引起的不安全问题	是	7	3. 93	178	3. 93	0	96. 07
	否	171	96. 07		96. 07	100	
D3C4-(大学)校园盗窃行为	是	31	17. 42	178	17. 42	0	82. 58
	否	147	82. 58		82. 58	100	
D3C5-(大学)校园欺诈行为	是	11	6. 18	178	6. 18	0	93. 82
	否	167	93. 82		93. 82	100	
D3C6-(大学)人际关系危机	是	10	5. 62	178	5. 62	0	94. 38
	否	168	94. 38		94. 38	100	
D3C7-(大学)大学生心理健康危机	是	27	15. 17	178	15. 17	0	84. 83
	否	151	84. 83		84. 83	100	
D3C8-(大学)国外敌对势力渗透	是	16	8. 99	178	8. 99	0	91. 01
	否	162	91. 01		91. 01	100	
D3C9-(大学)涉及邪教问题	是	6	3. 37	178	3. 37	0	96. 63
	否	172	96. 63		96. 63	100	
D3C10-(大学)传销	是	3	1. 69	178	1. 69	0	98. 31
	否	175	98. 31		98. 31	100	
D3C11-(大学)大学生涉黄	是	3	1. 69	178	1. 69	0	98. 31
	否	175	98. 31		98. 31	100	
D3C12-(大学)大学生涉赌	是	11	6. 18	178	6. 18	0	93. 82
	否	167	93. 82		93. 82	100	
D3C13-(大学)大学生涉毒	是	29	16. 29	178	16. 29	0	83. 71
	否	149	83. 71		83. 71	100	
D3C14-(大学)校园食品安全	是	19	10. 67	178	10. 67	0	89. 33
	否	159	89. 33		89. 33	100	
D3C15-(大学)校园基础设施安全(比方说,失火、触电、中毒、交通、消防等)	是	40	22. 47	178	22. 47	0	77. 53
	否	138	77. 53		77. 53	100	
D3C16-(大学)其他校园安全问题	是	9	5. 06	178	5. 06	0	94. 94
	否	169	94. 94		94. 94	100	

上述分数取平均值，计算出孩子在大学的安全情况得分为 91. 57 分。

对于孩子在学校接受安全教育的情况，问卷调查评估结果如表 11 所示。

表 11　问卷调查——学校安全教育情况

相关变量	类别	频数（个）	占比（%）	有效数据（个）	有效占比（%）	评分（分）	相关变量得分（分）
D4 - 据您了解，您或您亲属的孩子所在学校是否开展过安全教育?	是	660	94.02	702	94.02	100	94.02
	否	42	5.98		5.98	0	

综上，孩子在学校接受安全教育的情况得分为 94.02 分。

上述 4 项分数取平均值，得到问题三的得分为 94.06 分。

问题一、二、三的分数取平均值，计算得出问卷调查该项总分为（80.29+85.97+94.06）÷3=86.77（分）。

（2）该三级指标的评估得分

因为问卷调查是该指标的唯一评估来源，所以该三级指标的得分为 86.77 分。

5. 该二级指标的得分

该二级指标得分为 74.84×40%+82.22×20%+81.94×20%+86.77×20%=80.12（分）。

（二）重点行业场所治安防控及危险物品等要素管控

本项二级指标下设 5 项三级指标，分别为"旅馆业、印章业、典当业等重点行业治安管理情况""娱乐、休闲服务等场所治安管理情况""物流寄递业治安管理情况""枪支、管制刀具、危爆物品治安管理情况""行业场所智慧化治安管理情况"。

1. 旅馆业、印章业、典当业等重点行业治安管理情况

（1）问卷调查的评估结果

与该指标相关的有两个问题。问题一是"您在北京最近一次办理旅店入住手续时，旅店信息登记情况如何?"，针对该问题的问卷调查评估结果如表 12 所示。

表 12　问卷调查——旅店信息登记情况

<table>
<tr><th>相关变量</th><th>类别</th><th>频数（个）</th><th>占比（%）</th><th>有效数据（个）</th><th>有效占比（%）</th><th>评分（分）</th><th>相关变量得分(分)</th></tr>
<tr><td rowspan="4">C16-您在北京最近一次办理旅店入住手续时，旅店信息登记情况如何？</td><td>所有入住人员均要求登记</td><td>1171</td><td>65. 42</td><td rowspan="4">1432</td><td>81. 77</td><td>100</td><td rowspan="4">89. 63</td></tr>
<tr><td>同行人员一人或少数人登记，其余人员未登记</td><td>225</td><td>12. 57</td><td>15. 71</td><td>50</td></tr>
<tr><td>所有入住人员均不要求登记</td><td>36</td><td>2. 01</td><td>2. 51</td><td>0</td></tr>
<tr><td>没住过(不读)</td><td>358</td><td>20. 00</td><td>—</td><td>—</td></tr>
</table>

该问题的得分为 89. 63 分。

问题二是“您在北京有没有收到代办刻制公章的广告?”，针对该问题的问卷调查评估结果如表 13 所示。

表 13　问卷调查——代办刻制公章情况

<table>
<tr><th>相关变量</th><th>类别</th><th>频数（个）</th><th>占比（%）</th><th>有效数据（个）</th><th>有效占比（%）</th><th>评分（分）</th><th>相关变量得分(分)</th></tr>
<tr><td rowspan="4">C18-您在北京有没有收到代办刻制公章的广告?</td><td>经常收到</td><td>263</td><td>14. 69</td><td rowspan="4">1282</td><td>20. 51</td><td>0</td><td rowspan="4">65. 17</td></tr>
<tr><td>偶尔收到</td><td>367</td><td>20. 50</td><td>28. 63</td><td>50</td></tr>
<tr><td>未收到</td><td>652</td><td>36. 42</td><td>50. 86</td><td>100</td></tr>
<tr><td>不清楚(不读)</td><td>508</td><td>28. 38</td><td>—</td><td>—</td></tr>
</table>

该问题的得分为 65. 17 分。

问题一、二的分数取平均值，计算得出问卷调查该项总分为 77. 40 分。

（2）该三级指标的评估得分

因为问卷调查是该指标的唯一评估来源，所以该三级指标的得分为 77. 40 分。

2. 娱乐、休闲服务等场所治安管理情况

（1）问卷调查的评估结果

与该指标相关的有两个问题。问题一是“您在北京洗浴、按摩场所过夜时，是否需要登记?”，针对该问题的问卷调查评估结果如表 14 所示。

表 14　问卷调查——休闲场所登记信息情况

相关变量	类别	频数（个）	占比（%）	有效数据（个）	有效占比（%）	评分（分）	相关变量得分(分)
C17 - 您在北京洗浴、按摩场所过夜时,是否需要登记?	需要登记	822	45. 92	1071	76. 75	100	85. 39
	偶尔登记	185	10. 34		17. 27	50	
	不需要登记	64	3. 58		5. 98	0	
	未在洗浴、按摩场所过夜（不读）	719	40. 17		—	—	

该问题的得分为 85. 39 分。

问题二是“您在北京的 KTV、歌厅、舞厅消费时，有无遇见争吵辱骂、打架斗殴等纠纷?”，针对该问题的问卷调查评估结果如表 15 所示。

表 15　问卷调查——KTV、歌厅、舞厅发生纠纷情况

相关变量	类别	频数（个）	占比（%）	有效数据（个）	有效占比（%）	评分（分）	相关变量得分(分)
C19 - 您在北京的 KTV、歌厅、舞厅消费时,有无遇见争吵辱骂、打架斗殴等纠纷?	有遇见过	303	16. 93	1015	29. 85	0	70. 15
	没有遇见过	712	39. 78		70. 15	100	
	没在歌厅或舞厅消费过（不读）	775	43. 30		—	—	

该问题的得分为 70. 15 分。

问题一、二的分数取平均值，计算得出问卷调查该项总分为 77. 77 分。

（2）该三级指标的评估得分

因为问卷调查是该指标的唯一评估来源，所以该三级指标的得分为 77. 77 分。

3. 物流寄递业治安管理情况

（1）问卷调查的评估结果

与该指标相关的问题为“近一年内，您在北京邮寄快递时，快递员是否现场检查邮寄物品?”，针对该问题的问卷调查评估结果如表 16 所示。

表 16　问卷调查——邮寄物品检查情况

相关变量	类别	频数（个）	占比（%）	有效数据（个）	有效占比（%）	评分（分）	相关变量得分(分)
C14-近一年内,您在北京邮寄快递时,快递员是否现场检查邮寄物品?	全都会检查	855	47.77	1655	51.66	100	81.25
	大多数会检查	532	29.72		32.15	75	
	检查与不检查,比例相当	134	7.49		8.10	50	
	偶尔检查	95	5.31		5.74	25	
	不检查	39	2.18		2.36	0	
	未邮寄(不读)	135	7.54		—	—	

该问题的得分为 81.25 分。

（2）该三级指标的评估得分

因为问卷调查是该指标的唯一评估来源，所以该三级指标的得分为 81.25 分。

4. 枪支、管制刀具、危爆物品治安管理

（1）问卷调查的评估结果

问题一是“您或您的亲朋好友有没有在北京见到过有人携带下列危险物品—枪支?”，针对该问题的问卷调查评估结果如表 17 所示。

表 17　问卷调查——携带枪支情况

相关变量	类别	频数（个）	占比（%）	有效数据（个）	有效占比（%）	评分（分）	相关变量得分(分)
C13A-您或您的亲朋好友有没有在北京见到过有人携带下列危险物品?—枪支	有	54	3.02	1790	3.02	0	96.98
	没有	1736	96.98		96.98	100	

该问题的得分为96.98分。

问题二是“您或您的亲朋好友有没有在北京见到过有人携带下列危险物品—管制刀具?”，针对该问题的问卷调查评估结果如表18所示。

表18　问卷调查——携带管制刀具情况

相关变量	类别	频数（个）	占比（%）	有效数据（个）	有效占比（%）	评分（分）	相关变量得分(分)
C13B-您或您的亲朋好友有没有在北京见到过有人携带下列危险物品? —管制刀具	有	105	5.87	1790	5.87	0	94.13
	没有	1685	94.13		94.13	100	

该问题的得分为94.13分。

问题三是“您或您的亲朋好友有没有在北京见到过有人携带下列危险物品—其他危险物品（例如，易燃易爆、化学物品等）?”，针对该问题的问卷调查评估结果如表19所示。

表19　问卷调查——携带危险物品情况

相关变量	类别	频数（个）	占比（%）	有效数据（个）	有效占比（%）	评分（分）	相关变量得分(分)
C13C-您或您的亲朋好友有没有在北京见到过有人携带下列危险物品? —其他危险物品(例如,易燃易爆、化学物品等)	有	75	4.19	1790	4.19	0	95.81
	没有	1715	95.81		95.81	100	

该问题的得分为95.81分。

上述3项分数取平均值，计算得出问卷调查该项总分为95.64分。

（2）该三级指标的评估得分

因为问卷调查是该指标的唯一评估来源，所以该三级指标的得分为

95.64 分。

5. 行业场所智慧化治安管理情况

（1）问卷调查的评估结果

与该指标相关的问题是“近一年内，您如果去过旅馆、刻字店、娱乐场所、洗浴按摩等行业场所，您觉得其身份验证、人脸识别、视频监控、数字门禁等智慧化防范技术运用程度如何?”，针对该问题的问卷调查评估结果如表 20 所示。

表 20　问卷调查——行业场所智慧化治安管理情况

相关变量	类别	频数（个）	占比（%）	有效数据（个）	有效占比（%）	评分（分）	相关变量得分(分)
C15-近一年内,您如果去过旅馆、刻字店、娱乐场所、洗浴按摩等行业场所,您觉得其身份验证、人脸识别、视频监控、数字门禁等智慧化防范技术运用程度如何?	运用得很好	950	53.07	1455	65.29	100	80.72
	运用得一般	449	25.08		30.86	50	
	运用得不好	56	3.13		3.85	0	
	不清楚(不读)	68	3.80		—	—	
	没去过(不读)	267	14.92		—	—	

该问题的得分为 80.72 分。

（2）该三级指标的评估得分

因为问卷调查是该指标的唯一评估来源，所以该三级指标的得分为 80.72 分。

6. 该二级指标的得分

“重点行业场所治安防控及危险物品等要素管控”二级指标得分为 77.4×30%+77.77×15%+81.25×15%+95.64×20%+80.72×20%=82.35（分）。

（三）乡镇（街道）和村（社区）治安防控

本项二级指标下设 3 项三级指标，分别为“网格化管理情况”“社区服

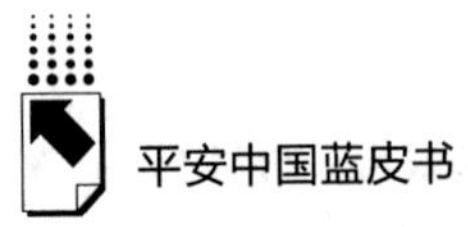

务中心建设运转情况”“社区警务实施情况”。

1. 网格化管理情况

（1）问卷调查评估结果

问题一是“您所居住的社区是否设有以下管理组织或个人—物业公司?”，针对该问题的问卷调查评估结果如表 21 所示。

表 21　问卷调查——是否设有物业公司

相关变量	类别	频数（个）	占比（%）	有效数据（个）	有效占比（%）	评分（分）	相关变量得分(分)
B8A - 您所居住的社区是否设有以下管理组织或个人? —物业公司	有	1316	73. 52	1536	85. 68	100	85. 68
	没有	220	12. 29		14. 32	0	
	不清楚(不读)	254	14. 19		—	—	

该问题的得分为 85. 68 分。

问题二是“您所居住的社区是否设有以下管理组织或个人—业主委员会”，针对该问题的问卷调查评估结果如表 22 所示。

表 22　问卷调查——是否设有业主委员会

相关变量	类别	频数（个）	占比（%）	有效数据（个）	有效占比（%）	评分（分）	相关变量得分(分)
B8B - 您所居住的社区是否设有以下管理组织或个人? —业主委员会	有	1245	69. 55	1471	84. 64	100	84. 64
	没有	226	12. 63		15. 36	0	
	不清楚(不读)	319	17. 82		—	—	

该问题的得分为 84. 64 分。

问题三是“您所居住的社区是否设有以下管理组织或个人—网格长”，针对该问题的问卷调查评估结果如表 23 所示。

表 23　问卷调查——是否设有网格长

相关变量	类别	频数（个）	占比（%）	有效数据（个）	有效占比（%）	评分（分）	相关变量得分(分)
B8C-您所居住的社区是否设有以下管理组织或个人？—网格长	有	1082	60.45	1299	83.29	100	83.29
	没有	217	12.12		16.71	0	
	不清楚(不读)	491	27.43		—	—	

该问题的得分为 83.29 分。

上述 3 项分数取平均值，计算得出问卷调查该项总分为 84.54 分。

（2）该三级指标评估得分

因为问卷调查是该指标的唯一评估来源，所以该三级指标的得分为 84.54 分。

2. 社区服务中心建设运转情况

（1）问卷调查的评估结果

与该指标相关的问题是“您通过政务服务网络平台或相关政府网络平台办理过就业、劳动、社会保障、治安管理或医疗卫生等相关业务吗?”，针对该问题的问卷调查评估结果如表 24 所示。

表 24　问卷调查——社区服务中心建设运转情况

相关变量	类别	频数（个）	占比（%）	有效数据（个）	有效占比（%）	评分（分）	相关变量得分(分)
C23-您通过政务服务网络平台或相关政府网络平台办理过就业、劳动、社会保障、治安管理或医疗卫生等相关业务吗?	办过	779	43.52	1236	63.03	100	63.03
	没办过	457	25.53		36.97	0	
	不清楚(不读)	554	30.95		—	—	

该问题的得分为 63.03 分。

（2）该三级指标的评估得分

因为问卷调查是该指标的唯一评估来源，所以该三级指标的得分为

63.03 分。

3. 社区警务实施情况

（1）问卷调查的评估结果

与该指标相关的有两个问题。问题一是“您所居住社区的社区警务室开放频率如何?”，针对该问题的问卷调查评估结果如表 25 所示。

表 25　问卷调查——社区警务室开放频率

相关变量	类别	频数（个）	占比（%）	有效数据（个）	有效占比（%）	评分（分）	相关变量得分(分)
B14-据您观察，您所居住社区的社区警务室开放频率如何?	经常开放	1042	58.21	1494	69.75	100	82.63
	偶尔开放	385	21.51		25.77	50	
	不开放	67	3.74		4.48	0	
	不清楚(不读)	296	16.54		—	—	

该问题的得分为 82.63 分。

问题二是“近三年来，社区民警是否去过您家里调查或走访?”，针对该问题的问卷调查评估结果如表 26 所示。

表 26　问卷调查——社区民警入户调查情况

相关变量	类别	频数（个）	占比（%）	有效数据（个）	有效占比（%）	评分（分）	相关变量得分(分)
B15-近三年来，社区民警是否去过您家里调查或走访?	平均每年一次	529	29.55	1145	46.20	60	68.41
	平均每季度一次	374	20.89		32.66	70	
	平均每月一次	159	8.88		13.89	80	
	平均每周一次	61	3.41		5.33	90	
	平均三天一次	22	1.23		1.92	100	
	不清楚(不读)	645	36.03		—	—	

该问题的得分为 68.41 分。

上述 2 项分数取平均值，计算得出问卷调查该项总分为 75.52 分。

（2）该三级指标的评估得分

因为问卷调查是该指标的唯一评估来源，所以该三级指标的得分为75.52分。

4. 该二级指标的得分

“网格化管理情况”三级指标所占权重为40%，“社区服务中心建设运转情况”三级指标所占权重为30%，“社区警务实施情况”三级指标所占权重为30%。因此，该二级指标得分为84.54×40%+63.03×30%+75.52×30%=75.38（分）。

（四）机关、企事业单位、社会团体等单位防控

本项二级指标下设3项三级指标，分别为“单位治保制度建设情况”“单位视频监控系统普及应用情况”“水电气热等基础设施运营单位安全防范情况”，本项二级指标得分为82.91分。

1. 单位治保制度建设情况

（1）问卷调查的评估结果

与该指标相关的问题是“您所在单位的治保会是否有效运行?”，针对该问题的问卷调查评估结果如表27所示。

表27　问卷调查——单位治保会运行情况

相关变量	类别	频数（个）	占比（%）	有效数据（个）	有效占比（%）	评分（分）	相关变量得分(分)
D18-您所在单位的治保会是否有效运行?	非常有效	753	42.07	1390	54.17	100	83.56
	比较有效	414	23.13		29.78	75	
	一般	179	10.00		12.88	50	
	不太有效	34	1.90		2.45	25	
	无效	10	0.56		0.72	0	
	不清楚(不读)	400	22.35		—	—	

该问题的得分为83.56分。

(2) 该三级指标的评估得分

因为问卷调查是该指标的唯一评估来源，所以该三级指标的得分为83.56分。

2. 单位视频监控系统普及应用情况

(1) 问卷调查的评估结果

与该指标相关的问题是“您所在单位的视频监控体系是否有效运行?”，针对该问题的问卷调查评估结果如表28所示。

表28 问卷调查——单位视频监控系统普及应用情况

相关变量	类别	频数(个)	占比(%)	有效数据(个)	有效占比(%)	评分(分)	相关变量得分(分)
D6-您所在单位的视频监控体系是否有效运行?	非常有效	946	52.85	1790	52.85	100	82.61
	比较有效	535	29.89		29.89	75	
	一般	247	13.80		13.80	50	
	不太有效	32	1.79		1.79	25	
	无效	30	1.68		1.68	0	

该问题的得分为82.61分。

(2) 该三级指标的评估得分

因为问卷调查是该指标的唯一评估来源，所以该三级指标的得分为82.61分。

3. 水电气热等基础设施运营单位安全防范情况

(1) 问卷调查的评估结果

与该指标相关的问题是“如果您所在的单位属于水电气热等基础设施运营单位，您觉得所在单位的内部保卫工作做得如何?”，针对该问题的问卷调查评估结果如表29所示。

表 29　问卷调查——水电气热等基础设施运营单位安全防范情况

相关变量	类别	频数（个）	占比（%）	有效数据（个）	有效占比（%）	评分（分）	相关变量得分（分）
D19-如果您所在的单位属于水电气热等基础设施运营单位，您觉得所在单位的内部保卫工作做得如何？	非常好	666	37.21	1267	52.57	100	82.34
	比较好	374	20.89		29.52	75	
	一般	173	9.66		13.65	50	
	不太好	41	2.29		3.24	25	
	不好	13	0.73		1.03	0	
	不清楚	131	7.32				
	不在水电气热单位工作（不读）	392	21.90				

该问题的得分为 82.34 分。

（2）该三级指标的评估得分

因为问卷调查是该指标的唯一评估来源，所以该三级指标的得分为 82.34 分。

4. 该二级指标的得分

“单位治保制度建设情况”三级指标所占权重为 40%，“单位视频监控系统普及应用情况”三级指标所占权重为 30%，“水电气热等基础设施运营单位安全防范情况”三级指标所占权重为 30%。因此，该三级指标得分为 83.56×40%+82.61×30%+82.34×30%=82.91（分）。

（五）信息网络治安防控

本项二级指标下设 3 项三级指标，分别为“信息网络安全管理制度建设情况”“手机网络实名制落实情况”“个人信息安全保护情况”。

1. 信息网络安全管理制度建设情况

（1）问卷调查的评估结果

与该指标相关的有两个问题。问题一是“最近一年，是否有陌生人在网上添加您好友后进行推销、借款或者骚扰性聊天?”，针对该问题的问卷调查评估结果如表 30 所示。

表 30　问卷调查——受到网络陌生骚扰情况

相关变量	类别	频数（个）	占比（%）	有效数据（个）	有效占比（%）	评分（分）	相关变量得分(分)
C20-最近一年，是否有陌生人在网上添加您好友后进行推销、借款或者骚扰性聊天?	经常遇到	173	9.66	826	20.94	0	54.96
	偶尔遇到	398	22.23		48.18	50	
	正常交流	255	14.25		30.87	100	
	未被添加(不读)	964	53.85		—	—	

该问题的得分为54.96分。

问题二是“最近一年您的手机或者电脑是否受到过病毒攻击?”，针对该问题的问卷调查评估结果如表31所示。

表 31　问卷调查——手机或电脑受病毒攻击情况

相关变量	类别	频数（个）	占比（%）	有效数据（个）	有效占比（%）	评分（分）	相关变量得分(分)
C38-最近一年您的手机或者电脑是否受到过病毒攻击?	经常受到攻击	130	7.26	1790	7.26	0	81.31
	偶尔受到攻击	409	22.85		22.85	50	
	未被攻击	1251	69.89		69.89	100	

该问题的得分为81.31分。

上述2项分数取平均值，计算得出问卷调查该项总分为68.14分。

（2）该三级指标的评估得分

因为问卷调查是该指标的唯一评估来源，所以该三级指标的得分为68.14分。

2. 手机网络实名制是否落实

（1）问卷调查的评估结果

与该指标相关的问题是“您最近一年办理手机号码时，是否要求实名登记?”，针对该问题的问卷调查评估结果如表32所示。

表 32　问卷调查——手机实名制落实情况

相关变量	类别	频数（个）	占比（%）	有效数据（个）	有效占比（%）	评分（分）	相关变量得分（分）
C39-您最近一年办理手机号码时，是否要求实名登记？	全部都要求	929	52.16	1252	74.20	100	89.98
	大多数会要求	193	10.84		15.42	75	
	要求或不要求各占一半	86	4.83		6.87	50	
	偶尔要求	39	2.19		3.12	25	
	不要求	5	0.28		0.40	0	
	未办理过（不读）	529	29.70		—	—	

该问题的得分为 89.98 分。

（2）该三级指标的评估得分

因为问卷调查是该指标的唯一评估来源，所以该三级指标的得分为 89.98 分。

3. 个人信息安全保护情况

（1）问卷调查的评估结果

与该指标相关的问题是“您最近一年个人信息是否发生过被泄露的情况?”，针对该问题的问卷调查评估结果如表 33 所示。

表 33　问卷调查——个人信息被泄露情况

相关变量	类别	频数（个）	占比（%）	有效数据（个）	有效占比（%）	评分（分）	相关变量得分（分）
C36-您最近一年个人信息是否发生过被泄露的情况?	经常被泄露	367	20.50	1790	20.50	0	58.94
	偶尔被泄露	736	41.12		41.12	50	
	未被泄露	687	38.38		38.38	100	

该问题的得分为 58.94 分。

（2）该三级指标的评估得分

因为问卷调查是该指标的唯一评估来源，所以该三级指标的得分为

58.94 分。

4. 该二级指标的得分

“信息网络安全管理制度建设情况”三级指标所占权重为40%，“手机网络实名制落实情况”三级指标所占权重为30%，“个人信息安全保护情况”三级指标所占权重为30%。因此，“信息网络治安防控”二级指标得分为68.14×40%+89.98×30%+58.94×30%=71.93（分）。

（六）城市圈层查控

本项二级指标下设3项三级指标，分别为“市区卡口查控情况”“远郊区卡口查控情况”“环京公安检查站查控情况”。

1. 市区卡口查控情况

（1）问卷调查的评估结果

与该指标相关的问题是“当您自驾或乘坐车辆在五环内行驶时，是否接受过交通卡口的治安检查?”，针对该问题的问卷调查评估结果如表34所示。

表34　问卷调查——市区卡口查控情况

相关变量	类别	频数（个）	占比（%）	有效数据（个）	有效占比（%）	评分（分）	相关变量得分(分)
C33-当您自驾或乘坐车辆在五环内行驶时，是否接受过交通卡口的治安检查?	全都检查	823	45.98	1496	55.01	100	81.53
	大部分都检查	413	23.07		27.61	75	
	检查或不检查各占一半	112	6.26		7.49	50	
	偶尔检查	124	6.93		8.29	25	
	没到过交通卡口(不读)	294	16.42		—	—	
	不检查	24	1.34		1.60	0	

该问题的得分为81.53分。

（2）该三级指标的评估得分

因为问卷调查是该指标的唯一评估来源，所以该三级指标的得分为81.53分。

2.远郊区卡口查控情况

（1）问卷调查的评估结果

与该指标相关的问题是“当您自驾或乘坐车辆在五环外行驶时，是否接受过交通卡口的治安检查?”，针对该问题的问卷调查评估结果如表35所示。

表35　问卷调查——远郊区卡口查控情况

相关变量	类别	频数（个）	占比（%）	有效数据（个）	有效占比（%）	评分（分）	相关变量得分(分)
C34-当您自驾或乘坐车辆在五环外行驶时，是否接受过交通卡口的治安检查?	全都检查	816	45.59	1472	55.43	100	81.18
	大部分都检查	392	21.90		26.63	75	
	检查或不检查各占一半	117	6.54		7.95	50	
	偶尔检查	106	5.92		7.20	25	
	没到过交通卡口(不读)	318	17.77		—	—	
	不检查	41	2.29		2.79	0	

该问题的得分为81.18分。

（2）该三级指标的评估得分

因为问卷调查是该指标的唯一评估来源，所以该三级指标的得分为81.18分。

3.环京公安检查站查控情况

（1）问卷调查的评估结果

与该指标相关的问题是“当您自驾或乘坐车辆进京时，是否接受过交通卡口的治安检查?”，针对该问题的问卷调查评估结果如表36所示。

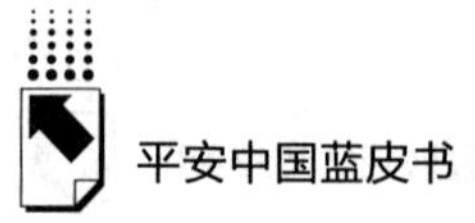

表 36　问卷调查——环京公安检查站查控情况

相关变量	类别	频数（个）	占比（%）	有效数据（个）	有效占比（%）	评分（分）	相关变量得分(分)
C35-当您自驾或乘坐车辆进京时，是否接受过交通卡口的治安检查？	全都检查	935	52.23	1508	62.00	100	85.68
	大部分都检查	379	21.17		25.13	75	
	检查、不检查各占一半	109	6.09		7.23	50	
	偶尔检查	73	4.08		4.84	25	
	不检查	12	0.67		0.80	0	
	没到过交通卡口(不读)	282	15.75		—	—	

该问题的得分为 85.68 分。

（2）该三级指标的评估得分

因为问卷调查是该指标的唯一评估来源，所以该三级指标的得分为 85.68 分。

4. 该二级指标的得分

“市区卡口查控情况”三级指标所占权重为 30%，“远郊区卡口查控情况”三级指标所占权重为 30%，“环京公安检查站查控情况”三级指标所占权重为 40%。因此，“城市圈层查控”二级指标得分为 81.53×30%+81.18×30%+85.68×40%=83.09（分）。

（七）社会治安防控效果

本项二级指标下设 4 项三级指标，分别为“重大案件、事件处置情况”“刑事案件立、破案数量”“公安行政处罚、强制案件办理情况”“法院受理公安行政案件数量”。

1. 重大案件、事件处置情况

针对该指标，有如下报道。

发布于 2024 年 1 月的《2023 年首都公安工作总结》报道称：“全年 110

刑事和治安警情较疫情前（2018 年、2019 年均值）下降 23.2%”。“启动重点地区、周末假日高峰勤务和‘千车夜查夜巡’模式，精准指导 110 个派出所试点街面社区‘2+X+N’车组巡防机制，先后开展七波次、14 个主题夏夜治安巡查宣防集中统一行动，创造平安建设‘北京品牌’”。[①] 2024 年 4 月发布的《北京警方扎实推进 “捍卫·2024 春夏平安行动”》报道称：“工作中，北京警方紧盯治安复杂地区，积极会同有关部门，滚动开展治安要素管控、出租房屋安全隐患排查和防骗防盗宣传，人口基层总队牵动社区民警以日租房、群租房、出租大院等为重点，持续强化出租房屋安全清整，共取缔、关停、整改 3300 余处。”[②]

从以上网络检索数据可以看出，北京市在 2024 年打防管控并举，协同联动共治，取得了全年刑事、治安警情数量下降的优良成绩。因此该指标的网络检索数据得分为 90.00 分。由于网络检索是该指标的唯一评估来源，该得分即该三级指标的最终得分。

2. 刑事案件立、破案数量

针对该指标，有如下统计数据。

《北京统计年鉴 2023》显示，2022 年全市公安机关刑事案件立案数为 116575 件，2021 年为 144711 件，2020 年为 137728 件。2022 年刑事立案数量比 2021 年下降 19.4%。2022 年全市法院刑事案件结案数为 12468 件，2021 年为 20837 件，2020 年为 15796 件。2022 年刑事结案数量比 2021 年下降 40.2%。2022 年法院结案数与公安机关立案数的比为 10.7%，2021 年为 14.4%，同比下降了 3.7 个百分点。

从以上统计数据可以看出，北京市刑事案件立案数量呈下降趋势，结案率也在下降。因此该指标得分为 90.00 分。由于统计数据是该指标的唯一评估来源，所以该得分即该三级指标的最终得分。

---

① 《2023 年首都公安工作总结》，北京市公安局网站，2024 年 1 月 4 日，https://gaj.beijing.gov.cn/wsgs/gkgs/202401/t20240104_3525725.html。

② 《北京警方扎实推进 “捍卫·2024 春夏平安行动”》，北京市公安局网站，2024 年 4 月 26 日，https://gaj.beijing.gov.cn/xxfb/jwbd/202404/t20240426_3640508.html。

3. 公安行政处罚、强制案件办理情况

针对该指标，有如下统计数据。

《北京市公安局 2023 年行政执法统计年报》表明：2023 年北京市公安局全年共办理行政处罚案件 33944000 件，行政强制案件 81653 件；2022 年全年共办理行政处罚案件 28096207 件，行政强制案件 114294 件；2021 年全年共办理行政处罚案件 26883351 件，行政强制案件 187539 件。2023 年与 2022 年相比，行政处罚案件增加了 20.8%，行政强制案件减少了 28.6%。

从以上统计数据可以看出，北京市公安行政处罚案件呈上升趋势，但强制使用有很大幅度降低。这说明公安行政执法过程中更强调柔性执法，减少强制手段运用，提高执法效能。因此该指标得分为 90.00 分。由于统计数据是该指标的唯一评估来源，该得分即该三级指标的最终得分。

4. 法院受理公安行政案件数量

针对该指标，有如下统计数据。

《北京市统计年鉴 2022》的法院行政案件收结案情况显示，2022 年北京市法院一审受理公安类行政案件 1377 件，结案 1406 件。2021 年北京市法院一审受理案件 1974 件，结案 1696 件。2020 年北京市法院一审受理案件 1227 件，结案 1166 件。2022 年与 2021 年的收案、结案数量相比，分别下降 30.2%和 17.1%。

从以上统计数据可以看出，北京市公安行政执法案件受理数量和结案数量都在下降，收案数量下降更快。这说明公安行政执法规范化程度有所提升。因此该指标得分为 90.00 分。由于统计数据是该指标的唯一评估来源，该得分即该三级指标的最终得分。

5. 该二级指标的得分

“重大案件、事件处置情况”三级指标所占权重为 30%，“刑事案件立、破案数量”三级指标所占权重为 20%，“公安行政处罚、强制案件办理情况”三级指标所占权重为 30%，“法院受理公安行政案件数量”三级指标所占权重为 20%。因此，该二级指标得分为 90×30%+90×20%+90×30%+90×20%=90.00（分）。

四 评估结论

（一）存在的主要问题

1. 得分较低的二级指标

本部分指标体系共有 7 项二级指标，25 项三级指标。其中得分最低的 4 项二级指标为“信息网络治安防控”（71. 93 分）（去年得分 80. 74 分）、“乡镇（街道）和村（社区）治安防控”（75. 38 分）（去年得分 69. 90 分）、“社会面治安防控”（80. 12 分）（去年得分 79. 44 分）、“重点行业场所治安防控及危险物品等要素管控”（82. 35 分）（去年得分 83. 64 分）。这 4 项指标拉低了“社会治安防控”一级指标的总体分值。

“信息网络治安防控”指标得分为 71. 93 分，在二级指标中排名最低，较 2023 年的 80. 74 分有较大幅度降低，原因在于相关的问卷调查得分偏低。针对问题“最近一年，是否有陌生人在网上添加您好友后进行推销、借款或者骚扰性聊天?”，受访者回答“经常遇到”和“偶尔遇到”的比例较高，达 69. 12%。针对问题“您最近一年个人信息是否发生过被泄露的情况?”，受访者回答“经常被泄露”的占比 20. 50%，比 2023 年的 21. 60%有所下降，比 2021 年的 23. 25%也有下降，大幅低于 2020 年的 32. 58%。这说明在《中华人民共和国个人信息保护法》《中华人民共和国网络安全法》《中华人民共和国数据安全法》等法律法规颁布后，有关个人信息网络保护的法律保障水平逐渐升高，个人信息保护工作也逐步推进，群众个人信息被泄露的事件稳步减少。

“乡镇（街道）和村（社区）治安防控”指标得分为 75. 38 分，在二级指标中排名倒数第二，但较 2023 年的 69. 90 分有所提升，原因在于问卷调查得分偏低。针对问题“您通过政务服务网络平台或相关政府网络平台办理过就业、劳动、社会保障、治安管理或医疗卫生等相关业务吗?”，受访者回答“没办过”的占比 36. 97%，值得注意的是该占比与 2023 年的 50%、2021 年的 57. 42%、2020 年的 55. 25%、2019 年的 64. 28%相比，有较大幅度的下降。这说明社区网络服务中心硬软件建设进展较大，民众使用率不断提升，还有不断推进的空间。针对问题“近三年来，社区民警是否去过家里调查或走访?”，受访者回答“平均每年一次”的占有效回答的46.20%，而2023年该问题的此回答占比50.78%；2021年回答“三年走访频率三次以上的”占比5.17%，2020年占比15.58%。这说明社区民警下社区的频率在稳定提升，进一步加强了基层基础工作。

“社会面治安防控”得分为80.12分，在该二级指标下的3项三级指标中，“街面巡逻防控情况”得分最低，为74.84分，但高于2023年的71.63分和2021年的67.78分，原因在于问卷调查得分偏低。对“在您居住地的街道、广场等公共地方，重大活动或时间节点能看到戴红袖标的治安志愿者吗?”这一问题，受访者回答“经常看到”的占比56.82%，大幅高于2023年的44.23%和2021年的46.42%，仅低于2020年的68.58%。对“在您居住地的街道、广场等公共地方经常见到警察或警车吗?”这一问题，受访者回答“经常看到”的占比56.98%，大幅高于2023年的48.22%和2021年的40.67%，也高于2020年的49.08%。这说明社区见警率虽然受到疫情影响，但是已经逐步恢复，群防群治力量的可见率也逐渐复原。

“重点行业场所治安防控及危险物品等要素管控”得分较低，为82.35分，略低于2023年的83.64分，原因在于该二级指标下的三级指标“旅馆业、印章业、典当业等重点行业治安管理情况”和“娱乐、休闲服务等场所治安管理情况”得分偏低。其一，“旅馆业、印章业、典当业等重点行业治安管理情况”三级指标的2024年得分为77.40分，2023年得分为78.00分，2024年得分略低于2023年得分。针对问题“您在北京有没有收到代办刻制公章的广告?”，受访者回答“经常收到”“偶尔收到”的占有效回答的49.14%，略低于2023年的49.77%。这说明刻章代办小广告的发放情况还较多，需要持续进行清理整治工作。针对问题“近一年内，您在北京邮寄快递时，快递员是否现场检查邮寄物品?”，受访者回答“全都会检查”的占有效回答的51.66%，高于2023年的49.17%，也高于2021年的36.58%和2020年的42.00%。这说明邮寄物品的收寄检查力度有所提升，物流寄递业管理力度逐步提升。其二，2024 年“娱乐、休闲服务等场所治安管理情况”三级指标得分为 77.77 分，略高于 2023 年得分（75.79 分）。针对问题“您在北京的 KTV、歌厅、舞厅消费时，有无遇见争吵辱骂、打架斗殴等纠纷?”，受访者回答“有遇见过的”占有效回答的 29.85%，略低于 2023 年的 30.51%，这说明娱乐服务场所出现纠纷的概率在降低，但仍然偏高，会对群众在此类场所中的安全感产生较大影响。

2. 得分偏低的三级指标

在有计算结果的 25 项三级指标中，“个人信息安全保护情况”得分为 58.94 分，排名倒数第一。除此之外，得分低于 80 分的三级指标还有 6 项，由低到高依次是“社区服务中心建设运转情况”得分为 63.03 分，“信息网络安全管理制度建设情况”得分为 68.14 分，“街面巡逻防控情况”得分为 74.84 分，“社区警务实施情况”得分为 75.52 分，“旅馆业、印章业、典当业等重点行业治安管理情况”得分为 77.40 分，“娱乐、休闲服务等场所治安管理情况”得分为 77.77 分。得分偏低的原因在之前都已经分析过。这 7 项三级指标拉低了“社会治安防控”一级指标的得分。

“社会治安防控”一级指标 2024 年的得分为 82.21 分，略低于 2023 年的 84.21 分，低于 2021 年的 83.04 分和 2020 年的 83.80 分，也低于 2018 年的 85.22 分。这主要是因为 2024 年“行业场所智慧化治安管理情况”“单位治保制度建设情况”“水电气热等基础设施运营单位安全防范情况”“信息网络管理制度建设情况”“手机网络实名制落实情况”等指标的评估来源都由网络检索改为问卷调查，新增的“市区卡口查控情况”“远郊区卡口查控情况”指标也是如此。总体而言，问卷调查得出的指标得分会偏低一些，但是客观性更高。以上情况说明，首都社会治安防控体系整体运行正常，对各要素的防控效果比较稳定。

（二）完善建议

应当按照建设更高水平的平安中国这一要求，适应日益复杂的社会治安环境，以派出所建设三年行动计划、夏季治安打击整治行动、京津冀协同发展和“两区三平台”建设等作为牵动力量，持续不断地增强提升首都社会治安防控能力。

第一，继续加强网络信息安全的公共保障和个人保护。其一，继续强化落实刑法、治安管理处罚法、网络安全法、数据安全法、个人信息保护法、民法典、突发事件应对法等法律对公共网络信息和个人信息安全的保护和追责。例如，按照2024年修订的《中华人民共和国突发事件应对法》，因依法履行突发事件应对工作职责或者义务获取的个人信息，只能用于突发事件应对，并在突发事件应对工作结束后予以销毁。特别要制裁以营利为目的买卖个人信息的组织，打击违法犯罪主体，与此同时，对于数量、次数较多的无偿提供、转让、传播个人信息的违法行为也要实施处罚，发挥一般预防和特别预防作用。其二，夯实搜集、储存个人信息的机关、企业、事业单位、社会组织等的主体责任，严格确定对个人信息的采集边界，落实对单位内部人员的监管。例如，《中华人民共和国消费者权益保护法实施条例》规定，经营者在提供商品或者服务时，不得过度收集消费者个人信息，不得采用一次概括授权、默认授权等方式，强制或者变相强制消费者同意收集、使用与经营活动无直接关系的个人信息。应当督促旅馆、休闲服务、娱乐场所、旅游游览场所、交通中转场所等单位场所以及网络平台，在依法或者依约登记个人信息时，严格遵守不过度采集的规定。其三，继续完善手机号码实名制，限制虚拟号码的申请，通过大数据对于频繁骚扰、传播非法信息、打广告的虚拟号码进行关停追责。其四，按照2024年修订的《中华人民共和国未成年人保护法》，应当保护未成年人的隐私权和个人信息。

第二，应当持续加强社区综合政务服务平台建设，促进社区警务与社区的融合程度。其一，继续健全网格治理系统，在基层党组织的统合下，引领网格化触角向基层最末梢延伸，充实各级各类网格长、网格员配置。其二，继续社区警务室软硬件建设，推动派出所规范设置治安调解室，实现社区（村）矛盾调解阵地全覆盖。以社区警务室充分发挥走访调查、矛盾纠纷排查、社区治安巡查等作用为路径，促进派出所落实主防责任，提高群众安全感和满意度。其三，继续推动社区网络服务平台建设。加强普及宣传，使社区居民了解申办业务的内容和程序。与街道、乡镇的政务平台做好衔接，让相关政务、民生业务能够真正下沉到社区网络平台，实现“一窗通办”“全程网办”，解决社区服务平台效用发挥不足的问题。

第三，合理配置巡防力量，强化街面治安防控。其一，继续建设健全“情指行”一体化的勤务机制，推动实战化、系统化、融合化的指挥体系建设落地，使街面巡逻防控机制拥有灵敏的双眼、智慧的大脑、快捷的手脚。其二，落实科学布警、合理调警、高效出警的巡逻防控机制，依托智慧指挥调度平台，优化警力备勤数量和投入时机、路径，健全动静结合、各警种协同、群防群治力量配合的巡防机制，做到全天候、全领域巡防，并且突出重点区域和重要时间节点。其三，按照社区（村）—街（乡）—区—市四级，统筹配置适合各层级的巡逻防控单元，在纵向上实现巡防区域圈层覆盖。推进“千车夜查夜巡”，推动“2+X+N”车组巡防机制。

第四，进一步加强重点行业场所的治安防控。其一，由公安机关联合市场监管、城市管理等政府部门，加强对非法刻章小广告的排查整治力度，发挥群防群治、视频监控等日常监测点位作用，加强地铁站、公厕、旅馆、居民小区、街道等小广告发布重点区域的巡查和管控，及时制止小广告发布及掌握相关人员情况。同时关注各类网络平台发布非法刻章小广告的情况，加大线上线下查处打击力度。依法综合采取各种清理、处罚措施，加大处罚力度。其二，加强娱乐场所秩序管控，落实娱乐场所安全管理的主体责任和相关法规，加大对娱乐场所经营时间、设置位置、从业人员、从业规范要求的监督检查力度。其三，落实《快递暂行条例》《中华人民共和国邮政法》《中华人民共和国反恐怖主义法》的规定，加强对危险物品、违禁物品的寄递管控，针对麻醉、精神药品通过物流寄递贩运的问题，加大寄递行业执行实名制、开箱验视等规定的监督检查力度。寄件的个人或单位拒绝提供真实身份信息或者拒绝配合验视寄递物品的，揽收人员不得予以收寄，对违反者根据其情节给予相应处罚。其四，健全有奖举报制度，对于存在违法违规经营的各类行业场所，应当鼓励单位、个人提供违法违规线索，并给予符合条件者相应奖励，以充分发动社会力量监督。

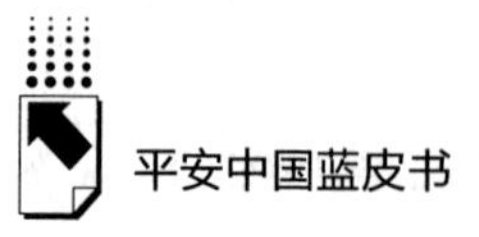

参考文献

[1]《北京市公安局2023年行政执法统计年报》，北京市公安局网站，https://gaj.beijing.gov.cn/zhuanti/zfgs/202401/P020240131397558503416.pdf。

[2]《北京统计年鉴2023》，北京市统计局网站，https://nj.tjj.beijing.gov.cn/nj/main/2023-tjnj/zk/e/indexch.htm。

[3] 崔亚东：《群体性事件应急管理与社会治理——瓮安之乱到瓮安之治》，中共中央党校出版社，2013。

[4] 宫志刚等：《新时期社会治安防控体系建设研究》，经济科学出版社，2017。

[5] 胡建淼主编《中国现行行政法律制度》，中国法制出版社，2011。

[6] 柯良栋、吴明山：《治安管理处罚法释义与实务指南》，中国人民公安大学出版社，2005。

[7] 王宏君主编《新编治安案件查处教程》，中国人民公安大学出版社，2014。

[8] 谢川豫主编《治安管理学概要》，中国人民大学出版社，2016。

[9] 熊一新、李建和主编《治安管理学概论（修订本）》，中国人民公安大学出版社，2007。

[10] 张小兵、戴锐：《论实名制的治安防控功能》，《中国人民公安大学学报》（社会科学版）2014年第3期。

B.4

北京市应急管理调查报告（2024）

刘晓栋*

摘　要： 应急管理是国家治理体系和治理能力的重要组成部分，加快推进应急管理体系和能力现代化，以新安全格局保障新发展格局，对于平安北京建设至关重要。本报告在“应急管理”一级指标下设“应急管理责任制度体系”“应急管理风险防控体系”“应急管理事故灾害指标”“应急管理保障体系”“韧性安全建设”和“应急管理宣传教育”6项二级指标，并细化为28项三级指标。通过网络检索、统计数据和问卷调查等方式，综合分析各类数据，得出“应急管理”一级指标得分为87.54分。总体来讲，北京市应急管理体系不断完善，但在风险隐患排查、韧性安全建设、基层应急管理能力等方面仍存在短板。在下一阶段工作中，要完善风险评估和隐患治理，全方位推进韧性安全城市建设，扎实推进基层应急管理能力提升。

关键词： 应急管理　韧性安全　风险防控　北京市

一　指标设置及评估标准

（一）指标设置

在本次平安北京建设发展评估中，在“应急管理”一级指标下设“应急管理责任制度体系”“应急管理风险防控体系”“应急管理事故灾害指标”

* 刘晓栋，工学博士，博士后，中国人民公安大学治安学院副教授、硕士研究生导师，首都社会安全研究基地研究员。

"应急管理保障体系""韧性安全建设"和"应急管理宣传教育"6项二级指标（见表1）。并进一步细化为28项三级指标，通过对相关指标进行详细分析，全方位评估北京市应急管理的建设情况。

表1 "应急管理"指标设置

一级指标(权重)	二级指标(权重)	三级指标(权重)
应急管理(15%)	应急管理责任制度体系(15%)	党委、政府领导责任是否明确(25%)
		部门监管责任是否落实(25%)
		企业主体责任是否落实(25%)
		责任追究制度是否落实(25%)
	应急管理风险防控体系(15%)	政府开展安全风险分级管控情况(20%)
		政府开展隐患排查治理情况(20%)
		政府应急管理行政执法工作情况(20%)
		企业开展风险隐患排查治理情况(20%)
		企业安全生产标准化创建情况(20%)
	应急管理事故灾害指标(15%)	生产安全死亡事故起数(10%)
		生产安全死亡人数(10%)
		单位地区生产总值安全生产事故死亡率(20%)
		年均每百万人口因自然灾害死亡率(20%)
		年均自然灾害所致直接经济损失占地区生产总值比重(20%)
		10万人口(常住人口)年火灾死亡率(20%)
	应急管理保障体系(15%)	应急法规体系(20%)
		应急救援队伍(20%)
		应急志愿者队伍(20%)
		应急物资保障体系(20%)
		企业安全管理人员配备状况(20%)
	韧性安全建设(25%)	空间韧性(25%)
		工程韧性(25%)
		管理韧性(25%)
		社会韧性(25%)
	应急管理宣传教育(15%)	政府开展应急宣传情况(25%)
		政府开展应急教育培训情况(25%)
		企业开展应急宣传教育情况(25%)
		企业开展应急演练情况(25%)

（二）设置依据及评估标准

“应急管理”一级指标下的6项二级指标设置的主要依据是党的二十大报告、《中华人民共和国突发事件应对法》、《北京城市总体规划（2016年—2035年）》、《北京市“十四五”时期应急管理事业发展规划》、《北京市韧性城市空间专项规划（2022年—2035年）》等文件中关于“应急管理”的相关要求。

评估方法主要有三种，包括网络检索、统计数据和问卷调查，对具体指标进行综合评估。基于网络检索和问卷调查两类数据的，二者所占比重为40%和60%；基于统计数据和问卷调查两类数据的，二者所占比重为40%和60%；基于网络检索和统计数据两类数据的，二者所占比重为50%和50%；基于网络检索、统计数据和问卷调查三类数据的，三者所占比重为30%、30%和40%。

二　总体评估结果分析

北京市“应急管理”一级指标得分为87.54分（见表2）。总体评估结果分析主要是对北京市应急管理总体情况进行分析，侧重二级指标层面，即主要对“应急管理责任制度体系”、“应急管理风险防控体系”、“应急管理事故灾害指标”、“应急管理保障体系”、“韧性安全建设”及“应急管理宣传教育”6项二级指标进行分析。

表2　“应急管理”评价指标得分

单位：分

一级指标	二级指标	三级指标
应急管理（87.54）	应急管理责任制度体系（97.95）	党委、政府领导责任是否明确（100.00）
		部门监管责任是否落实（100.00）
		企业主体责任是否落实（100.00）
		责任追究制度是否落实（91.80）

续表

一级指标	二级指标	三级指标
应急管理(87.54)	应急管理风险防控体系(93.87)	政府开展安全风险分级管控情况(100.00)
		政府开展隐患排查治理情况(82.47)
		政府应急管理行政执法工作情况(100.00)
		企业开展风险隐患排查治理情况(86.86)
		企业安全生产标准化创建情况(100.00)
	应急管理事故灾害指标(79.81)	生产安全死亡事故起数(87)
		生产安全死亡人数(90)
		单位地区生产总值安全生产事故死亡率(88.27)
		年均每百万人口自然灾害死亡率(49.03)
		年均自然灾害所致直接经济损失占地区生产总值比重(73.24)
		10万人口(常住人口)年火灾死亡率(100.00)
	应急管理保障体系(90.67)	应急法规体系(83.70)
		应急救援队伍(88.08)
		应急志愿者队伍(100)
		应急物资保障体系(100)
		企业安全管理人员配备状况(81.57)
	韧性安全建设(83.67)	空间韧性(84.66)
		工程韧性(87.02)
		管理韧性(89.69)
		社会韧性(73.31)
	应急管理宣传教育(81.88)	政府开展应急宣传情况(83.50)
		政府开展应急教育培训情况(75.61)
		企业开展应急宣传教育情况(86.75)
		企业开展应急演练情况(81.65)

（一）应急管理责任制度体系细化完善，二级指标评分为97.95分

在党委、政府领导责任方面，北京市开展安全生产责任强化落实行动，持续推进各级领导责任的落实工作。在部门监管责任方面，制定相应措施及制度文件强化监管效能，切实履行部门监管责任。在企业主体责任方面，高度重视企业安全生产主体责任落实工作，强力督促企业建立安全生产责任体

系。在责任追究制度方面，北京市强化宣传警示和责任追究，开展安全生产综合督察考核。

（二）应急管理风险防控体系不断夯实，二级指标评分为93.87分

在政府开展安全风险分级管控方面，北京市积极开展相关工作，指导并要求企业落实安全风险分级管控。在政府开展隐患排查治理方面，高度重视重大事故隐患动态清零和源头治理标本兼治，强化制度手段与技术手段，指导督促企业依法开展隐患排查治理工作。在政府应急管理行政执法工作方面，制定并完成年度行政执法计划任务，全面依规办理群众诉求。在企业开展风险隐患排查治理方面，多数单位会定期对各岗位的安全状况进行检查。在企业安全生产标准化创建方面，持续推进标准化创建工作，推动企业安全生产标准化达标。

（三）应急管理事故灾害影响范围大，二级指标评分为79.81分

北京市应急管理的安全形势面临一定挑战，2023 年安全生产事故数和死亡人数比上一年度有所增加。2023 年 7 月和 8 月北京经历了历史罕见的特大暴雨灾害，门头沟、房山、怀柔等 16 个地区受灾，灾害波及面广，大量受灾人口转移。虽然 2023 年还发生了一些火灾事故，但 10 万人口（常住人口）年火灾死亡率仍处于预期范围内。

（四）应急管理保障体系深入构建，二级指标评分为90.67分

在应急法规体系方面，重视构建相关体系，逐步完善并形成一套彰显首都特色的应急管理的法律框架。在应急救援队伍方面，持续优化队伍建设，着力培养具备综合应急能力的高水平应急救援队伍。在应急志愿者队伍方面，全力推进志愿者培训和队伍建设工作，立足现有资源充分吸收和整合力量，加强应急志愿者队伍的体系建设。在应急物资保障体系方面，确定应急物资储备工作的战略导向，出台了《北京市市级应急救灾物资储备管理办法》，逐步完善应急物资储备综合管理制度和应急物资储备库建设。在企业

安全管理人员配备状况方面，稳步推进企业安全管理人员队伍建设，增强企业综合应急能力。

（五）韧性安全建设稳步推进，二级指标评分为83.67分

在空间韧性方面，北京市组织编制了《北京市韧性城市空间专项规划（2022年—2035年）》，提出构建“集中式+分布式”的韧性城市空间布局，增强城市空间布局的安全韧性。通过调查发现，社区的应急避难场所、加油站、加气站及其他危险化学品经营单位的空间布局还需继续优化。在工程韧性方面，北京市不断完善市政基础设施，着力提升全市生命线系统韧性。通过调查发现，社区在防火防震、供电供水供热供气安全，以及电动自行车违规停放或充电等方面还需要加强安全管控。在管理韧性方面，北京市扎实推进基层预防建设，开展大排查大整治，不断提高预警能力，完善应急预案体系建设，逐步构建韧性制度体系。突发事件预警信息发布机制、举报投诉机制和社区安全隐患排查机制等已具备较好基础。在社会韧性方面，北京市开展“安全生产月”系列活动，普及应急知识，开展应急技能培训，培养市民形成主动提升个体韧性的自觉性。基层应急预案、家庭应急物资、群众基本应急技能方面相对薄弱，需要加强基层应急能力建设。

（六）应急管理宣传教育多措并举，二级指标评分为81.88分

在政府开展应急宣传方面，北京市通过政务网站、公益宣传、新媒体宣传、新闻发布会等多种渠道，推广应急科普文化产品，普及相关政策和安全知识，推动各部门、企业形成合力。在政府开展应急教育培训方面，北京市加强对特种作业人员、安全生产管理人员、执法人员等群体的专业性培训和考核。通过调查发现，基层应急演练和培训方面已具备较好基础，群众对基层应急管理工作满意度较高，大部分企业在应急宣传教育和应急演练方面开展情况良好。

三　指标评估结果分析

（一）党委、政府领导责任是否明确

本指标得分为 100.00 分。

根据北京市应急管理局网站《本市全面启动安全生产治本攻坚三年行动》，北京市开展安全生产责任强化落实行动，健全完善排查整治重大事故隐患的责任体系，保障首都安全生产形势持续稳定向好。①

根据北京市应急管理局网站《本市召开 2024 年危险化学品安全监管工作会》，北京市要坚决扛起防范化解危化品重大安全风险的政治责任。要求各区、各部门、各企业进一步强化红线意识、底线思维，切实把思想和行动统一到党中央、国务院决策部署上来，统一到市委、市政府工作要求上来，坚决统筹高质量发展和高水平安全，坚决维护首都安全稳定。②

根据北京市应急管理局网站《2024 年 3 月份北京地区自然灾害风险形势分析报告》，北京市要持续推进“三长负责制”“五包责任制”等有关责任制的落实，压实党委政府属地责任。实行网格化管理，切实打通基层责任落实的“最后一公里”。③

以上信息反映出，北京市不断推进安全生产、自然灾害应急管理领域的党委、政府领导责任落实，基层党委政府的应急管理责任不断强化，因此本指标得分为 100.00 分。

---

① 《本市全面启动安全生产治本攻坚三年行动》，北京市应急管理局网站，2024 年 2 月 8 日，https：//yjglj. beijing. gov. cn/art/2024/2/8/art_ 6058_ 726244. html。

② 《本市召开 2024 年危险化学品安全监管工作会》，北京市应急管理局网站，2024 年 4 月 4 日，https：//yjglj. beijing. gov. cn/art/2024/4/4/art_ 2476_ 674428. html。

③ 《2024 年 3 月份北京地区自然灾害风险形势分析报告》，北京市应急管理局网站，2024 年 3 月 1 日，https：//yjglj. beijing. gov. cn/art/2024/3/1/art_ 6058_ 726694. html。

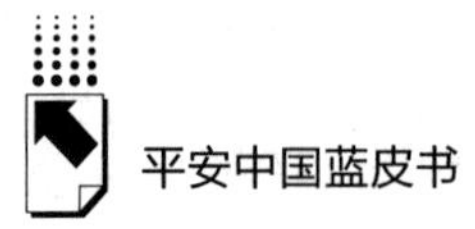

（二）部门监管责任是否落实

本指标得分为100.00分。

根据北京市应急管理局网站《北京市应急管理局2023年法治政府建设年度情况报告》，2023年北京市应急管理局研究出台“十项硬措施”，以及30余个配套制度文件，以霹雳手段完善全链条管理机制，聚焦重点行业领域强力监管执法，累计检查企业单位27.9万余家，关停查封企业6360家。①

根据北京市应急管理局网站《石景山区应急管理局组织开展非公立医疗机构危险化学品安全监管专项检查》，石景山区应急管理局面向非公立医疗机构开展危险化学品安全监管专项检查，按照安全生产“三管三必须”和“谁主管、谁负责”的原则，督导企业落实主体责任，坚决防范和遏制涉危安全生产事故发生。②

以上信息反映出，北京市应急管理局持续强化部门监管责任，监督成效显著，因此本指标得分为100.00分。

（三）企业主体责任是否落实

本指标得分为100.00分。

根据北京市应急管理局网站《本市召开2024年工贸和矿山安全监管工作视频会》，北京市各地区要严格落实监管责任，强化工作统筹，健全工作机制，狠抓企业主体责任落实，督促企业建立安全生产责任体系，落实风险管控措施。③

---

①《北京市应急管理局2023年法治政府建设年度情况报告》，北京市应急管理局网站，2024年3月5日，https：//yjglj. beijing. gov. cn/art/2024/3/5/art_ 8994_ 673724. html。

②《石景山区应急管理局组织开展非公立医疗机构危险化学品安全监管专项检查》，北京市应急管理局网站，2024年3月26日，https：//yjglj. beijing. gov. cn/art/2024/3/26/art_ 4580_ 727848. html。

③《本市召开2024年工贸和矿山安全监管工作视频会》，北京市应急管理局网站，2024年3月21日，https：//yjglj. beijing. gov. cn/art/2024/3/21/art_ 2476_ 674138. html。

根据北京市应急管理局网站《2024 年北京市“安全生产月”活动方案》，北京市要以推动企事业单位主体责任落实为目标，组织企事业单位主要负责人深入学习贯彻习近平总书记关于安全生产重要论述，宣贯安全发展理念和安全生产相关法律法规，发挥企事业单位主要负责人“五带头”表率作用，切实履行“第一责任人”法定职责。①

以上信息反映出，北京市高度重视企业主体责任落实，不断推进企业建立健全安全生产责任体系，因此本指标得分为 100. 00 分。

（四）责任追究制度是否落实

本指标得分为 91. 80 分。

根据“北京应急”微信公众号发布的《市安委会印发〈2024 年北京市安全生产重点工作任务〉》，北京市各区、各部门和各单位要牢固树立安全发展理念，深入开展安全生产治本攻坚三年行动，开展安全生产综合督察考核，强化事故调查处理和责任追究。②

根据央广网发布的《北京：切实提升全市有限空间作业安全生产管理水平》，北京市强化宣传警示和责任追究，主要对做好宣传警示教育、严肃责任追究作出具体规定，对有限空间安全隐患排查不力的，要启动责任倒查机制和严肃问责机制。③

在问卷调查中，针对问题“您所在单位发生安全生产事故后，相关责任人是否被追责?”，86. 33%的受访者表示相关责任人会被追责。

综合以上，从网络检索数据来看，北京市发布了《2024 年北京市安全生产重点工作任务》，严格事故调查处理，强化责任追究，也在具体行业管理中启动责任倒查机制，故网络检索数据的得分为 100. 00 分。从问卷调查

① 《2024 年北京市“安全生产月”活动方案》，北京市应急管理局网站，2024 年 5 月 30 日，https：//yjglj. beijing. gov. cn/art/2024/5/30/art_ 8994_ 676458. html。

② 《市安委会印发〈2024 年北京市安全生产重点工作任务〉》，“北京应急”微信公众号，2024 年 3 月 7 日，https：//mp. weixin. qq. com/s/eWzW9zhAMBo4b85zlz4gnw。

③ 《北京：切实提升全市有限空间作业安全生产管理水平》，央广网，2024 年 6 月 27 日，https：//www. cnr. cn/bj/isue/20240627/t20240627_ 526766692. shtml。

数据来看，根据受访者对所在单位安全事故发生后的责任追究情况的回答，问卷调查数据的得分为 86. 33 分。通过计算得出本指标得分为 91. 80 分。

（五）政府开展安全风险分级管控情况

本指标得分为 100. 00 分。

根据北京市应急管理局网站《2023 年北京市应急管理事业发展统计公报》中的统计数据。北京市针对建筑施工、交通、危险化学品、医疗等 14 个重点行业领域开展安全风险评估，2023 年评估全年全市评估危险化学品重大危险源 191 处。①

根据北京市应急管理局网站《北京市公共场所人群聚集活动安全风险防范与应对总体方案》，北京市人群聚集活动的各主办（承办）单位要制定人流量预警分级标准，并制定配套的分级管控措施，明确采取限流、关闭、疏散等各级应对措施的客流量阈值。②

以上信息反映出，北京市高度重视城市安全风险评估工作，并在重点行业领域持续开展风险分级管控工作，因此本指标得分为 100. 00 分。

（六）政府开展隐患排查治理情况

本指标得分为 82. 47 分。

根据北京市应急管理局网站《2023 年北京市应急管理事业发展统计公报》中的统计数据。2023 年北京市开展安全生产和火灾隐患大排查大整治行动，督查检查单位 430 余家，组织第三方机构核查评估企事业单位 2. 3 万家。针对燃气安全、电动自行车安全管控、彩钢板建筑等领域，成立专项督察组，开展隐患排查治理，发现整改问题隐患 3062 项。北京市开发推广“企安安”隐患排查治理信息系统，组织编制 191 类业态隐患排查标准，企

---

① 《2023 年北京市应急管理事业发展统计公报》，北京市应急管理局网站，2024 年 4 月 17 日，https：//yjglj. beijing. gov. cn/attach/0/633d8568777c45da8a1bc3d037dbf7cf. pdf。

② 《北京市公共场所人群聚集活动安全风险防范与应对总体方案》，北京市应急管理局网站，2024 年 6 月 5 日，https：//yjglj. beijing. gov. cn/art/2024/6/5/art_ 2522_ 676704. html。

事业单位自查隐患 53.6 万项，整改率 99.99%。①

通过问卷调查，针对问题“您所在的社区是否开展过安全隐患排查?”，81.68%的受访者表示其所在社区开展过安全隐患排查。在受访者中，关于其所在社区开展安全隐患排查的频率，每年 1 次的占比 42.12%，每年 2~3 次的占比 24.58%，每年 4 次及以上的占比 14.97%。

综合以上，从网络检索数据来看，北京市积极开展隐患排查治理工作，指导督促企业依法开展相关工作，并借助技术手段提升隐患排查治理效能，故网络检索数据的得分为 100.00 分。从问卷调查数据来看，得分为 70.79 分。通过计算得出本指标得分为 82.47 分。

（七）政府应急管理行政执法工作情况

本指标得分为 100.00 分。

根据北京市应急管理局网站《北京市应急管理局 2023 年度行政执法统计年报的报告》中的统计数据，2023 年度，北京市应急管理局 A 岗参与执法人数 53 人，A 岗人员参与执法率为 100%；全年共接收群众诉求 2579 件，均已按规定办理。②

根据北京市应急管理局网站《2023 年北京市应急管理事业发展统计公报》中的统计数据，2023 年北京市应急管理部门共实施行政执法检查 74158 件，案件总数 2595 件；全年应急管理系统行政处罚金额共计 4658.69 万元，各区均完成年度行政执法计划任务。③

以上信息反映出，北京市开展了有效的应急管理行政执法工作，完成了年度行政执法计划任务，因此本指标得分为 100.00 分。

---

① 《2023 年北京市应急管理事业发展统计公报》，北京市应急管理局网站，2024 年 4 月 17 日，https：//yjglj.beijing.gov.cn/attach/0/633d8568777c45da8a1bc3d037dbf7cf.pdf。

② 《北京市应急管理局 2023 年度行政执法统计年报的报告》，北京市应急管理局网站，2024 年 1 月 24 日，https：//yjglj.beijing.gov.cn/art/2024/1/24/art_4444_672912.html。

③ 《2023 年北京市应急管理事业发展统计公报》，北京市应急管理局网站，2024 年 4 月 17 日，https：//yjglj.beijing.gov.cn/attach/0/633d8568777c45da8a1bc3d037dbf7cf.pdf。

（八）企业开展风险隐患排查治理情况

本指标得分为 86.86 分。

通过问卷调查，针对问题“您所在单位是否定期对各岗位的安全状况进行检查?”，86.86%的受访者表示其所在单位会定期对各岗位的安全状况进行检查。

根据问卷调查数据，本指标得分为 86.86 分。

（九）企业安全生产标准化创建情况

本指标得分为 100.00 分。

根据北京市应急管理局网站《2023 年北京市应急管理事业发展统计公报》中的统计数据。截至 2023 年末，全市工业、金属非金属矿山、危险化学品企业安全生产标准化达标企业共计 6502 家，其中一级标准化达标企业 4 家，二级标准化达标企业 208 家，三级标准化达标企业 6290 家，岗位达标小微企业 33636 家。①

以上信息反映出，北京市重视并扎实推进企业安全生产标准化创建工作，企业安全生产标准化达标成效显著，因此本指标得分为 100.00 分。

（十）安全生产死亡事故起数

本指标得分为 87.00 分。

根据北京市应急管理局网站《2023 年北京市应急管理事业发展统计公报》中的统计数据。2023 年，北京市共发生各类生产安全死亡事故 401 起，事故起数同比增长 5.2%。②

根据北京市应急管理局网站《2024 年一季度全市生产安全事故情况》

① 《2023 年北京市应急管理事业发展统计公报》，北京市应急管理局网站，2024 年 4 月 17 日，https：//yjglj. beijing. gov. cn/attach/0/633d8568777c45da8a1bc3d037dbf7cf. pdf。

② 《2023 年北京应急管理事业发展统计公报发布》，北京市应急管理局网站，2024 年 4 月 17 日，https：//yjglj. beijing. gov. cn/art/2024/4/17/art_ 6058_ 728714. html。

和《2024 年二季度全市生产安全事故情况》中的统计数据。2023 年前两个季度共发生各类生产安全死亡事故 164 起。2024 年前两个季度共发生各类生产安全死亡事故 141 起，事故起数同比下降 14.02%。[①] 但由于 2024 年指标尚未完全统计，本指标以 2023 年数据为主。

通过问卷调查，针对问题“您所在单位过去三年是否发生过安全生产事故?”，87.69%的受访者表示其所在单位过去三年没有发生过安全生产事故。

以上信息反映出，北京地区总体安全生产形势有所起伏，企业全面复工背景下，2023 年安全生产死亡事故起数小幅度上升。综合分析，本指标得分为 87.00 分。

（十一）安全生产死亡人数

本指标得分为 90.00 分。

根据北京市应急管理局网站《2023 年北京市应急管理事业发展统计公报》中的统计数据。2023 年，北京市共发生各类生产安全死亡事故 401 起、死亡 440 人，同比分别上升 5.2%、9.7%。[②]

根据北京市应急管理局网站《2024 年一季度全市生产安全事故情况》和《2024 年二季度全市生产安全事故情况》中的统计数据。2023 年前两个季度共发生各类生产安全死亡事故 164 起、死亡 198 人。2024 年前两个季度共发生各类生产安全死亡事故 141 起、死亡 144 人。死亡人数同比下降 27.27%。[③] 但由于 2024 年指标尚未完全统计，本指标以 2023 年数据为主。

---

① 《2024 年一季度全市生产安全事故情况》，北京市应急管理局网站，2024 年 4 月 8 日，https：//yjglj. beijing. gov. cn/art/2024/4/8/art_ 9566_ 674828. html；《2024 年二季度全市生产安全事故情况》，北京市应急管理局网站，2024 年 7 月 9 日，https：//yjglj. beijing. gov. cn/art/2024/7/9/art_ 9566_ 678728. html。

② 《2023 年北京应急管理事业发展统计公报发布》，北京市应急管理局网站，2024 年 4 月 17 日，https：//yjglj. beijing. gov. cn/art/2024/4/17/art_ 6058_ 728714. html。

③ 《2024 年一季度全市生产安全事故情况》，北京市应急管理局网站，2024 年 4 月 8 日，https：//yjglj. beijing. gov. cn/art/2024/4/8/art_ 9566_ 674828. html；《2024 年二季度全市生产安全事故情况》，北京市应急管理局网站，2024 年 7 月 9 日，https：//yjglj. beijing. gov. cn/art/2024/7/9/art_ 9566_ 678728. html。

以上信息反映出，与安全生产死亡事故起数的情况类似，北京地区总体安全生产形势有所起伏，企业全面复工背景下，2023 年生产安全死亡人数小幅度上升，但随着安全生产管理工作的常态化、规范化、整体化推进，安全生产事故的数量有所减少。综合分析，本指标得分为 90.00 分。

（十二）单位地区生产总值生产安全事故死亡率

本指标得分为 88.27 分。

根据北京市应急管理局网站《2023 年北京市应急管理事业发展统计公报》中的统计数据。2023 年，全年全市地区生产总值为 437.607 百亿元，单位地区生产总值生产安全事故死亡率 1.0055 人/百亿元。[①] 在总的 GDP 保持增长和高位的背景下，2023 年生产安全死亡事故和死亡人数虽较 2022 年有所上升，但百亿元 GDP 生产安全事故死亡率相比于 2021、2020、2019 年仍呈下降态势。

以上信息反映出，2023 年北京地区总体安全生产形势虽有所起伏但相对稳定，根据《北京市“十四五”时期应急管理事业发展规划》，到 2025 年，北京市单位地区生产总值生产安全事故死亡率（人/百亿）<0.9，因此本指标得分为 88.27 分。

（十三）年均每百万人口因自然灾害死亡率

本指标得分为 49.03 分。

根据北京市应急管理局网站《2023 年北京市应急管理事业发展统计公报》中的统计数据。2023 年全市共发生 2 类自然灾害，分别为洪涝、风雹。灾害造成门头沟、房山等 16 个地区受灾，累计受灾人口 1319647 人，紧急避险转移人口 92060 人，紧急转移安置人口 161479 人。全年启动市级洪涝灾害救灾响应 1 次，救助人口 341938 人。[②] 2023 年 7 月底至 8 月初，北京市遭遇特大

① 《2023 年北京应急管理事业发展统计公报发布》，北京市应急管理局网站，2024 年 4 月 17 日，https：//yjglj. beijing. gov. cn/art/2024/4/17/art_ 6058_ 728714. html。

② 《2023 年北京应急管理事业发展统计公报发布》，北京市应急管理局网站，2024 年 4 月 17 日，https：//yjglj. beijing. gov. cn/art/2024/4/17/art_ 6058_ 728714. html。

暴雨灾害，截至2023年8月8日24时，全市因灾死亡33人，失踪18人。[①]

以上信息反映出，2023年北京市多地区遭受了严重的自然灾害，已统计的因灾死亡人数为33人。根据《北京市“十四五”时期应急管理事业发展规划》，到2025年，北京市年均每百万人口因自然灾害死亡率<1。按照《北京市2023年国民经济和社会发展统计公报》全市常住人口为2185.8万人，每百万人口因自然灾害死亡应小于21.858人，因此本指标得分为49.03分。

（十四）年均自然灾害所致直接经济损失占地区生产总值比重

本指标得分为73.24分。

根据北京市应急管理局网站《2023年北京市应急管理事业发展统计公报》中的数据。2023年，北京市农作物受灾面积15083.81公顷，其中，成灾面积9178.46公顷，绝收面积7223.92公顷；倒塌农房16003间，严重损坏房屋33430间，一般损坏房屋100716间。[②]

通过问卷调查，针对问题“近三年来，北京自然灾害是否对您或家庭造成损失？”，73.24%的受访者表示北京自然灾害未对其或其家庭造成损失。

由于北京市暂未公布2023年自然灾害所致直接经济损失情况，本指标根据问卷调查数据确定分数，因此本指标得分为73.24分。

（十五）10万人口（常住人口）年火灾死亡率

本指标得分为100.00分。

根据北京市应急管理局网站《2023年北京市应急管理事业发展统计公报》中的数据，2023年北京市10万人口（常住人口）年火灾死亡率为0.307人/十万人。[③]

---

① 《截至8月8日24时　北京因灾死亡33人　18人失踪》，北京市人民政府网站，2023年8月9日，https：//www.beijing.gov.cn/ywdt/yaowen/202308/t20230809_3218851.html。

② 《2023年北京应急管理事业发展统计公报发布》，北京市应急管理局网站，2024年4月17日，https：//yjglj.beijing.gov.cn/art/2024/4/17/art_6058_728714.html。

③ 《2023年北京应急管理事业发展统计公报发布》，北京市应急管理局网站，2024年4月17日，https：//yjglj.beijing.gov.cn/art/2024/4/17/art_6058_728714.html。

根据《北京市“十四五”时期应急管理事业发展规划》，到 2025 年，10 万人口（常住人口）年火灾死亡率<0. 33 人/十万人，因此本指标得分为 100. 00 分。

（十六）应急法规体系

本指标得分为 83. 70 分。

根据北京市应急管理局网站《北京市应急管理局 2023 年法治政府建设年度情况报告》，北京市应急管理局组织《北京市突发事件应对条例》《北京市危险化学品安全管理条例》调研工作，开展《北京市生产经营单位安全生产主体责任规定》等 5 部政府规章立法后评估，完成《〈北京市安全生产条例〉理解与适用》释义编撰，出台《北京市安全生产应急救援队伍建设管理办法》《北京市危险化学品禁止、限制、控制措施（2023 年版）》等配套制度，有序推进法规规章立法调研和制修订工作；全面启动应急管理标准体系建设中长期规划，2023 年立项地方标准 31 项、起草 33 项、初审 26 项、复审 57 项、实施效果评估 17 项。[①]

通过问卷调查，针对问题“您是否熟悉政府和本单位的应急相关制度规范?”，72. 84%的受访者表示熟悉政府和本单位的应急相关制度规范。

以上信息反映出，北京市正在逐步构建应急法规体系，不断优化和完善相关的法律、规章制度、规范性文件及地方标准，因此网络检索数据的得分为 100. 00 分。从问卷调查数据来看，根据受访者对政府和本单位的应急相关制度规范的熟悉情况，问卷调查数据的得分为 72. 84 分。通过计算得出本指标得分为 83. 70 分。

（十七）应急救援队伍

本指标得分为 88. 08 分。

---

① 《北京市应急管理局 2023 年法治政府建设年度情况报告》，北京市应急管理局网站，2024 年 3 月 5 日，https：//yjglj. beijing. gov. cn/art/2024/3/5/art_ 8994_ 673724. html。

根据北京市应急管理局网站《2023 年北京市应急管理事业发展统计公报》中的统计数据。北京市共有市级专业应急救援队伍 27 支，共计应急救援人员 3229 人。有专业森林消防队 63 支、3133 人，半专业森林消防队 178 支、3842 人，应急森林消防队 14 支、4082 人，群众森林消防队 282 支，13775 人。①

通过网络检索，在首都之窗检索到《北京市应急管理局关于印发〈北京市安全生产应急救援队伍建设管理办法〉的通知》，其内容明确了应急救援队伍的日常管理、训练使用、相关保障等要求，对于加强队伍规范化、专业化建设，进一步提高北京市突发事件救援能力具有重要意义。②

通过问卷调查，针对问题“您所在的单位是否有应急救援队伍?”，80. 14%的受访者表示其所在单位有应急救援队伍。

以上信息反映出，北京市高度关注应急救援队伍建设，出台应急救援队伍建设管理办法，持续优化队伍体制建设，提高信息化管理水平，培养具备综合应急能力的高水平应急救援队伍，因此统计数据得分为 100. 00 分。从问卷调查数据来看，根据受访者所在单位的应急救援队伍设置情况，问卷调查数据的得分为 80. 14 分。通过计算得出本指标得分为 88. 08 分。

（十八）应急志愿者队伍

本指标得分为 100. 00 分。

根据北京市应急管理局网站《2023 年北京市应急管理事业发展统计公报》中的数据，2023 年北京市在“志愿北京”平台注册的应急志愿者队伍共 6933 支，应急志愿者 147941 人，应急志愿服务组织共 16 个；组织 500 名应急志愿者骨干集中培训活动和 5 场应急志愿者队伍共训共练活动、开展

① 《2023 年北京应急管理事业发展统计公报发布》，北京市应急管理局网站，2024 年 4 月 17 日，https：//yjglj. beijing. gov. cn/art/2024/4/17/art_ 6058_ 728714. html。

② 《北京市应急管理局关于印发〈北京市安全生产应急救援队伍建设管理办法〉的通知》，北京市人民政府网站，2023 年 5 月 6 日，https：//www. beijing. gov. cn/zhengce/zhengcefagui/202307/t20230731_ 3210900. html。

200余场应急志愿服务基层宣教活动和3场“千企万人”安全生产社会监督职工志愿者志愿服务活动、指导20余支队伍参与土耳其地震救援等。[①]

根据北京市应急管理局网站《市应急局组织2024年度应急志愿者社会队伍骨干培训班》，按照“培养一批骨干，带动一批队伍”的思路，北京市应急局组织来自全市18支应急志愿服务社会队伍的50余名骨干开展了应急志愿者骨干能力提升行动，激发市、区、街道（乡镇）三级应急志愿者队伍以及社会队伍的动力活力，不断完善应急志愿服务“北京模式”。[②]

以上信息反映出，北京市持续推进应急志愿者队伍建设，积极培育和孵化志愿者队伍，不断完善相关体系建设。综合分析，本指标得分为100.00分。

（十九）应急物资保障体系

该指标得分为100.00分。

根据北京市应急管理局网站《2023年北京市应急管理事业发展统计公报》中的统计数据，截至2023年末，市级应急物资储备共1669155件（套/台），其中，生产安全事故救援应急物资727件（套/台），应急指挥物资2730件（套/台），救灾应急物资1486378件（套/台），防汛抗旱应急物资176882件（套/台），森林防灭火应急物资2438件（套/台）。[③]

通过网络检索，在首都之窗检索到北京市粮食和物资储备局、北京市应急管理局、北京市财政局共同制定的《北京市市级应急救灾物资储备管理办法》（以下简称《办法》）。《办法》包括总则、储备购置、储备保管、物资调用、责任追究、附则6个章节，进一步规范了北京市本市市级应急救灾物资储备管理，提高物资使用效益。北京市立足“防大汛、抗大险、救大灾”，坚持底线思维，坚持首善标准，切实抓好救灾物资储备安全管理，

① 《2023年北京应急管理事业发展统计公报公布》，北京市应急管理局网站，2024年4月17日，https：//yjglj. beijing. gov. cn/art/2024/4/17/art_ 6058_ 728714. html。

② 《市应急局组织2024年度应急志愿者社会队伍骨干培训班》，北京市应急管理局网站，2024年8月26日，https：//yjglj. beijing. gov. cn/art/2024/8/26/art_ 6058_ 733660. html。

③ 《2023年北京应急管理事业发展统计公报发布》，北京市应急管理局网站，2024年4月17日，https：//yjglj. beijing. gov. cn/art/2024/4/17/art_ 6058_ 728714. html。

不断提升应急保障能力，为应对重大自然灾害、维护首都安全稳定提供有力保障。[①]

以上信息反映出，针对首都突发事件的特点，北京市确定了应急物资储备工作的战略导向，出台应急救灾物资储备管理办法，逐步完善应急物资储备综合管理制度和应急物资储备库建设，切实提升北京市面对自然灾害等突发事件时的应急救助保障能力。综合分析，本指标得分为100.00分。

（二十）企业安全管理人员配备状况

本指标得分为81.57分。

通过问卷调查，针对问题“您所在单位是否有专职安全管理人员?”，81.57%的受访群众肯定其所在单位有专职安全管理人员。

根据受访者所在单位专职安全管理人员的配备情况，本指标得分为81.57分。

（二十一）空间韧性

本指标得分为84.66分。

从首都之窗检索到的《北京市韧性城市空间专项规划（2022年—2035年）》（以下简称《规划》），围绕新时代首都发展与安全，在空间维度超前谋划，结合“一核一主一副，两轴多点一区”北京城市空间结构，提出开展差异化的韧性能力建设。《规划》构建了安全可靠、灵活转换、快速恢复、有机组织、适应未来的首都韧性城市空间体系，是北京市韧性城市建设在空间领域的指导性文件。[②]

根据北京市应急管理局网站《李宇副局长主持召开北京市2024年度应

---

① 《北京市粮食和物资储备局等关于印发〈北京市市级应急救灾物资储备管理办法〉的通知》，北京市人民政府网站，2023年11月21日，https://www.beijing.gov.cn/zhengce/zhengcefagui/202311/t20231122_3307323.html。

② 《北京市韧性城市空间专项规划（2022年—2035年）》，北京市人民政府网站，2024年3月22日，https://www.beijing.gov.cn/zhengce/zhengcefagui/202403/t20240325_3599383.html。

急避难场所工作专题会》《石景山区应急管理局组织召开应急避难场所规划编制工作座谈会》和首都之窗《推广“平急两用”建设　分类推进村庄安置　房山区灾后恢复重建整体规划获批》等报道，可以看出北京市坚持底线思维和问题导向，落实主体责任，有序推动“平急两用”避难资源调查评估，加强应急避难场所建设，以系统观念构建韧性城市空间格局。①

通过问卷调查，针对问题“您所在社区的应急避难场所数量?”，83.84%的受访者表示其所在社区有应急避难场所，其中数量为 1 个的占比 37.24%，数量为 2 个的占比 28.17%，数量为 2 个以上的占比 18.43%。针对问题“您所在社区附近的加油站、加气站及其他危险化学品经营单位的数量?”，35.06%的受访者表示其所在社区附近没有加油站、加气站及其他危险化学品经营单位，36.41%的受访者表示数量较少，24.02%的受访者表示数量一般，3.70%的受访者表示数量较多，0.81%的受访者表示数量过多。

以上信息反映出，北京市编制并贯彻落实《北京市韧性城市空间专项规划（2022 年—2035 年）》，增强城市空间布局的安全韧性，落实空间维度的超前谋划，因此网络检索数据的得分为 100.00 分。从问卷调查数据来看，根据受访者所在社区的应急避难场所数量，社区附近的加油站、加气站及其他危险化学品经营单位的数量，问卷调查数据的得分为 74.44 分。通过计算得出本指标得分为 84.66 分。

（二十二）工程韧性

本指标得分为 87.02 分。

根据北京市应急管理局网站《北京市规划自然资源委：开展风险普查，推进实施地质灾害隐患治理》，北京市通过建立全市市政交通基础设施综合管理信息平台、开展市政基础设施韧性提升工作、开展应急防灾交通专项规划研究、制定重要基础设施内涝防治标准，保障城市安全运行，着力提升生

① 《李宇副局长主持召开北京市 2024 年度应急避难场所工作专题会》，北京市应急管理局网站，2024 年 1 月 17 日，https：//yjglj.beijing.gov.cn/art/2024/1/17/art_6058_725468.html。

命线系统韧性。相关部门按照市委、市政府工作部署，组织开展《北京市市政基础设施韧性提升规划策略》研究工作，就设施韧性、应急储备和恢复能力等方面提出市政韧性提升策略，并逐步落实为具体行动。①

根据《北京日报》的《全市首个区级韧性城市专项规划编制完成　石景山 9 个社区建设韧性示范样板》报道，《石景山区安全韧性城市（单元）专项规划》（以下简称《规划》）是全市首个区级韧性城市专项规划，石景山区结合城市更新和老旧小区改造，以消防救援、应急医疗、避难场所、应急物资储备等为重点，提高全区应急保障能力。为全面提升生命线系统保障能力，《规划》提出构建“5+17+N”的应急骨干交通网络，构建供水、供电、供气、供热等多元保障模式，划分并建设安全韧性单元，建设邻里自治互助的韧性社区生活圈。石景山区选取 9 个社区作为首批安全韧性社区建设示范样板，为其他社区的工程韧性建设提供思路。②

通过问卷调查，针对问题“您所居住的社区在防火防震方面是否存在安全隐患?”，46. 02%的受访者认为没有安全隐患，29. 54%的受访者认为较少，19. 27%的受访者认为一般，4. 54%的受访者认为较多，0. 63%的受访者认为过多。针对问题“您所居住的社区在供电供水供热供气方面是否存在安全隐患?”，49. 41%的受访者认为没有安全隐患，26. 13%的受访者认为较少，20. 07%的受访者认为一般，3. 97%的受访者认为较多，0. 42%的受访者认为过多。针对问题“您所居住的社区是否存在电动自行车违规停放或充电现象?”，38. 72%的受访者表示不存在该类违规现象，表示情况不突出的占比 35. 75%，情况一般的占比 18. 83%，情况较突出的占比 4. 69%，情况非常突出的占比 2. 01%。

以上信息反映出，北京市重视工程韧性建设，持续推进生命线系统韧性

① 《北京市规划自然资源委：开展风险普查，推进实施地质灾害隐患治理》，北京市应急管理局网站，2024 年 3 月 4 日，https：//yjglj. beijing. gov. cn/art/2024/3/4/art_ 7608_ 673644. html。

② 《全市首个区级韧性城市专项规划编制完成　石景山 9 个社区建设韧性示范样板》，《北京日报》2024 年 5 月 6 日，第 6 版，https：//bjrbdzb. bjd. com. cn/bjrb/mobile/2024/20240506/20240506_ 006/content_ 20240506_ 006_ 1. htm#page5？digital：newspaperBjrb：s6637fabde4b0ff2202fac951。

成果转化工作，建设韧性示范样板，以点带面提升城市的工程韧性，因此网络检索数据的得分为 100.00 分。从问卷调查数据来看，根据受访者所居住的社区在防火防震方面、供电供水供热供气方面是否存在安全隐患，以及所居住社区是否存在电动自行车违规停放或充电现象的情况，问卷调查数据的得分为 78.37 分。通过计算得出本指标得分为 87.02 分。

（二十三）管理韧性

本指标得分为 89.69 分。

根据北京市应急管理局网站《2023 年北京市应急管理事业发展统计公报》，2023 年北京市应急管理局全力推进基层预防建设，全年共发布各类预警信息 346 条，共完成应急演练项目 33113 场，共接收群众诉求 2579 件，群众诉求办理平均响应率 99.69%，解决率 98.78%，满意率 98.61%。市应急管理局持续开展城市安全风险评估工作，全年全市建筑施工、交通、危险化学品等 14 个重点行业领域，共有 164222 家生产经营单位开展了风险评估工作，共辨识风险源 603798 项。①

根据北京市应急管理局网站《市应急办召开全市应急预案体系建设推进会暨 2023 年应急演练工作总结会》，2023 年北京市完成了危化品、地质灾害、药品安全、食品安全、网络信息安全等预案的修订工作，会议指出，要紧密跟进国家有关法律和应急预案制度建设进展，提前谋划本市配套文件的研究和起草工作，加快弥补空白领域，推广基层应急预案中的先进典型，统筹各行业领域应急预案体系建设，坚持实战导向，开展应急演练，实现预案体系全覆盖。②

通过问卷调查，针对问题“您是否收到过突发事件预警信息?”，

① 《2023 年北京应急管理事业发展统计公报发布》，北京市应急管理局网站，2024 年 4 月 17 日，https://yjglj.beijing.gov.cn/art/2024/4/17/art_6058_728714.html。

② 《市应急办召开全市应急预案体系建设推进会暨 2023 年应急演练工作总结会》，北京市应急管理局网站，2023 年 12 月 29 日，https://yjglj.beijing.gov.cn/art/2023/12/29/art_6058_725078.html。

87.32%的受访者表示其收到过突发事件预警信息。针对问题“您所在的社区是否开展过安全隐患排查?”，81.67%的受访者表示其所在社区开展过安全隐患排查。关于受访者所在社区开展安全隐患排查的频率，每年1次的占比42.12%，每年2~3次的占比24.58%，每年4次以上的占比14.97%。针对问题“您是否知道安全生产举报投诉电话?”，23.85%的受访者知道可以拨打12350进行举报投诉，24.41%的受访者知道可以拨打12345进行举报投诉，51.74%的受访者知道可以拨打12350或12345进行举报投诉。

以上信息反映出，北京市扎实推进韧性制度体系建设，全力推进应急预案体系建设，不断完善隐患排查治理体系，提高风险研判能力，提高预警时效性，妥善解决群众诉求，通过应急演练不断提升应急实战能力，因此网络检索数据得分为100.00分。从问卷调查数据来看，根据受访者收到的预警信息情况、对安全生产举报投诉电话的熟悉情况，以及其所在社区开展安全隐患排查的情况，问卷调查数据的得分为82.82分。通过计算得出本指标得分为89.69分。

（二十四）社会韧性

本指标得分为73.31分。

根据北京市应急管理局网站《2024年北京市“安全生产月”活动方案》《安全生产月丨市应急局开展“应急青年走基层　科普宣传进校园”活动》等报道，北京市紧紧围绕“人人讲安全、个个会应急——畅通生命通道”的活动主题，结合本市“安全疏散通道、消防车通道专项整治”“村民经营性自建房消防安全治本攻坚专项治理”“电动自行车安全隐患全链条整治”等重点工作，组织开展系列安全宣传教育活动，形成“政府推动、社会引导、单位带头、全民参与”的工作格局，落实“1+5”工作举措，紧扣“五进”工作重点，推进普法警示教育，组织专项应急演练，提升全民应急技能，营造全民参与的社会氛围。①

通过问卷调查，针对问题“您是否了解本单位的应急预案?”，73.49%的

① 《2024年北京市“安全生产月”活动方案》，北京市应急管理局网站，2024年5月30日，https：//yjglj.beijing.gov.cn/art/2024/5/30/art_8994_676458.html。

受访者表示了解本单位的应急预案。针对问题“您在家中是否储备了家庭应急物资?”，69.44%的受访者表示在家中储备了家庭应急物资。针对问题“面对常见灾害，您是否具备基本的应急技能?”，87.60%的受访者表示其具备基本的应急技能。在肯定回答中，应急能力薄弱的占比31.96%，应急能力一般的占比33.41%，应急能力较强的占比13.35%，应急能力充足的占比8.88%。

以上信息反映出，北京市坚持安全发展理念，开展安全系列主题活动并进行社会动员，加强对社会公众的应急知识培训，提升个体韧性，因此网络检索数据的得分为90.00分。从问卷调查数据来看，根据受访者对本单位应急预案的了解情况、在家中是否储备应急物资、面对常见灾害基本应急技能的掌握情况的综合分析，问卷调查数据的得分为62.18分。通过计算得出本指标得分为73.31分。

（二十五）政府开展应急宣传情况

本指标得分为83.50分。

根据北京市应急管理局网站《2023年北京市应急管理事业发展统计公报》中的统计数据。北京市组织开展了安全宣传“五进”“5·12全国防灾减灾日”“6·16安全宣传咨询日”“10·13国际减灾日”“公共安全开学第一课”“应急先锋·北京榜样”主题活动，安全应急宣传车“走基层”活动以及安全文化论坛等应急管理科普宣传活动。全年合计在地铁、公交候车亭、户外大屏、楼宇电视媒体30154块屏幕开展公益广告宣传，累计3024小时，覆盖人群19985万人次，总曝光量29977万人次。全年在约560万户家庭电视大屏上开展公益广告宣传，累计投放100小时，总曝光量达4239.6万次。2023年研发应急科普文化产品63142个，其中平面类实物类63084个，音视频类58个。音视频类包括拍摄制作特种作业取证公益宣传片1部，执法形象宣推宣传片1部，《疯狂安全家》安全科普动漫11部，安全警示教育片39部，制作应急宣传视频6部。①

① 《2023年北京应急管理事业发展统计公报发布》，北京市应急管理局网站，2024年4月17日，https://yjglj.beijing.gov.cn/art/2024/4/17/art_6058_728714.html。

通过问卷调查，针对问题“突发事件的最高预警级别是?”，67.06%的受访者能明确突发事件的最高预警级别。针对问题“您是否会根据不同等级预警信息采取不同的应对措施?”，84.30%的受访者表示会根据不同等级预警信息采取不同应对措施。针对问题“您所在的社区是否组织过应急知识宣传教育?”，76.99%的受访者表示其所在的社区组织过应急知识宣传教育，其中，每年组织1次的占比42.74%，每年组织2~3次的占比22.91%，每年组织4次及以上的占比11.34%。

以上信息反映出，北京市高度重视应急宣传工作，通过主题活动日、网站、电视节目、新媒体平台等多种渠道，开展了线上与线下结合的宣传工作，受众面广，宣传效果显著，因此网络检索数据的得分为100.00分。从问卷调查数据来看，对受访者对突发事件的最高预警级别的了解情况、根据不同等级预警信息采取不同的应对措施的情况，以及所在的社区组织应急知识宣传教育的情况进行综合分析，问卷调查数据的得分为72.50分。通过计算得出本指标得分为83.50分。

（二十六）政府开展应急教育培训情况

本指标得分为75.61分。

通过问卷调查，针对问题“您所在的社区是否组织过应急演练活动?”，76.48%的受访者表示其所在的社区组织过应急演练活动，其中每年组织1次的占比41.01%，每年组织2~3次的占比24.80%，每年组织4次及以上的占比10.67%。针对问题“您是否熟悉所居住建筑的应急疏散路线?”，79.05%的受访者表示熟悉其所居住建筑的应急疏散路线。针对问题“总体来看，您对所居住社区（村）的应急管理工作满意吗?”，在受访者中，表示很满意的占比47.77%，比较满意的占比35.03%，一般的占比15.14%，不太满意的占比1.51%，很不满意的占比0.56%。

根据受访者所在的社区组织应急演练活动情况、所居住建筑的应急疏散路线熟悉情况、对所居住社区（村）的应急管理工作总体满意度的综合分析，本指标得分为75.61分。

（二十七）企业开展应急宣传教育情况

本指标得分为86.75分。

通过问卷，针对问题“您所在工作单位是否开展过安全警示教育活动?”，86.75%的受访者表示其所在的工作单位开展过安全警示教育活动。

根据受访者所在工作单位开展安全警示教育活动的情况，本指标得分为86.75分。

（二十八）企业开展应急演练情况

本指标得分为81.65分。

通过问卷，针对问题“您所在单位是否组织过应急演练?”，81.65%的受访者表示其所在的工作单位组织过应急演练。

根据受访者所在单位组织应急演练的情况，本指标得分为81.65分。

四　评估结论

（一）存在的主要问题

1. 风险隐患复杂多样

北京作为超大城市，快速发展过程中面临着隐患多、类型多样、复杂程度高的安全风险，城市安全保障面临较大挑战。一方面，受全球气候变化影响，北京市经历了多次特大暴雨灾害，尤其是2023年的海河“23·7”流域性特大洪水给门头沟区、房山区、昌平区等多个区域造成严重影响，大量受灾人口转移。2024年6~9月，发生了多次局地强降雨，洪涝灾害、地质灾害给市民生活、城市运行和农业生产带来较大影响。另一方面，安全生产形势总体平稳，但仍出现了一些起伏。2023年北京市安全生产死亡事故起数和死亡人数“双上升”，2024年1~8月安全生产死亡事故起数、死亡人数实现双下降，在工矿商贸、道路运输、火灾防控等方面仍面临较大压力。

2. 韧性安全建设提升空间大

北京市高度重视韧性安全城市建设，发布了《北京市韧性城市空间专项规划（2022 年—2035 年）》，在空间韧性、工程韧性、管理韧性、社会韧性等多个方面持续发力，取得了显著成效。但通过问卷调查，发现社区的应急避难场所、加油站、加气站及其他危险化学品经营单位的空间布局仍需优化，从而提高空间韧性。社区在防火防震、供电供水供热供气安全，以及电动自行车违规停放或充电等方面还需要加强安全管控，提升工程韧性。例如，24.44%的受访者认为社区在防火防震方面存在安全隐患，24.44%的受访者认为社区在供电供水供热供气方面存在安全隐患，25.53%的受访者表示社区存在电动自行车违规停放或充电现象。突发事件预警信息发布机制、举报投诉机制和应急预案体系等工作需要进一步推进，增强管理韧性和社会韧性。例如，29.5%的受访者不清楚安全生产举报投诉电话，12.68%的受访者表示没有收到过突发事件预警信息，其中有 20.11%的受访者没有收到气象预警信息，65.87%的受访者没有收到地质灾害信息，26.51%的受访者不了解本单位的应急预案。这些数据反映出北京市韧性安全建设工作需要进一步加强和完善。

3. 基层应急管理能力存在短板

基层是防灾减灾的第一线，基层应急管理能力是城市应急管理体系的关键。近年来，北京市高度重视基层应急管理能力建设，在规划制定、宣传教育、隐患排查等方面采取了一系列措施。但通过问卷调查，发现在应急宣传教育、应急演练、应急物资储备和应急技能培训方面存在短板。例如，23.02%的受访者没有参加过社区组织的应急知识宣传教育，23.52%的受访者没有参加过社区应急演练活动，20.95%的受访者不熟悉所居住建筑的疏散路线，30.56%的受访者没有储备家庭应急物资，32.94%的受访者不明确突发事件预警级别，44.36%的受访者不具备或具备薄弱的基本应急技能。

（二）完善建议

1. 加强风险隐患排查治理

聚焦首都现代化建设中的突出灾害和事故风险，全面开展重点领域的安全风险隐患排查工作，健全双重预防机制，一体推进风险评估和风险隐患排查，加强风险监测预警信息化建设，健全“市—区—企业”三级预警系统，推动北京公共安全治理模式向事前预防转型。结合安全生产治本攻坚三年行动的相关要求，加快构建“人防、物防、技防、工程防、管理防”五位一体的综合防控体系，强化落实安全生产“三个责任”，着力消除影响首都安全稳定的重大事故隐患。

2. 全方位推进韧性安全城市建设

以韧性城市建设为重要抓手，结合《北京市韧性城市空间专项规划（2022 年—2035 年）》《城市韧性评价导则》《社区韧性评价导则》等文件的要求和建设标准，从空间韧性、工程韧性、管理韧性、社会韧性等层面推进韧性安全城市建设，全方位提升防灾减灾救灾能力。在空间韧性层面，加强基础设施空间布局规划，完善防灾设施的空间布局，提升城市生命线系统的安全防护能力，推进韧性安全社区建设。在工程韧性层面，加强避难场所、救援通道、应急救援基础设施、应急物资储备库、交通疏散系统等工程的建设。在管理韧性层面，完善风险监测预警体系，注重京津冀区域协同，加强风险研判分析，提高预警信息发布的覆盖面和时效性。在社会韧性层面，加强应急科技支撑能力，结合北京市智慧应急规划，在应急数据共享、社会力量动员、智能指挥调度、现场秩序保障等方面进行重点建设。

3. 扎实推进基层应急管理能力提升

提升基层人员的应急意识离不开扎实的应急宣传教育工作。要结合北京市安全风险的特点，采用多种宣传媒介相结合的手段，拓宽宣传渠道，扩大受众覆盖面，全方位、立体化地开展宣传工作。加强基层社区和企事业单位的应急演练，完善基层应急预案体系，积极引导群众储备家庭应急物资。面向基层群众，开展常态化的应急救援技能培训，破解应急管理“最后一公里”难题，提高居民的自救互救能力，提升社区应急志愿者的专业救援能力。

参考文献

［1］《2023 年北京市应急管理事业发展统计公报》，北京市应急管理局网站，2024 年 4 月 17 日，https：//yjglj. beijing. gov. cn/attach/0/633d8568777c45da8a1bc3d037dbf7cf. pdf。

［2］《北京市韧性城市空间专项规划（2022 年—2035 年）》，北京市人民政府网站，2024 年 3 月 22 日，https：//www. beijing. gov. cn/zhengce/zhengcefagui/202403/t20240325_ 3599383. html。

［3］黄弘、范维澄：《构建“安全韧性城市”：概念、理论与实施路径》，《北京行政学院学报》2024 年第 2 期。

［4］文宏：《全面推进韧性安全城市建设（思想纵横）》，《人民日报》2024 年 3 月 20 日，第 9 版。

B.5

北京市矛盾纠纷化解调查报告（2024）

房 欣*

摘 要： 有效化解矛盾纠纷、最大限度减少不稳定因素，是建设更高水平平安北京的题中之义。本报告在“矛盾纠纷化解”一级指标下设置“矛盾纠纷预防”“矛盾纠纷处置”“矛盾纠纷化解效果”“矛盾纠纷化解巩固”4项二级指标，以问卷调查和网络检索等方式对各指标进行综合而客观的评估，最终得出2024年“矛盾纠纷化解”一级指标的得分为87.24分，等级为“优秀”。总体而言，当前北京市已经形成了包括预防、回应、处置与巩固等环节在内的矛盾纠纷化解体系，矛盾治理的效能与水平稳步提升。但是也暴露出一些局限和不足，主要体现为矛盾纠纷排查精细度有待提升、重大决策社会稳定风险评估存在流于形式的风险、公共法律服务与社会心理服务体系建设滞后以及矛盾纠纷化解未形成体系等问题。为此，建议通过制度化和智能化途径细化矛盾纠纷排查，提升矛盾纠纷预防力；通过完善稳评的信息公开机制、强化对民意的征求与回应，提升矛盾纠纷回应力；通过化解方式体系化和化解联动体系化来提升矛盾纠纷化解力，从而提升北京市矛盾纠纷化解工作的整体水平。

关键词： 矛盾纠纷化解 矛盾纠纷预防 矛盾纠纷处置 北京市

* 房欣，中国人民公安大学治安学院讲师，首都社会安全研究基地研究员。

一　指标设置及评估标准

（一）指标设置

为更好地适应北京市矛盾纠纷化解新形势，全面准确地展现与评估北京市矛盾纠纷化解的各项工作，对本次平安北京建设发展评估指标体系中“矛盾纠纷化解”一级指标下的二级、三级指标进行替换与整合（见表1）。其中，“矛盾纠纷化解”一级指标下设置“矛盾纠纷预防”“矛盾纠纷处置”“矛盾纠纷化解效果”“矛盾纠纷化解巩固”4项二级指标。这4项指标为矛盾纠纷化解工作的主要环节，并以不同权重参与评估，旨在进一步提升指标体系的覆盖面与科学性，从多角度展现平安北京建设发展过程中矛盾纠纷化解工作的开展与落实情况。在4项二级指标下设置14项三级指标，使矛盾化解工作中的民声民意之体现、具体落实之成效、法治化之进程以及“枫桥经验”之传承与创新等多个层面的实际情况通过指标体系得到可视化的呈现，以期更好地实现评估效能。

表1　“矛盾纠纷化解”指标设置

一级指标(权重)	二级指标(权重)	三级指标(权重)
矛盾纠纷化解(15%)	矛盾纠纷预防(25%)	开展矛盾纠纷排查情况(40%)
		重大决策社会稳定风险评估落实情况(30%)
		群众利益表达渠道畅通情况(30%)
	矛盾纠纷处置(30%)	矛盾纠纷处理主体是否及时受理或回应(15%)
		矛盾纠纷多元化解创新情况(20%)
		信访法治化建设情况(20%)
		行政复议化解行政争议情况(15%)
		公共法律服务体系建设情况(15%)
		社会心理服务体系建设情况(15%)
	矛盾纠纷化解效果(30%)	矛盾纠纷化解数量(35%)
		群众对矛盾纠纷化解的感受(35%)
		“枫桥经验”在矛盾纠纷化解中的应用情况(30%)
	矛盾纠纷化解巩固(15%)	对已化解的矛盾纠纷进行回访调查情况(60%)
		对已化解的矛盾纠纷典型案例宣传报道情况(40%)

（二）设置依据及评估标准

“矛盾纠纷化解”指标设置的主要依据包括：党的二十大报告中关于完善社会治理体系的要求；《北京市“十四五”时期社会治理规划》中关于畅通和规范群众诉求表达、利益协调、权益保障通道，及时就地解决群众合理合法诉求的要求；《中共中央关于进一步全面深化改革　推进中国式现代化的决定》中关于健全社会治理体系，坚持和发展新时代“枫桥经验”，健全党组织领导的自治、法治、德治相结合的城乡基层治理体系，完善共建共治共享的社会治理制度，推进信访工作法治化的要求；《法治政府建设实施纲要（2021—2025 年）》与《北京市法治政府建设实施意见（2021—2025 年）》中提出的健全矛盾纠纷行政预防化解工作体系的主要任务；《北京市公共法律服务体系建设发展规划（2021—2025 年）》中关于构建矛盾纠纷多元化解格局的要求；《北京市人民政府工作规则》中对重大决策社会稳定风险评估的程序强调；以及《信访工作条例》中对于信访的相关要求等，并根据重要程度对指标赋予相应的权重。

评测方法主要有两种：一是通过网络检索北京市人民政府、北京市人民法院等官方网站及北京市人民政府各下属单位官方网站等获取相关资料数据；二是通过问卷调查获取数据。具体的评分方法是，将从不同渠道获取的资料或数据与三级指标比对得到相应测评分数，再根据三级指标的权重计算二级指标得分，以此类推，计算得到一级指标得分。

二　总体评估结果分析

本年度北京市“矛盾纠纷化解”一级指标得分为 87. 24 分，得分等级为“优秀”。二级指标中，“矛盾纠纷预防”得分为 69. 23 分，“矛盾纠纷处置”得分为 91. 76 分，“矛盾纠纷化解效果”得分为 94. 31 分，“矛盾纠纷化解巩固”得分为 94. 05 分（见表 2）。

表 2 “矛盾纠纷化解”评价指标得分

单位：分

一级指标	二级指标	三级指标
矛盾纠纷化解（87.24）	矛盾纠纷预防（69.23）	开展矛盾纠纷排查情况（62.51）
		重大决策社会稳定风险评估落实情况（58.61）
		群众利益表达渠道畅通情况（88.80）
	矛盾纠纷处置（91.76）	矛盾纠纷处理主体是否及时受理或回应（85.84）
		矛盾纠纷多元化解创新情况（100.00）
		信访法治化建设情况（100.00）
		行政复议化解行政争议情况（100.00）
		公共法律服务体系建设情况（81.33）
		社会心理服务体系建设情况（77.89）
	矛盾纠纷化解效果（94.31）	矛盾纠纷化解数量（97.58）
		群众对矛盾纠纷化解的感受（86.15）
		“枫桥经验”在矛盾纠纷化解中的应用情况（100.00）
	矛盾纠纷化解巩固（94.05）	对已化解的矛盾纠纷进行回访调查情况（90.08）
		对已化解的矛盾纠纷典型案例宣传报道情况（100.00）

（一）畅通群众利益表达，推进矛盾纠纷排查预防，二级指标得分为69.23分

北京市对群众利益与诉求的表达给予高度重视，积极推进重大决策社会稳定风险评估制度建设，开展矛盾纠纷排查，倾听民声民意，回应群众诉求。“矛盾纠纷预防”二级指标下的三级指标中，仅有“群众利益表达渠道畅通情况”一项得分较高，“开展矛盾纠纷排查情况”与“重大决策社会稳定风险评估落实情况”的得分分别为62.51分与58.61分，可见北京市在该方面的落实工作上存在诸多问题，应当在积极推进体制机制建设的同时，努力实现工作落实落地。在重大决策社会稳定风险评估落实方面，北京市不断强调树牢源头治理理念，紧盯重点领域，做好前瞻性工作，并定期公布年度重大行政决策事项目录；但也暴露出群众知晓度和参与度低的问题，表明北京市在宣传与动员群众参与风险评估方面着力不足。在群众利益表达渠道畅通情况方面，北京市坚持守正创新，在不断推进接诉即办深化改革的基础上，鼓励各街道、社区创新打造特色品牌，不断拓宽和畅通群众表达渠道，提升为民服务和基层治理的效能。

（二）依法多元高效处置矛盾纠纷，推进公共服务参与助力，二级指标得分为91.76分

北京市矛盾纠纷多元化解机制建设多年来持续稳步推进，现阶段北京市及各区均已摸索出符合当地现实需要、具有地域特色的多元化解机制，并在此过程中不断整合社会资源、吸纳社会力量、发展公共服务。在6项三级指标中，“矛盾纠纷多元化解创新情况”“信访法治化建设情况”“行政复议化解行政争议情况”3项得分均为100.00分，“矛盾纠纷处理主体是否及时受理或回应”“公共法律服务体系建设情况”“社会心理服务体系建设情况”3项得分分别为85.84分、81.33分和77.89分，这意味着北京市还需要进一步提升矛盾纠纷化解效率，加强社会公共服务体系建设，提高治理能力。

在矛盾纠纷多元化解创新方面，北京市及各区不断优化调解队伍构成，聚焦重点行业领域，持续推进矛盾纠纷多元化解平台及机制建设，让解纷工作更加规范灵活便捷，满足更多群众的解纷需求。在信访法治化建设方面，北京市及各区在党建引领的基础上，不断推动信访工作全环节、全流程的法治化，努力提升信访工作的信息化、智慧化水平，推行信访代办制，规范群众表达。在行政复议化解行政争议方面，北京市从制度层面将行政调解工作纳入《北京市法治政府建设实施意见（2021—2025年）》，持续畅通行政复议渠道，总结并推行八大行政复议案前调解工作法，坚持“能调尽调”“先调再审”，发挥行政复议化解行政争议的主渠道作用。在公共法律服务体系建设方面，北京市持续发力，已形成“1+N”制度体系，聚焦乡（镇）开展公共法律服务品牌创建活动，但根据问卷调查情况，发现群众对于公共法律服务的了解程度并不高，这会影响其真实效能的发挥。在社会心理服务体系建设方面，北京市各区相继开始探索综合性心理服务平台建设，建立心理咨询中心和心理服务机构，健全应对突发事件的社会心理服务预案，全面提升社会心理服务水平，让社会心理服务成为民生决策与矛盾纠纷化解的依据与助力。

（三）发扬新时代“枫桥经验”，提升矛盾纠纷化解效果，二级指标得分为94.31分

北京市是新时代“枫桥经验”的积极践行者，基层矛盾化解向来是全市矛盾纠纷化解工作中的重点之一，也是创新点不断迸发的领域之一。全市各区通过开展各项工作将新时代“枫桥经验”不断融入基层治理体系，探索矛盾纠纷就地化解途径，充分挖掘各层级治理优势，协同调处，将基层矛盾纠纷化解在源头、化解在前端。在矛盾纠纷化解数量方面，北京市各区人民调解委员会均取得了良好的调解成效，调解成功率达97.58%。在群众对矛盾纠纷化解的感受方面，问卷调查数据展现出北京市矛盾纠纷化解工作虽日益进步与完善，但就目前群众的满意度而言还存在可提升空间。“枫桥经验”在矛盾纠纷化解中的应用情况方面，北京市统筹各类优质资源投入基层矛盾纠纷化解中，促进现有机制加强互动、深入群众，从而形成合力感知。

（四）完善追踪评价机制，巩固矛盾纠纷化解成果，二级指标得分为94.05分

北京市积极建立矛盾纠纷化解的“全周期”“全流程”治理路径，强调追踪回访与考核评估对矛盾纠纷化解工作的指引作用，并通过加强宣传阵地建设，扩大全市及各区矛盾纠纷化解工作的影响力，为巩固化解成果、更好发挥效能提供助力。在对已化解的矛盾纠纷进行回访调查方面，北京市依托考核评估，将回访作为矛盾纠纷化解的必要程序，并通过回访了解到下一步工作的重难点，从而对工作进行进一步优化，提升群众满意度。在对已化解的矛盾纠纷典型案例宣传报道方面，北京市积极建设宣传阵地，在政务网站与政务微信平台上，通过专题报道、风采展示等栏目对典型案例进行报道和宣传。

三　指标评估结果分析

（一）开展矛盾纠纷排查情况

本指标得分为62.51分，得分依据为问卷调查数据。

通过问卷调查，针对问题“您是否了解自己所在的社区定期或是在重大时间节点进行矛盾纠纷排查?”，62.51%的受访者对相关矛盾纠纷排查活动有所了解，37.49%的受访者表示不了解（见表3）。相对于2023年不足50%的了解程度而言，2024年北京市在开展矛盾纠纷排查方面，通过各类方法上的创新将更多的居民纳入矛盾纠纷排查，有效提高了矛盾纠纷排查的范围与效能。

表3　问卷调查——矛盾纠纷排查情况

单位：%

相关变量	类别	占比
B5-您是否了解自己所在的社区定期或是在重大时间节点进行矛盾纠纷排查?	了解	62.51
	不了解	37.49

（二）重大决策社会稳定风险评估落实情况

本指标得分为58.61分，得分依据为问卷调查数据与网络检索数据，以问卷调查数据为主。

根据问卷调查数据，“近五年听说或参加过社会稳定风险评估听证会”的受访者占比31.02%，深刻反映出群众对重大决策社会稳定风险评估的了解与参与度不足。问卷调查数据的得分为31.02分。

通过网络检索发现，2024年2月，北京市委平安北京建设领导小组会议召开，会议强调要树牢源头治理理念，在重大决策前开展社会稳定风险评估。北京市及各区陆续发布了2024年重大行政决策事项目录。2024年3月29日，北京市人民政府办公厅印发《2024年北京市人民政府重大行政决策事项目录》；4月1日，北京市东城区人民政府办公室印发《2024年东城区人民政府重大行政决策目录》；5月20日，北京市丰台区人民政府办公室印发《2024年北京市丰台区人民政府重大行政决策事项目录》。各目录均明确要求重大行政决策事项承办单位要严格按照《重大行政决策程序暂行条例》规定，严格履行包括风险评估在内的法定程序，确保程序正当、过程公开、责任明确。

2024 年 4 月，朝阳区启动 2024 年“疏整促”专项行动社会稳定风险评估工作，细化梳理城乡接合部重点村综合整治、重点项目征拆收尾等风险点，对重大项目、重点点位可能产生的风险进行提前研判，综合判断整体风险，制定风险防范措施。2024 年 7 月 22 日，北京市怀柔区人民政府印发《北京市怀柔区人民政府“三重一大”决策实施办法》，对“三重一大”事项范围与事项决策前所需程序进行明确规定，进一步强调了深入调查研究、遵循重大行政决策相关程序规定以及进行社会稳定风险评估的重要性与必要性。

综合以上两部分内容，该指标问卷调查数据得分与网络检索数据得分分别为 31.02 分与 100.00 分，按照问卷调查数据与网络检索内容分别占据 60%与 40%的比重计算，得出该指标得分为 58.61 分。

（三）群众利益表达渠道畅通情况

本指标得分为 88.80 分，得分依据为问卷调查数据与网络检索数据。

根据问卷调查数据，问题“您反映关于自身合理诉求或相关问题的渠道是否通畅?”的得分为 81.34 分，仅有 0.56%的受访者认为反映渠道“不通畅”，1.68%的被调查者认为“不太通畅”，体现出群众在反映自身合理诉求与问题的过程中总体感受相对较好（见表 4）。

表 4　问卷调查——群众利益表达渠道畅通情况

单位：%，分

相关变量	类别	占比	评分	相关变量得分
B13-您反映关于自身合理诉求或相关问题的渠道是否通畅?	很通畅	47.54	100	81.34
	比较通畅	33.07	75	
	一般通畅	17.15	50	
	不太通畅	1.68	25	
	不通畅	0.56	0	

通过网络检索发现，2023 年北京 12345 市民服务热线全年共受理市民反映事项 2143.8 万件，诉求解决率 95.5%、群众满意率 96.1%，在群众诉求表达与社情民意感知中发挥了重要作用。[①] 在 2024 年 3 月 19 日举行的“推动高质量发展”系列主题新闻发布会上，北京市委副书记、市长殷勇在答记者问时提出，要继续优化热线服务，完善群众诉求的“接、派、办、评”全链条工作体系，重点完善评价机制，优化公共服务资源配置；深化“每月一题”，通过对上一年度群众诉求进行大数据分析，明确本年度专项治理任务，实现“未诉先办”。[②]

进入 2024 年后，北京市各区相继开展“听民意解民忧”第十季专场活动，各区领导及部分委办局、街镇主要负责人承担起“接线员”职责，现场接听热线、倾听群众与企业需求、回应群众关切。北京市大兴区天宫院街道为畅通居民诉求反映渠道，开展“一楼一码”行动，在每个单元楼前张贴“您扫我办”二维码，居民扫描二维码即可在线反映公共服务、物业管理等诉求，社区会第一时间安排专人处理，社区无法解决则街道“吹哨”，协调相关部门跟进，目前天宫院街道已实现 18 个社区“一楼一码”全覆盖。[③] 通州区北苑街道打造了“有事您找我”品牌，将“系统思考、整体布局、源头治理、内部消化、降量增效”作为指导方针，集结物业、社区、街道三者之力，探索系统解决小区“痛点”问题的新模式，切实提升为民服务的能力和实效。[④]

综上所述，“群众利益表达渠道畅通情况”问卷调查数据的得分为

---

① 《2023 年北京 12345 市民服务热线年度数据分析报告》，北京市人民政府网站，2023 年 3 月，https：//www.beijing.gov.cn/hudong/jpzt/2023ndsjbg/202403/P020240325373218213907.pdf。

② 《国新办举行“推动高质量发展”系列主题新闻发布会　围绕“立足首都城市战略定位　奋力开创高质量发展新局面”作介绍　图文实录》，中华人民共和国国务院新闻办公室网站，2024 年 3 月 19 日，http：//www.scio.gov.cn/live/2024/33482/tw/index.html。

③ 《北京：深化接诉即办改革　解决群众急难愁盼》，新华网客户端，2024 年 6 月 30 日，https：//app.xinhuanet.com/news/article.html？articleId = b048a01b06684bdf1c68d59ec352f102。

④ 《社区观察丨北苑街道打造“有事您找我”品牌　办好群众“烦心事”》，“北京社区报”微信公众号，2024 年 7 月 23 日，https：//mp.weixin.qq.com/s？__biz = MzA5NDQxMDA3NA = = &mid = 2650178655&idx = 2&sn = ab62e56c77c289fc94ab6c71021192ba&chksm = 898cc8d72155cb71c1763b11ec0063ee1013d5af5f18aeb56e04d22acd0d90aa0e8c4373af9a&scene = 27。

81.34 分，网络检索数据的得分为 100.00 分，按照问卷调查数据与网络检索数据分别占据 60%与 40%的比重计算，得出该指标得分为 88.80 分。

（四）矛盾纠纷处理主体是否及时受理或回应

本指标得分为 85.84 分，得分依据为问卷调查数据。

根据问卷调查结果，在 1278 份有效数据中，85.84%的受访者认为矛盾化解主体在其反映诉求时进行了立即处理或给出了明确的处理时间，14.16%的受访者认为并未得到立即处理或得到明确的处理时间，因此本指标得分为 85.84 分（见表 5）。

表 5　问卷调查——矛盾纠纷处理主体受理回应情况

单位：%，分

相关变量	类别	占比	评分	相关变量得分
B16-矛盾化解主体对您反映的诉求是否立即处理或给出明确处理时间？	是	85.84	100	85.84
	否	14.16	0	
	不清楚（不读）	—	—	

（五）矛盾纠纷多元化解创新情况

本指标得分为 100.00 分，得分依据为网络检索数据。

通过网络检索发现，北京市在矛盾纠纷化解工作中善于灵活整合社会解纷资源，截至 2023 年 12 月，北京法院通过与司法行政机关协同，在全市 17 家基层人民法院设立“诉前人民调解委员会”，建立了涵盖十余个重点领域矛盾纠纷的行专诉调对接机制，将 350 余家行专调解组织、1500 余名调解员纳入北京法院特邀调解名册，入驻人民法院调解平台，建立了全流程在线分流、在线调解、在线确认一站式纠纷化解系统。①

① 《北京高院发布〈北京法院行业性专业性诉调对接白皮书〉》，北京法院网，2023 年 12 月 27 日，https://bjgy.bjcourt.gov.cn/article/detail/2023/12/id/7730439.shtml。

北京市朝阳区人民法院温榆河人民法庭与北京市公安局朝阳分局金盏派出所共建“警法携手、联动解纷”工作机制，签订《关于共同开展“警法携手、联动解纷”机制的协议》，共同构建九大工作机制，设立工作室，构建预防在先、多元配套、灵活便捷的解纷模式。朝阳区建立非诉讼纠纷化解中心，依托朝阳区人民调解委员会，聘请本区骨干调解员提供调解服务，按照调解特长分为婚姻家庭纠纷、物业纠纷等若干工作组，推动矛盾纠纷以非诉讼形式化解。①

西城法院创新推行“先锋同行”工作，同全区 15 个街道机关党组织签订协议，开展巡回审判、诉前调解、法律宣讲、培训咨询等工作，实现纠纷“终端”与诉讼“前端”的无缝对接，让纠纷尽可能止于诉源、息诉于调、化诉于理，带动基层治理最小单元强化矛盾纠纷前端化解、就地化解。

密云区积极开展并持续完善区、镇、村三级“说法评理”平台规范化建设，通过情理法融合的调解方式，推动矛盾纠纷化解在当地、化解在萌芽状态，不断促进群众满意率提升。②

海淀法院构建“一体双链”多层过滤解纷机制，在党委领导下，联合相关区属单位组成外部协同“社会治理链”，组建工作专班打造内部解纷“多层过滤链”，“双链”交汇形成辖区类案专办联合防线，获评北京法院第四届司法改革“微创新”最佳示范案例。③

北京市首家区级调解学院“好邻居·我来办”调解学院于 2024 年 5 月 27 日在房山区揭牌，该学院是司法行政机关与院校深度合作，打造多元调解综合工作平台的一次重要尝试与探索，旨在通过系统化专业培训，一体推

① 《创新打造诉源治理工作“朝阳模式”——朝阳区非诉讼纠纷化解中心揭牌成立》，北京市朝阳区人民政府网站，2024 年 1 月 24 日，http://www.bjchy.gov.cn/dynamic/news/4028805a8d15b07e018d1a1c23360245.html。

② 《“说法评理”让基层矛盾纠纷化解在“家门口”》，北京市信访办公室网站，2024 年 5 月 13 日，https://xfb.beijing.gov.cn/ztzl/xfgzfzh/202405/t20240513_3677907.html。

③ 《海淀法院“一体双链”多层过滤解纷机制获评北京法院第四届司法改革“微创新”最佳示范案例》，海淀法院网，2024 年 1 月 9 日，https://bjhdfy.bjcourt.gov.cn/article/detail/2024/01/id/7752332.shtml。

进解纷队伍的政治淬炼、技能锻炼、实践历练能力，助力全区基层社会治理水平全面提升，积极走出一条符合时代要求的矛盾纠纷多元化解新路径。[①]

延庆区市场监管局推行高位推动、提前行动、科所联动、督导驱动、主观能动“五动”工作法，综合施策解决群众消费纠纷和投诉，群众满意率不断提升。[②]

综合以上网络检索数据，可以看出北京市及各区积极探索矛盾纠纷化解的新方法、新路径，因此本指标得分为 100.00 分。

（六）信访法治化建设情况

本指标得分为 100.00 分，得分依据为网络检索数据。

通过网络检索发现，北京市司法局始终高度重视并扎实推进信访工作法治化，不断加强矛盾纠纷的预防排查，加大诉源治理力度，创新“解纷一件事—人民调解”在线预约办理集成平台。[③] 市委组织部、市信访办、市委党校一分校联合举办基层信访工作者示范培训班，采取市、区、街道乡镇三级贯通式、联动式培训模式，综合运用多种教学方法，旨在提升信访干部业务水平，更好推动信访工作法治化。[④]

2024 年是《信访工作条例》实施两周年。2024 年 5 月，海淀区、朝阳区、顺义区等开展主题宣传活动，向群众宣讲《信访工作条例》、与群众游戏互动、为群众答疑解惑，在寓教于乐中引导群众依法逐级信访和自觉维护信访秩序，推动信访法治化工作走深走实，在全社会营造办事依法、遇事找法、解决问题用法、化解矛盾靠法的良好环境和有利氛围。

① 《全市首家区级调解学院—房山“好邻居・我来办”调解学院揭牌》，北京市信访办公室网站，2024 年 5 月 29 日，https：//xfb. beijing. gov. cn/ztzl/xfgzfzh/202405/t20240529_ 3698025. html。

② 《延庆区市场监管局推行“五动”工作法　多举措化解消费者“烦心事”》，北京市信访办公室网站，2024 年 4 月 19 日，https：//xfb. beijing. gov. cn/xfgz/gzdt/202404/t20240418_ 3624339. html。

③ 《市司法局扎实推进信访工作法治化》，北京市信访办公室网站，2024 年 6 月 12 日，https：//xfb. beijing. gov. cn/ztzl/xfgzfzh/202406/t20240612_ 3710841. html。

④ 《基层信访工作者示范培训班成功举办》，北京市信访办公室网站，2024 年 4 月 28 日，https：//xfb. beijing. gov. cn/ztzl/xxxcgcxfgztl/202404/t20240428_ 3644098. html。

房山区积极打造直通社区的三级信访“我来办”体系，在社区村设置“我来办工作室”，作为基层矛盾预防化解的主阵地，在此基础上区信访办进一步对接相关职能部门，推出由党建引领、多元调解、邻里互助、网格管理、政法保障、纪检监察组成的“六个我来办”机制，推动建立信访工作在预防、受理、办理、监督追责、维护秩序等全链条的法治化体系。①

石景山区信访办发布的《石景山区 2024 年信访工作要点》中明确提出，全面推进信访工作法治化要全面推进预防、受理、办理、监督追责与维护秩序等多环节、全流程法治化。②

朝阳区自 2023 年 10 月起试点推行信访代办制，研究制定《朝阳区关于推行信访代办制工作的实施意见（试行）》，坚持推行“1153”工作法（第 1 个“1”是坚持一个指导思想；第 2 个“1”是一个代办员；“5”是坚持五个基本原则；“3”是三种代办机制），打造出“温度+”工作室、“小鱼帮办”信访代办服务品牌，进一步畅通和规范了群众诉求表达、利益协调的渠道。③

东城区推出“东城信访”小程序，整合全区 64 家单位，进行居民诉求处理、人民建议征集、报告管理、数据统计等业务，东城区信访办公室对办理流程进行监督，实现本区信访矛盾内部流转、及时化解。④

综合上述内容，“信访法治化建设情况”指标得分为 100.00 分。

（七）行政复议化解行政争议情况

本指标得分为 100.00 分，得分依据为网络检索数据。

---

① 《推动建立信访工作全链条法治化体系　北京房山“我来办”变信访为信赖》，北京市信访办公室网站，2024 年 6 月 7 日，https：//xfb. beijing. gov. cn/ztzl/xfgzfzh/202406/t20240607_ 3707055. html。

② 《石景山区 2024 年信访工作要点》，北京市石景山区人民政府网站，2024 年 6 月 17 日，https：//www. bjsjs. gov. cn/gongkai/zwgkpd/zxgk_ ywdt/202406/t20240619_ 83164. shtml。

③ 《“全程帮办、全域帮跑、全时帮调”——朝阳区试点推行信访代办》，北京市信访办公室网站，2024 年 1 月 17 日，https：//xfb. beijing. gov. cn/xfgz/gzjl/202401/t20240117_ 3537876. html。

④ 《“东城信访”小程序上线，用手机就可以写信反映问题啦!》，北京市信访办公室网站，2024 年 6 月 12 日，https：//xfb. beijing. gov. cn/xfgz/gzdt/202406/t20240612_ 3710928. html。

2020年，中央全面依法治国委员会第三次会议审议通过的《行政复议体制改革方案》和2023年修订、2024年施行的《中华人民共和国行政复议法》（以下简称《行政复议法》）均明确规定，发挥行政复议化解行政争议的主渠道作用。北京市司法局将行政调解工作纳入《北京市法治政府建设实施意见（2021—2025年）》中，以行政复议体制改革为契机，按照调解优先原则及时对当事人自愿且符合有关规定的行政复议案件开展调解、和解工作。

通过网络检索发现，在《行政复议法》实施前，北京市积极开展学习宣传，线上线下并行，全市司法行政系统通过"以案释法""行政复议开放日""基层宣讲"等方式，夯实筑牢业务根基，积极回应群众需求。[①] 2024年3月，北京市司法局发布2023年行政复议和行政应诉工作白皮书。2023年，全市各级行政复议机关共审结行政复议案件15299件，直接纠错1673件，直接纠错率10.9%；以纠错、调解、和解等方式实质性化解行政争议5515件，综合化解率36%；全市审结的1.5万余件行政复议案件中，87.6%的案件经行政复议程序后未再向法院提起诉讼。行政复议化解行政争议主渠道作用进一步凸显。[②]

北京市司法局通过丰富的行政复议调解实践，总结形成了多方联动法、主动纠错法、特别关注法、提前介入法等八大行政复议案前调解工作法。朝阳区在复议工作中，坚持案前化解、案中调解和案后跟踪问效相结合，在复议体制改革中，结合复议机关法律优势与公安交通信息化技术优势，成立了北京市首家区政府公安交通行政复议受理分中心，形成行政复议接待、调解合力，案前化解成效显著。海淀区行政复议中心积极发挥"抓前端、治未病"工作优势，靠前服务、主动作为，在办理复议案件的过程中，坚持"能调尽调""先调再审"原则，积极发挥行政复议化解行政争议的职能作

① 《充分发挥行政复议化解行政争议主渠道作用》，北京市人民政府网站，2024年2月8日，https://www.beijing.gov.cn/ywdt/gzdt/202402/t20240208_3559544.html。

② 《北京市二〇二三年行政复议和行政应诉工作白皮书发布》，北京市人民政府网站，2024年3月29日，https://www.beijing.gov.cn/ywdt/gzdt/202403/t20240329_3605475.html。

用。房山区司法局推进行政案件繁简分流、快慢分道，通过多种形式监督行政机关依法履行行政复议决定，组织开展行政复议应诉暨行政执法专题培训，发挥“以案释法”作用，定期制发指导案例。①

市司法局与市发展改革委、市工商联共同研究制定《北京市行政复议护航企业高质量发展专项行动方案》，持续畅通行政复议渠道，健全完善行政复议与调解、仲裁、行政裁决、行政诉讼的有机衔接，加大调解力度，坚持“应调尽调”，实质性化解行政争议。②

根据以上内容，可以看出北京市积极加强本市行政复议工作，发挥行政复议化解行政争议的主渠道作用，因此本指标得分为 100.00 分。

（八）公共法律服务体系建设情况

本指标得分为 81.33 分，得分依据为问卷调查数据与网络检索数据。

公共法律服务是政府公共职能的重要组成部分，是保障和改善民生的重要举措，是全面依法治国的基础性、服务性和保障性工作，完善公共法律服务体系是提升人民群众法治获得感的必要举措。北京市司法局印发的《北京市公共法律服务体系建设发展规划（2021-2025 年）》指出，要构建矛盾纠纷多元化解格局，服务首都基层社会治理新格局。

通过问卷调查，针对问题“您是否了解或接受过公益法律援助服务?”，共回收 1279 份有效数据，回答“是”的受访者占比 68.88%，表明北京市公共法律服务体系建设的覆盖范围与效果已达到一定水平，但仍拥有较大的提高空间，据此，“公共法律服务体系建设情况”指标问卷调查数据的得分为 68.88 分（见表 6）。

---

① 《行政复议推动行政争议实质性化解》，北京市司法局网站，2024 年 1 月 17 日，https：//sfj.beijing.gov.cn/sfj/sfdt/ywdt82/flfw93/436338196/。

② 《本市部署开展行政复议护航企业高质量发展专项行动　依法化解涉企行政争议　营造法治化营商环境》，北京市人民政府网站，2024 年 8 月 14 日，https：//www.beijing.gov.cn/ywdt/gzdt/202408/t20240814_ 3773733.html。

表 6 问卷调查——群众了解或接受公益法律援助服务情况

单位：%，分

相关变量	类别	占比	评分	相关变量得分
B17-您是否了解或接受过公益法律援助服务？	是	68.88	100	68.88
	否	31.12	0	
	不清楚（不读）	—	—	

通过网络检索发现，近年来，北京市坚持以首善标准大力推进现代公共法律服务体系建设，努力打造覆盖城乡、便捷高效、均等普惠的首都现代公共法律服务体系。2022 年 12 月 5 日，北京市司法局印发《北京市公共法律服务体系建设发展规划（2021—2025 年）》；2024 年 7 月 29 日，中共北京市司法局委员会印发《北京市司法局关于深入推进公共法律服务均衡发展的若干措施》。北京市公共法律服务工作形成“1+N”制度体系，实现“三个纳入”，不断优化公共法律服务供给渠道，实体平台、热线平台、网络平台同步建设，以“标准化”“专业化”“智能化”为群众提供针对性、专业性的公共法律服务。①

2024 年，北京市司法局开展公共法律服务品牌创建活动，按照“一区一个品牌街道（乡镇）、一街道（乡镇）一个品牌社区（村）”的标准，重点打造乡镇（街道）公共法律品牌服务站。西长安街街道公共法律服务站成立“长安联合释法团”，邀请相关行业人才，联合妇联、残联、团委、工会等部门，创新开展社区每月“法律巡诊”，不同领域“法律分诊”，疑难杂症“法律会诊”，随时服务的“法律急诊”；服务站建立公共法律服务人才“储备池”，包括法律、调解、院校专业人员和行业技术专家四类人员在内；制定人才“充电计划”，定期开展司法服务人员轮训和人民调解工作例会。

大兴区坚持“七聚焦，七着力”，起草制发《大兴区关于深化公共法律服务体系建设的实施方案》，深化完善具有大兴特色的“覆盖城乡、便捷高

① 《做优北京市公共法律服务工作》，北京市人民政府网站，2024 年 6 月 4 日，https：//www.beijing.gov.cn/ywdt/gzdt/202406/t20240604_3703944.html。

效、均等普惠、智能精准”现代化公共法律服务体系，高标准推动打造区级“一站式”公共法律服务中心，积极落实法律援助制度，建立健全了“三级组织+四个领域”人民调解组织架构，充分发挥公共法律服务中非诉机制在化解矛盾方面的积极作用。①

2024年6月，北京市各区司法局集中开展“法润京华”公共法律服务专项行动，集结各类专业法律服务力量，组建法律服务团，以丰富多样的活动让群众感受到北京市公共法律服务的精度和温度：东城区开展公共法律服务“进公园”专题活动，门头沟区司法局举办2024年“法律明白人”暨人民调解员培训班；丰台区司法局联合区律师协会举办“法润企业”普法宣传活动。②

因此，本指标网络检索数据的得分为100.00分。综合上述内容，按照问卷调查数据占比60%，网络检索数据占比40%进行计算，“公共法律服务体系建设情况”指标的得分为81.33分。

（九）社会心理服务体系建设情况

本指标得分为77.89分，得分依据为问卷调查数据与网络检索数据。党的十九届四中全会进一步提出，“健全社会心理服务体系和危机干预机制，完善社会矛盾纠纷多元预防调处化解综合机制”。关注群众心理健康，培育积极健康的社会心态，对当下基层矛盾纠纷化解具有深远的影响。

通过问卷调查，问题“您是否了解或接受过社会心理援助服务?”所对应的1278份有效数据显示，有63.15%的被调查者了解或接受过社会心理援助服务（见表7）。表明北京市社会心理服务体系建设已初具规模，但仍拥有较大的提高空间，据此，“社会心理服务体系建设情况”指标问卷调查数据的得分为63.15分。

---

① 《七聚焦　七着力　大兴区持续推进公共法律服务体系建设》，北京市大兴区人民政府网站，2024年6月7日，https：//www. bjdx. gov. cn/bjsdxqrmzf/zhyw/bmdt66/2159958/index. html。

② 《北京“法润京华”公共法律服务专项行动亮点纷呈》，中华人民共和国司法部网站，2024年7月12日，https：//new. moj. gov. cn/jgsz/jgszzsdw/zsdwflyzzx/flyzzxgzdt/202407/t20240712_502794. html。

表7 问卷调查——群众了解或接受社会心理援助服务情况

单位：%，分

相关变量	类别	占比	评分	相关变量得分
B18-您是否了解或接受过社会心理援助服务？（如拨打心理服务热线或者参加社区组织的心理健康讲座）	是	63.15	100	63.15
	否	36.85	0	
	不清楚(不读)	—	—	

通过网络检索发现，大兴区整合北京市心理卫生服务各类优质资源，利用技术与信息化手段进行社会心态监测、收集与跟踪，针对不同群体的心理服务需求提供个性化心理服务，着力打造标准化、一体化、务实化的综合性社会心理服务平台，并不断增强影响社会稳定因素的分析与监测能力，为开展民生工作提供决策依据。①

西城区作为全国社会心理服务体系建设试点，15个街道实现“街道级社会心理服务中心全覆盖”，每个街道都配有至少2名心理服务专业人员。海淀区清河街道立足于辖区内老年群体信访件占比高的实际情况，组建由心理咨询师和信访工作人员组成的“清心疏心”团，坚持建立信任、接纳情绪、心理疏导优于化解问题的工作理念，从关注老人身心健康入手，积极推动老年群体信访难题高效精准破解，彻底化解矛盾纠纷。② 昌平区自2019年积极构建社会心理服务三级体系以来，全力打造“基础+特色”的社会心理服务模式，不断推进社会心理服务向基层信访工作延伸，已孵化孕育出“信访心语”等特色心理服务项目，初步搭建起社会心理助力信访工作的“两基三化”模式。③

综上所述，“社会心理服务体系建设情况”指标的问卷调查数据的得分

① 《完善社会心理服务体系　助力和谐社区建设》，中华人民共和国民政部网站，2024年1月12日，https：//www.mca.gov.cn/n152/n166/c1662004999979997154/content.html。

② 《海淀区清河街道：走“心”路线化解老年群体矛盾纠纷》，北京市信访办公室网站，2024年8月12日，https：//xfb.beijing.gov.cn/xfgz/gzjl/202408/t20240812_3771638.html。

③ 《提升信访基层治理水平！社会心理介入信访工作“两基三化”服务模式主题研讨会举行》，北京市昌平区人民政府网站，2024年8月7日，https：//www.bjchp.gov.cn/cpqzf/ywdt26/cpkx/2024080714053922108/index.html。

为 63.15 分，网络检索数据的得分为 100.00 分，根据二者分别占据 60%和 40%的比重进行计算，得出该指标的得分为 77.89 分。

（十）矛盾纠纷化解数量

本指标得分为 97.58 分，主要依据统计数据。根据北京市司法局公开的行政司法统计数据，2024 年 1~6 月，各区人民调解委员会调解案件 27888 件，成功 27212 件，调解成功率为 97.58%。

（十一）群众对矛盾纠纷化解的感受

本指标得分为 86.15 分，得分依据为问卷调查数据。

该指标下第一个子问题对受访者在遇到矛盾纠纷时所倾向的解决方式进行了调查，共提供 9 个选项，每个选项所占比例相差较小，“与对方协商调解”占比最高为 13.85%，“信访途径”与“其他”占比最低为 9.47%（见表 8）。该问题与数据结构反映出北京市在矛盾纠纷化解领域进行了多方向探索、提供了多元化解渠道，同时在群众中具有相当的覆盖程度，已基本形成矛盾纠纷多元调解格局，群众可以从多种途径寻求帮助。

表 8　问卷调查——矛盾纠纷解决方式

单位：%

相关变量	类别	占比
B11-如果您遇到矛盾纠纷，更倾向于选择哪几种方式解决？（可多选）	与对方协商调解	13.85
	找居委会、业委会、物业公司等人员进行调解	13.37
	直接报警	12.11
	拨打 12345 热线	11.14
	找人民调解员调解	10.64
	信访途径	9.47
	向人民法院提起诉讼	9.74
	找相关政府部门	10.21
	其他	9.47

该指标下第二个子问题向受访者调查了7个主体在矛盾纠纷化解中是否有效发挥作用，能够更加直观地反映出群众对矛盾纠纷化解的感受，以及对不同主体所发挥效能的评价。根据问卷调查数据，各主体得分均在80分以上，群众总体满意度较高，与2023年刚刚达到及格线的61.31分相比已取得长足进步。其中“公安机关”“人民法院”以及“政府相关部门”得分最高，其次是“12345热线”与“社区居委会、业委会、物业公司等”（见表9）。从具体数据分布来看，在各大主体中，评价相对较高的“公安机关”“人民法院”“政府相关部门”均属于相对传统及成熟的矛盾纠纷化解主体，包括“12345热线”也已日臻完善，而对于社区居委会、物业公司、人民调解组织以及信访机关等，群众的评价相对偏低，反映出这些渠道在法治化、规范化、专业化等方面还需不断加强完善。

表9　问卷调查——群众对矛盾纠纷化解的感受

单位：%，分

相关变量	类别	占比	评分	相关变量得分	相关变量得分
B12A-您认为下列主体在矛盾纠纷化解中是否有效发挥作用？—公安机关	有效	77.68	100	88.54	86.15
	一般	21.72	50		
	无效	0.60	0		
	未参与(不读)	—	—		
B12B-您认为下列主体在矛盾纠纷化解中是否有效发挥作用？—社区居委会、社区业委会、物业公司等	有效	67.52	100	83.00	
	一般	30.95	50		
	无效	1.53	0		
	未参与(不读)	—	—		
B12C-您认为下列主体在矛盾纠纷化解中是否有效发挥作用？—人民调解组织	有效	64.86	100	81.44	
	一般	33.16	50		
	无效	1.98	0		
	未参与(不读)	—	—		
B12D-您认为下列主体在矛盾纠纷化解中是否有效发挥作用？—12345热线	有效	70.48	100	84.29	
	一般	27.62	50		
	无效	1.90	0		
	未参与(不读)	—	—		

续表

相关变量	类别	占比	评分	相关变量得分	相关变量得分
B12E-您认为下列主体在矛盾纠纷化解中是否有效发挥作用？—信访机关	有效	65.18	100	81.39	86.15
	一般	32.41	50		
	无效	2.41	0		
	未参与（不读）	—	—		
B12F-您认为下列主体在矛盾纠纷化解中是否有效发挥作用？—人民法院	有效	72.50	100	85.70	
	一般	26.42	50		
	无效	1.09	0		
	未参与（不读）	—	—		
B12G-您认为下列主体在矛盾纠纷化解中是否有效发挥作用？—相关政府部门	有效	70.71	100	84.81	
	一般	28.20	50		
	无效	1.09	0		
	未参与（不读）	—	—		

根据问卷调查数据，计算得出“群众对矛盾纠纷化解的感受”指标的得分为86.15分。

（十二）“枫桥经验”在矛盾纠纷化解中的应用情况

本指标得分为100.00分，得分依据为网络检索数据。

北京法院通过12368“一号响应”诉源治理平台，从全市343个街道乡镇全方位精准接收基层治理主体的诉源治理要求，随后分配诉求、选派法官，以法律咨询、指导调解、巡回审判、法治宣传等方式，推进矛盾纠纷化解。[①] 怀柔区人民法院发布“枫桥式人民法庭”创建暨矛盾纠纷集成解决机制革新方案，法庭依托“一庭联一镇、一村一法官”等活动主动融入基层治理体系，建立“12345与12368双线互动”工作机制，逐个击破靠前推动纠纷化解。延庆法院不断探索就地解纷模式，将“三直一早”工

① 《〈现场〉对话大法官，瞧瞧北京好“枫”景》，中国法院网，2024年3月7日，https://www.chinacourt.org/article/detail/2024/03/id/7835515.shtml。

作法（即直奔现场、直面群众、直接调处，实现矛盾早化解）融入诉源治理、庭前调解及案件审理等工作，建立“共建+”平台，推动人民法庭深入群众，形成基层矛盾化解合力。[①] 西城法院探索出源头防讼、多元化讼、实质息讼的“全周期”诉源治理新路径，获评全国新时代“枫桥经验”先进典型。[②]

西城区什刹海街道大红罗社区成立由退休老党员、法律工作者以及志愿者组成的居民调解队伍，采用“网格化管理、组团式服务”的工作模式，开展普法宣传、矛盾纠纷排查调解、监管公共事务和组织社区活动等工作，以实现“小事不出楼道，大事不出社区”的目标。东城区组织 3000 余名社工每日巡查、入户走访，主动、快速感知并化解基层纠纷，充分发掘网格、社区、街道、区四级体系优势，不断完善各层级协同调处模式；东城区委政法委还研发推出“金水桥边·矛盾风险监测指挥平台”，通过不同颜色直观展现各街道社区内不同领域的矛盾风险，协助各辖区提升基层矛盾就地化解与服务群众的能力。[③] 延庆区成立首个由派出所与司法所共建成立的“两所联动”矛盾纠纷调解工作站，加强公安机关与司法机关之间的通力合作、信息共享与协同共建，进一步发挥新时代人民调解源头治理、系统治理、依法治理等基础性作用，提升矛盾纠纷化解法治化水平。[④]

由上述内容可见，北京市及各区在探索新时代“枫桥经验”的道路上已取得可观进展，因此本指标得分为 100. 00 分。

---

① 《如何践行新时代“枫桥经验”？延庆东部山区这个法庭这样做!》，北京延庆法院网，2024 年 8 月 6 日，https：//bjyqfy. bjcourt. gov. cn/article/detail/2024/08/id/8059236. shtml。

② 《“全周期”诉源治理，打造首善之区和美“枫”景——北京西城区法院坚持发展“枫桥经验”服务基层治理工作见闻》，中华人民共和国最高人民法院网站，2023 年 11 月 10 日，https：//www. court. gov. cn/zixun/xiangqing/417192. html。

③ 《“联动协同”主动化解群众烦心事　北京坚持和发展新时代“枫桥经验”实现矛盾纠纷多元化解》，中华人民共和国司法部网站，2023 年 11 月 9 日，https：//www. moj. gov. cn/pub/sfbgw/fzgz/fzgzggflfwx/fzgzrmcycjfz/202311/t20231109_ 489220. html。

④ 《北京延庆成立首个“两所联动”矛盾调解工作站》，中华人民共和国司法部网站，2024 年 5 月 17 日，https：//www. moj. gov. cn/pub/sfbgw/fzgz/fzgzggflfwx/fzgzrmcycjfz/202405/t20240517_ 499026. html。

（十三）对已化解的矛盾纠纷进行回访调查情况

本指标得分为 90.08 分，得分依据为问卷调查数据与网络检索数据。

根据问卷调查收集的 1270 份有效数据，83.46%的受访者反映相关部门在解决诉求后，会进行回访调查（见表 10）。因此本指标的问卷调查数据得分为 83.46 分。

表 10　问卷调查——矛盾纠纷解决后相关部门的回访调查情况

单位：%，分

相关变量	类别	占比	评分	相关变量得分
B19-相关部门解决您的诉求后，是否进行回访调查？（如电话回访纠纷后续是否反复，或询问您对于处理结果的满意程度。）	是	83.46	100	83.46
	否	16.54	0	
	不清楚（不读）	—	—	

通过网络检索发现，北京市“12345 热线”在考核中设置“三率”制度，即接诉响应率、问题解决率和群众满意率，电话回访成为解决率和满意率的数据来源。[①] 房山区不断推进矛盾纠纷化解考评机制，按照“问题种类占比”“按时处置率”“按时结案率”等数据指标进行精细化考评；正式推出“纪检监察+我来办”机制，构建起三级立体监督体系；派遣监察专员入村到户，听取、反馈群众意见建议，不断督促改进工作。[②] 西城区探索出一条源头防讼、多元化讼、实质息讼的“全周期”诉源治理新路径，从问题源头防范到解决处理，再到反馈评估，是一整套完整流程。[③] 《北京市行政

① 《北京市创新开展“党建引领接诉即办”：实招解民生诉求　新路探城市治理》，人民网，2023 年 12 月 20 日，http：//bj. people. com. cn/n2/2023/1220/c14540-40684828. html。

② 《推动建立信访工作全链条法治化体系　北京房山“我来办”变信访为信赖》，北京市信访办公室网站，2024 年 6 月 7 日，https：//xfb. beijing. gov. cn/ztzl/xfgzfzh/202406/t20240607_3707055. html。

③ 《“全周期”诉源治理，打造首善之区和美“枫”景——北京西城区法院坚持发展“枫桥经验”服务基层治理工作见闻》，2023 年 11 月 10 日，https：//www. chinacourt. org/article/detail/2023/11/id/7629809. shtml。

复议护航企业高质量发展专项行动方案》也对行政复议回访作出规定，通过建立行政复议案件回访工作机制，了解并协助解决涉案企业生产经营的矛盾焦点和难点。[①] 因此，该指标的网络检索数据得分为 100.00 分。

根据上述内容，北京市及各区均将已化解的矛盾纠纷作为重要的参考指标，审慎对待回访中获取的群众意见，持续推进科学有效的评价考核体系的建立与完善。因此，根据问卷调查数据得分与网络检索数据得分各占 60% 与 40% 的权重进行计算，“对已化解的矛盾纠纷进行回访调查情况”指标的得分为 90.08 分。

（十四）对已化解的矛盾纠纷典型案例宣传报道情况

本指标得分为 100.00 分，得分依据为网络检索数据。

通过网络检索发现，北京市以及各区人民政府、人民法院、司法局以及信访办公室等机关门户网站均设有专栏发布关于矛盾纠纷化解典型案例的宣传报道，例如北京市人民政府网站设有“要闻动态”栏目，北京市信访办公室网站设有“工作研究”“工作风采”等栏目。同时，北京市及各区人民法院、司法局不定期召开新闻发布会，发布典型案例。2023 年 10 月 7 日，北京市司法局召开北京市人民调解工作坚持和发展新时代“枫桥经验”新闻发布会，介绍相关工作情况，发布人民调解十大典型案例。北京市及各区同样重视微信公众号阵地建设，“法治海淀”“法治昌平”“东城信访”等政务微信公众号也在典型案例的宣传报道中发挥着重要作用。昌平区司法局官方微信公众号“法治昌平”开设“调解进行时”专栏，定期发布调解工作案例，“以案释法”传递法治理念。

对已化解的矛盾纠纷案例，除了直接对其进行宣传报道外，北京市及各区还会结合矛盾纠纷化解先进工作经验与机制创新，以及先进工作者事迹等进行宣传报道。《推动建立信访工作全链条法治化体系　北京房山

① 《本市部署开展行政复议护航企业高质量发展专项行动　依法化解涉企行政争议　营造法治化营商环境》，北京市人民政府网站，2024 年 8 月 14 日，https://www.beijing.gov.cn/ywdt/gzdt/202408/t20240814_3773733.html。

“我来办”变信访为信赖》一文，在解读房山区三级信访“我来办”体系与“六个我来办”机制的过程中，引入了“老旧楼栋管线腐蚀漏水”等成功化解的矛盾纠纷，这不仅对典型案例起到直接的宣传作用，也能够帮助群众理解和认同房山区在构建矛盾纠纷多元化解机制中的探索与创新。北京信访办公室门户网站中的“工作风采”栏目，集中展示了优秀信访干部、人民调解员在矛盾纠纷调解中的先进工作经验及相关案例，在“寻找最美信访干部”专题报道中，讲述了一系列成功化解的矛盾纠纷典型案例。

由此可见，北京市对已化解的矛盾纠纷典型案例宣传报道给予高度重视，多渠道、多角度进行宣传，因此，本指标得分为100.00分。

四　评估结论

根据问卷调查数据和网络检索数据，各项指标已经得到了相对客观的评估，并体现在具体分值上。整体来说，“矛盾纠纷化解”一级指标的得分较高，达到87.23分，与2023年基本持平，体现了北京市在矛盾纠纷化解工作中的不懈努力与取得的较大成效。但就二、三级指标的具体分值来看，二级指标中“矛盾纠纷预防”的得分仅为69.23分，其余二级指标均达到90分以上；三级指标中，“开展矛盾纠纷排查情况”“重大决策社会稳定风险评估落实情况”与“社会心理服务体系建设情况”等也未能达到80分以上，由此凸显出北京市矛盾纠纷化解工作中仍存在诸多不足，亟待发现并加以解决。

（一）存在的主要问题

1. 矛盾纠纷排查精细度有待提升

北京市已经基本形成全方位与常态化的矛盾纠纷排查机制，但从问卷调查数据来看，居民对此并不具有很高的了解度与参与感，相关机制的具体落实仍需加强，具体体现在以下方面。一是矛盾纠纷排查效率较低。北京市通常以网格为单位上门入户进行矛盾纠纷排查，看似具备较高的普遍性与覆盖度，但由于许多社会矛盾涉及不同行业与领域，跨地区、跨部门的社会矛盾常被不同主体相互推诿，未能有效发挥各部门间的联动协同作用，因此排查结果未能实现系统整合，造成了一定范围的矛盾纠纷识别空白，矛盾纠纷排查的准确性得不到保障，不利于矛盾纠纷风险的识别与提前干预。二是矛盾纠纷排查转递接收不够通畅，在矛盾纠纷排查工作完成后，对于察觉到的矛盾纠纷的后续处理，尚无清晰的规章制度，目前仅靠基层单位等自行探索化解对策，无法形成有效合力。

2. 重大决策社会稳定风险评估存在流于形式的风险

重大决策社会稳定风险评估是提升社会管理工作民主性与科学性的重要内容，将风险评估程序嵌入现有的重大决策程序，是提升社会管理效能的必要手段。北京市在建立健全重大决策社会稳定风险评估机制的过程中，不断深化改革，推进法治建设。但相关指标的得分并不高，究其原因，应在以下两方面。一方面是重大决策社会稳定风险评估的重要性与影响力不匹配，未能在公众印象中形成相应认知，公众了解程度及参与意愿不高，收集意见的方法和渠道也未能实现多样化；另一方面是公众参与和所得反馈不匹配，重大决策社会稳定风险评估的事前、事中、事后的信息披露的程度不足。

3. 公共法律服务与社会心理服务体系建设滞后

北京市政府对公共法律服务和社会心理服务体系建设的关注存在明显缺口。基层社会矛盾纠纷中所牵涉的关系众多，涉及的法律问题复杂多样，将法律服务下沉至村落和社区，为群众提供必要的法律援助，有利于实现社会矛盾源头化解。健全的社会心理服务体系能够提供有效的社会心理疏导，调整社会预期管理，培育平和正向的社会心态，对于矛盾纠纷化解具有现实意义。但是问卷调查数据显示，当前公众对于公共法律服务体系和社会心理服务体系的了解度和受助率均较低，尤其是社会心理服务体系建设更为滞后，这会直接影响基层矛盾纠纷化解的效果。从与北京市检察机关信访接待人员的访谈中得知，许多前来信访的群众，他们并非出于简单的利益诉

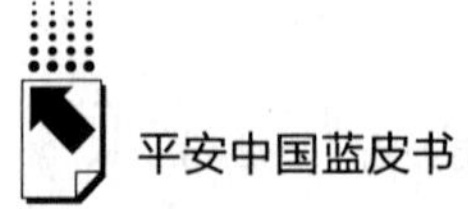

求，更多时候是一种利益与心理相互交织的复杂诉求。但是基层工作人员往往并未接受过专业的心理培训，缺乏专业的心理知识，在接待时对于群众心理情况的关注不足，难以发现群众内心的真实诉求，有时即便发现了也难以依靠专业程序与常规操作消除其心理问题，一定程度上加剧了矛盾纠纷化解的困境。

4. 矛盾纠纷化解未形成体系

新时代“枫桥经验”与基层矛盾纠纷多元化解之间有着密切的联系，北京市在践行新时代“枫桥经验”的过程中进行了多项创新，但是矛盾纠纷化解主体和机制并未形成系统合力。第一，矛盾纠纷多元化解机制之间衔接不畅，发展不平衡。北京市各区与各部门均进行了化解机制上的创新，但化解基层矛盾纠纷的主导力量相对薄弱，各部门只局限于自身职责领域内，相互之间缺乏支撑、沟通与协商机制。根据网络检索数据，法院是当前矛盾纠纷多元化解的主导力量，其他部门、组织经法院委托，也会帮助法院完成部分纠纷化解任务，但这类合作往往缺乏制度规范，相关部门、组织的工作质量与效率无法得到保证，甚至存在不作为的现象。第二，形式创新大于内容创新。在基层涌现出众多调解品牌，各类调解室也遍布村落和社区，但是化解方式较为分散，没有形成合力。从总体上来看，多元矛盾化解尚未形成成熟的衔接机制，缺乏总体性的配合与协作，影响了创新的可持续性。第三，基层矛盾纠纷化解的部分主体，尚未发挥其理想作用。问卷调查数据显示，群众在对不同主体化解矛盾纠纷的感受中，本应处在基层“最前线”的社区、物业、人民调解组织等得分反而较低，反映出基层矛盾纠纷多元化解建设仍存在部分问题。受“差序政府信任”影响，基层政府所获得的信任度相对较低。公众在观念上对公安机关、人民法院等相对而言更加权威的“公权力”代表具有更强的信任感与认同感，反之，对于社区、物业等则具有天然的不信任，这无疑影响了基层矛盾纠纷多元化解的进一步开展与建设。“越级上访”“沟通不畅”等情形的出现也与“差序政府信任”存在关联。同时，这些情形也加重了法院等机关工作人员的工作强度与压力，使其身心健康和审判质量受到影响，法院等机关在更高层面的引导和规制作用被部分消解。

（二）完善建议

1. 细化矛盾纠纷排查，提升矛盾纠纷预防力

对矛盾纠纷排查工作的完善，可以从制度化与智能化两个方面切入。一方面，探索矛盾纠纷排查工作的制度化途径。矛盾纠纷排查工作作为矛盾纠纷源头预防必不可少的前置环节，应当建立起切实可行的制度对其加以规范。对矛盾纠纷排查的主体力量和队伍建设、排查工作的展开方式、排查工作的重点要点以及排查工作的具体流程、矛盾排查结果转递处理等方面予以制度化规定，以此来改善矛盾纠纷排查化解人员队伍的素质，提升其责任感与使命意识，并对其具体工作方向与方式进行指导，使其能够灵活运用各类排查方法，形成立体化、全时段、全覆盖的矛盾纠纷排查网络。另一方面，探索创新矛盾纠纷排查的智能化途径。不断推动高新科技融入社会基层矛盾纠纷治理，通过整合多部门资源，建立信息流通的大数据平台，建成跨地区、跨部门的矛盾纠纷排查化解智能平台，充分利用信息技术拓宽矛盾纠纷排查的广度与深度，及时对矛盾纠纷进行信息的挖掘研判与预测预警，提高矛盾纠纷排查的准确度。要注意的是，在排查阶段应该本着边排查边化解的原则开展工作，尽可能实现矛盾就地化解。

2. 落实稳评制度，提升矛盾纠纷回应力

为了避免因行政决策不当而引发社会矛盾，我国建立并推进重大决策社会稳定风险评估制度，然而从北京市的落实情况来看，与公众的风险沟通方面仍然是稳评机制运行中的一块短板。风险沟通作为稳评的关键环节，应该嵌入稳评工作的全过程，需要对相关群众的利益诉求和风险感知进行摸排和回应。

第一要完善稳评的信息公开机制。从信息发布渠道上来说，要多形式、多时段地进行信息公开，解决稳评主体与稳评对象的信息差问题。尽管相关稳评文件都要求了信息发布方式的多样性，但是在具体落实过程中，项目单

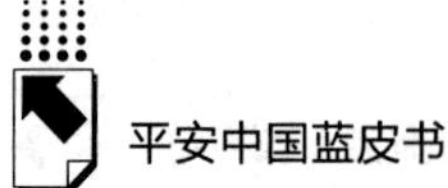

位、稳评机构、审批机构都倾向于在自己的官方网站上进行信息公开，但是这些网站的浏览量有限，公众很难通过这一渠道获取有效信息。因此，应该充分运用本区域内的电视台、广播电台、报纸等新闻媒体和政府门户网站等进行信息公开，多时段地重复发布，降低公众对信息的接触难度。从信息公开内容上来说，要发布具有实质内容且便于理解的信息。稳评有自身的专业标准、程序、方法等，形成了自身的专业话语，这种专业性给公众的理解带来了障碍，因此在公开稳评报告全文的基础上，可以采用简单易懂的方式对其进行解释，发布相应的简版，设计清晰的图表等便于公众理解信息，从而提高公众对稳评的参与度。

第二要强化稳评对民意的征求与回应。只有准确地了解和收集民意，才能通过民意呼声发现不稳定的风险点所在，因此要畅通民意表达渠道，采取多种方式征集民意，不仅要延续传统的民意吸纳方式，例如听证会、座谈会、实地走访、问卷调查、媒体公示等，还要把握当下网络时代的特质，充分利用网络社交平台构建起多途径的立体化参与空间，为公众提供更加便捷和畅通的诉求表达渠道。同时要培育和提升公众的参与意识，树立公众作为稳评主体的角色意识，使其主动参与到稳评中来。对于公众提出的意见，要积极回应，尤其是公众的反对声音，不能以建议不合理为借口不予回应，或是仅将民意征集作为走过场的程序，而是应该从民意中准确把握可能的风险点，并根据公众意见制定相应的措施来回应质疑，降低社会稳定风险发生的可能性。

3. 加强体系化建设，提升矛盾纠纷化解力

当前矛盾纠纷化解的体系性未得到重视，各部门、地区、主体、环节之间缺乏顺畅的衔接沟通机制，导致未能发挥体系性作用。针对此情况，可从以下两方面进行提升。

第一，化解方式体系化。《法治政府建设实施纲要（2021—2025 年）》明确提出要健全社会矛盾纠纷行政预防调处化解体系，不断促进社会公平正义。当前，调解、信访、行政复议、诉讼、行政裁决等多种调处化解机制均得到了政策层面的强调与推动，但是公共法律服务与社会心理服务在化解方

式中并未得到足够的关注，导致它们对于矛盾纠纷化解的作用发挥并不充分。因此，要推动公共法律服务与社会心理服务建设，从战略层面以治理视角审视二者对矛盾纠纷化解的推动作用，要从政策制度与资源供给方面进行扶持，补足矛盾纠纷多元化解机制的短板，推动多元化解方式的体系化建构。

第二，化解联动体系化。不同化解方式有其独特优势，但也存在局限性，在深入推进矛盾纠纷多元化解体系建设过程当中，如何统筹多元化解方式，使其发挥出体系化作用，实现功能互补与良性互动成为不得不思考的问题。当前各化解方式已然建立并运转有效，但是在各化解方式之间尚未形成顺畅的衔接和流转机制，各化解方式依然处于独立运作的状态中，削弱了矛盾化解的效率，因此，化解方式联动所依凭的衔接机制就成为矛盾纠纷多元化解体系建设的难点和关键。自 2015 年《厦门经济特区多元化纠纷解决机制促进条例》出台之后，各地区进行了类似的立法探索实践。北京市印发了《关于完善矛盾纠纷多元化解机制的实施意见》《北京市关于加强知识产权纠纷多元调解工作的实施意见》等，基本界定了各解纷主体的职责定位与分工，但是各化解方式之间的衔接与联动还未形成明确的制度规范。建议完善衔接程序的制度化建设，不仅使各解纷主体的职责范围有法可依，还应对衔接程序与机制进行探索，并逐步落实到制度层面，以法律规则的供给推动多元化解体系的不断完善。

参考文献

［1］郭志远：《我国基层社会矛盾预防与化解机制创新研究》，《安徽大学学报》（哲学社会科学版）2014 年第 2 期。

［2］胡铭、徐翼：《新时代“枫桥经验”与立足法治预防化解矛盾纠纷》，《河北法学》2024 年第 7 期。

［3］江苏省泰州市中级人民法院课题组、徐军：《矛盾纠纷多元化解机制的实践困境与路径探析》，《中国应用法学》2017 年第 3 期。

［4］龙飞：《论多元化纠纷解决机制的衔接问题》，《中国应用法学》2019 年第 6 期。
［5］宋智敏、区慧霞：《整体法治化：我国多元解纷机制立法的构想》，《湖南科技大学学报》（社会科学版）2023 年第 6 期。
［6］钟宗炬、张海波：《重大决策社会稳定风险评估如何更加专业化？——基于江苏实践的分析》，《公共行政评论》2023 年第 2 期。

B.6

北京市民生安全调查报告（2024）*

刘瑞平**

摘　要： 通过问卷调查、官方统计资料、网络检索等多种方法收集相关数据，计算得出2024年北京市“民生安全”一级指标得分为86.15分，处于“优秀”等级。“人口发展”“食品安全”“药品安全”“生态环境安全”“旅游安全”5项二级指标得分均在80分以上，其中“人口发展”“药品安全”“旅游安全”3项二级指标得分都处于“优秀”等级，“食品安全”“生态环境安全”2项二级指标得分处于“良好”等级。整体而言，北京市在常住人口质量、药品抽检合格率与药品案件查处、旅游服务质量等民生安全工作中取得较好的成效。但北京市常住人口数量重返增长状态，人口宏观调控压力持续上升，食品安全问题短板明显，生态环境领域的空气、水质、生态系统等方面仍存在问题，旅游服务质量仍有较大提升空间。未来，北京市在民生安全方面，需要促进人口高质量发展，加强食品安全治理体系建设，加大生态环境安全的保护力度，加强旅游安全治理工作。

关键词： 民生安全　食品安全　药品安全　生态环境安全　旅游安全

* 本报告是笔者主持的“北京市人口结构变迁中的社会安全风险及治理研究”（项目号：23JCC128）的阶段性成果。

** 刘瑞平，社会学博士，中国人民公安大学治安学院讲师、硕士研究生导师，首都社会安全研究基地研究员。

一　指标设置及评估方法

（一）指标设置

2024 年平安北京建设发展评估中“民生安全”一级指标基本与 2023 年保持一致。“民生安全”一级指标下设置了 5 项二级指标，分别为“人口发展”“食品安全”“药品安全”“生态环境安全”“旅游安全”，每项二级指标下设置了 4~5 项三级指标，共计 22 项三级指标，全面评估平安北京建设发展过程中民生安全的状况。“民生安全”指标设置及其权重如表 1 所示。

表 1　“民生安全”指标设置

一级指标(权重)	二级指标(权重)	三级指标(权重)
民生安全(15%)	人口发展(20%)	常住人口数量调控(25%)
		常住人口结构(25%)
		常住人口质量(25%)
		流动人口服务管理(25%)
	食品安全(20%)	食品抽检合格率(20%)
		食品安全事故(20%)
		食品安全意识(20%)
		食品安全宣传教育(20%)
		食品安全满意度(20%)
	药品安全(20%)	药品抽检合格率(25%)
		药品案件查处(25%)
		用药安全(25%)
		药品安全满意度(25%)
	生态环境安全(20%)	国家地表水考核断面(20%)
		空气质量达标天数比例(20%)
		生态环境指数(20%)
		生活垃圾无害化处理率(20%)
		突发环境事件(20%)
	旅游安全(20%)	景区安全设施(25%)
		旅游服务质量(25%)
		旅游安全突发事件(25%)
		旅游安全宣传教育(25%)

（二）评估方法

本报告对 2024 年北京市“民生安全”一级指标得分评估依然延续 2023 年的方法，计算其得分以主观与客观相结合的方式，数据来源主要为问卷调查、官方统计数据（包括北京市统计局、北京市市场监督管理局、北京市药品监督管理局、北京市生态环境局等部门）、网络检索数据以及访谈资料。2024 年北京市“民生安全”各层级指标的内容、权重和数据来源与 2023 年保持一致，便于进行各层级指标得分的横向和纵向比较。

二　总体评估结果分析

2024 年北京市“民生安全”各层级指标得分如表 2 所示。在本次评估中，“民生安全”一级指标得分为 86.15 分，相比于 2023 年的 85.47 分，2024 年增长了 0.68 分。

表 2　2024 年北京市“民生安全”各层级指标得分

单位：分

一级指标	二级指标	三级指标
民生安全（86.15）	人口发展(87.70)	常住人口数量调控(85.00)
		常住人口结构(85.00)
		常住人口质量(95.00)
		流动人口服务管理(85.81)
	食品安全(84.06)	食品抽检合格率(98.90)
		食品安全事故(72.65)
		食品安全意识(97.60)
		食品安全宣传教育(70.90)
		食品安全满意度(80.26)
	药品安全(90.14)	药品抽检合格率(99.89)
		药品案件查处(99.45)
		用药安全(78.31)
		药品安全满意度(82.90)

续表

一级指标	二级指标	三级指标
民生安全(86.15)	生态环境安全(83.14)	国家地表水考核断面(75.70)
		空气质量达标天数比例(74.20)
		生态环境指数(70.80)
		生活垃圾无害化处理率(100)
		突发环境事件(95.00)
	旅游安全(85.69)	景区安全设施(87.38)
		旅游服务质量(78.51)
		旅游安全突发事件(95.00)
		旅游安全宣传教育(81.88)

如图 1 所示，2024 年北京市“民生安全”一级指标下设的各项二级指标得分均高于 80 分，得分由高到低依次分别为“药品安全”（90.14 分）、“人口发展”（87.70 分）、“旅游安全”（85.69 分）、“食品安全”（84.06 分）和“生态环境安全”（83.14 分）。相比于 2023 年的二级指标得分，2024 年的“人口发展”“药品安全”2 项二级指标得分均略有下降，“人口发展”二级指标得分由 2023 年的 88.24 分下降到 2024 年的 87.70 分；“药品安全”二级指标得分由 2023 年的 90.45 分下降到 2024 年的 90.14 分。“食品安全”“生态环境安全”和“旅游安全”3 项二级指标得分均有一定的增长，其中“旅游安全”二级指标得分增长幅度最大，增长了 2.50 分，

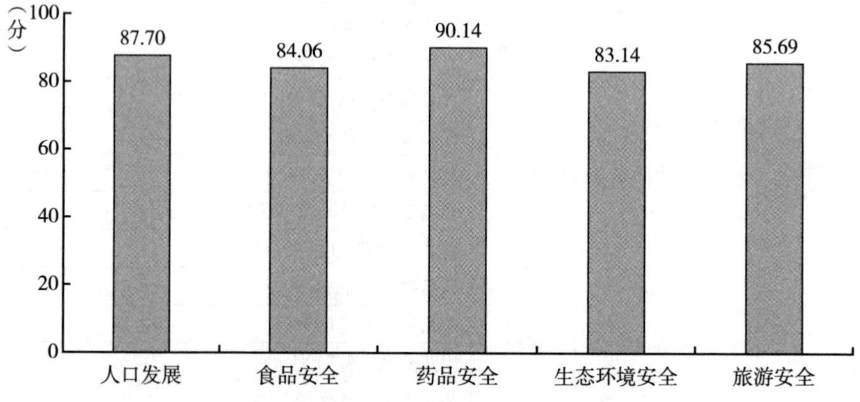

图 1　2024 北京市“民生安全”二级指标得分

其次是“生态环境安全”，增长了1.66分。总体而言，2024年北京市“民生安全”一级指标得分高于2023年得分，主要是因为“旅游安全”“生态环境安全”二级指标得分有一定幅度的提升。

（一）人口发展

自党的十八大以来，以习近平同志为核心的党中央高度重视人口问题，实施积极应对人口老龄化国家战略，以“一老一小”为重点完善人口服务体系，逐步调整完善生育政策，促进人口长期均衡发展。2024年北京市“人口发展”二级指标得分为87.70分，处于“优秀”水平。2024年北京市“人口发展”三级指标得分如图2所示，其中“常住人口数量调控”和“常住人口结构”指标得分最低，均为85.00分。2024年北京市的常住人口数量自2017年以来出现首次上升，城六区的常住人口分布调控效果较2023年则无明显变化，因此“常住人口数量调控”三级指标得分相对较低。2024年北京市高等教育的人口所占比重继续保持上升趋势，“常住人口质量”在“人口发展”三级指标中得分最高，为95.00分。2024年北京市“常住人口结构”三级指标得分与2023年相同，均为85.00分。2024年北京市人口性别结构更加均衡，老年人口比例仍保持着缓慢的上升趋势，人口老龄化形势严峻。2024年北京市“流动人口服务管理”三级指标得分

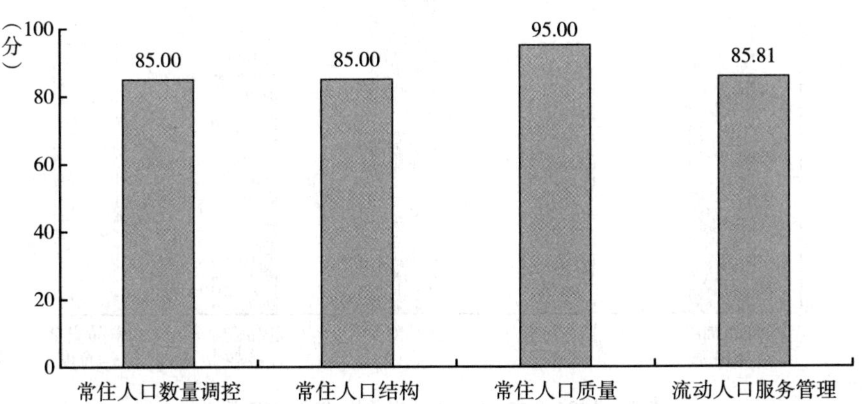

图2　2024北京市“人口发展”三级指标得分

为85.81分，较2023年有所增加，北京市的流动人口数量继续保持着下降的趋势，居住证办理的便利程度有所提升。

（二）食品安全

2024年，北京市相关部门坚持源头严防、过程严管、产品严检、风险严控，不断推动食品安全工作高质量发展和高水平安全良性互动，以高质量发展促进高水平安全。由表2和图3可知，2024年北京市"食品安全"二级指标得分为84.06分，其中"食品抽检合格率"三级指标得分最高，为98.90分，这反映了北京市食品抽检工作保持一贯的高水准。"食品安全宣传教育""食品安全事故"2项三级指标得分低于80分，其中"食品安全宣传教育"三级指标得分最低，为70.90分，"食品安全事故"三级指标得分为72.65分。2024年北京市"食品安全意识"三级指标得分依旧维持在较高的水平，为97.60分，体现了北京市居民对于食品安全的重视。2024年北京市"食品安全满意度"三级指标得分为80.26分，2019~2024年北京市该指标的得分逐年上升，并且于2024年首次突破80分，说明北京市的食品安全工作成效越来越显著，北京市居民对食品安全的满意度不断提高。

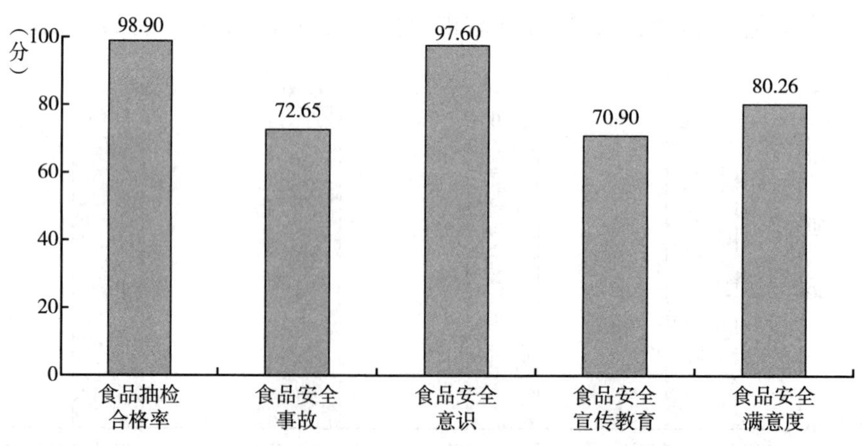

图3　2024北京市"食品安全"三级指标得分

（三）药品安全

2024 年北京市推进药品安全巩固提升行动，深入排查风险隐患，严惩重处违法行为，强化监管责任落实，扎实推进社会共治，全力确保药品安全形势稳定向好。由表 2 可知，2024 年北京市“药品安全”二级指标得分为 90. 14 分，和 2023 年一样在所有二级指标中得分最高，这体现了北京市在药品安全工作方面一直保持着高水平、严要求。由图 4 可知，在“药品安全”的三级指标中，“药品抽检合格率”得分最高，为 99. 89 分，但相比于 2023 年略有下降，这主要是因为北京市药品抽验查处到了不合格药品。“用药安全”在“药品安全”三级指标中得分最低，为 78. 31 分。2024 年北京市“药品案件查处”三级指标得分为 99. 45 分。2024 年北京市“药品安全满意度”三级指标得分为 82. 90 分，比 2023 年略有上升。

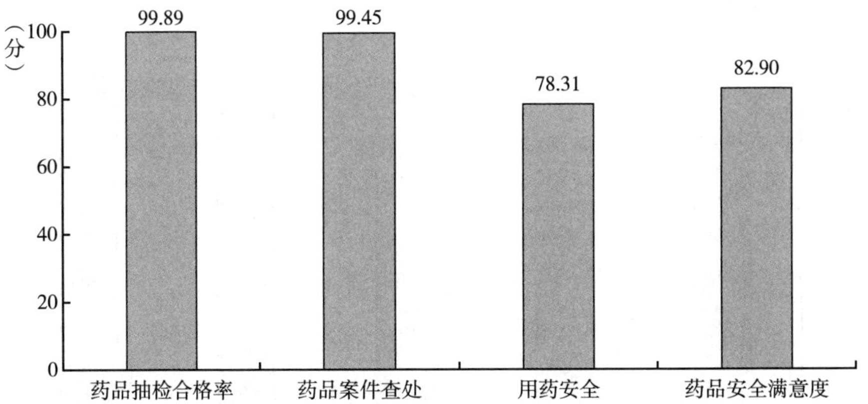

图 4　2024 北京市“药品安全”三级指标得分

（四）生态环境安全

党的二十届三中全会提出：“聚焦建设美丽中国，加快经济社会发展全面绿色转型，健全生态环境治理体系，推进生态优先、节约集约、绿色低碳发展，促进人与自然和谐共生。”为贯彻落实《中共中央　国务院关于全面推进美丽中国建设的意见》，2024 年北京市出台了《推进美丽北京建设　持续深入打好污染防治攻坚战 2024 年行动计划》《关于全面建设美丽北京加快推进人与自然和谐共生的现代化的实施意见》等多项政策文件，持续加强生态环境保护，提升美丽北京建设水平。

由表 2 和图 5 可知，北京市 2024 年“生态环境安全”二级指标得分为 83.14 分，相比于 2023 年有所提高。2024 年“生态环境安全”三级指标得分差异较大，“生活垃圾无害化处理率”和“突发环境事件”得分均在 90 分以上，尤其是北京市在生活垃圾无害化处理率上持续保持着 100%的水平，这既得益于相关部门对相关工作的重视与落实，又得益于公民对于生活垃圾分类、回收、再利用的环保意识。“国家地表水考核断面”“空气质量达标天数比例”和“生态环境指数”3 项三级指标得分均在 80 分以下，其中“生态环境指数”得分最低，为 70.80 分，“国家地表水考核断面”“空气质量达标天数比例”得分分别为 75.70 和 74.20 分。

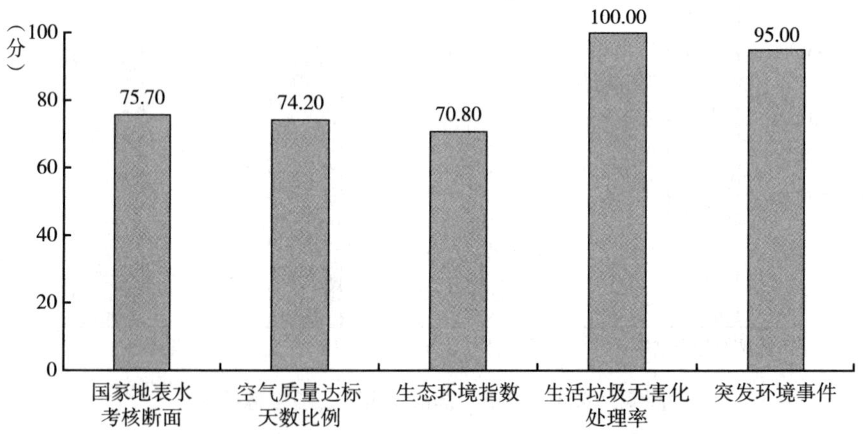

图 5　2024 北京市“生态环境安全”三级指标得分

（五）旅游安全

2024 年，北京市各个景区发挥自身优势、立足群众需要，丰富旅游产品和服务供给，旅游市场恢复势头良好。由表 2 和图 6 可知，2024 年“旅游安全”二级指标得分为85.69分。在“旅游安全”三级指标中，“旅游安全突发事件”得分最高，为95.00分，充分体现了相关部门对于突发事件的积极预防和应急处置能力。2024年北京市“旅游服务质量”在“旅游安全”三级指标中得分最低，为78.51分。通过问卷调查，民众反映有部分导游工作不规范，存在私自拉客的现象，某些景区旅游服务并不完善，不能满足游客的需求，导致“旅游服务质量”三级指标得分相对较低。2024年北京市“景区安全设施”三级指标得分为87.38分，充分体现了各景区对于游客人身安全的重视与保障。2024年北京市“旅游安全宣传教育”三级指标得分为81.88分，这表明还有部分游客没有接受相关的安全教育，政府部门和景区景点要重视相关工作。

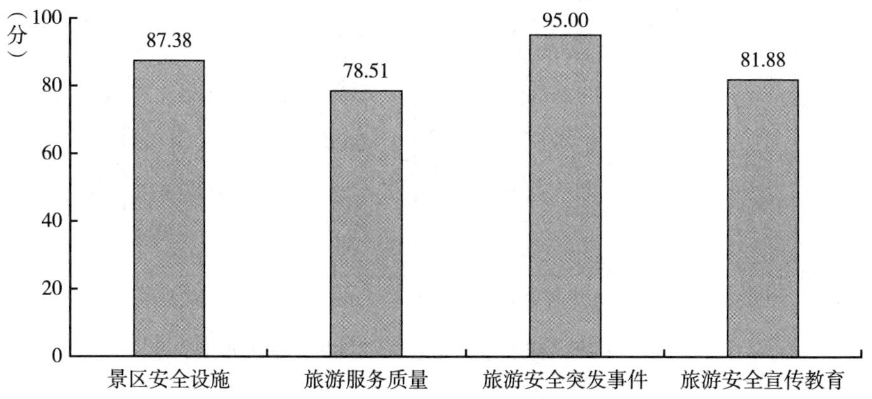

图6　2024北京市“旅游安全”三级指标得分

三　指标评估结果分析

（一）常住人口数量调控

2024年北京市“常住人口数量调控”三级指标得分为85.00分，较去年有明显下降。《中共中央　国务院关于对〈北京城市总体规划（2016年—

2035年）〉的批复》中指出，北京市要严格控制城市规模，以资源环境承载能力为硬约束，切实减重、减负、减量发展，实施人口规模、建设规模双控，到2020年，常住人口规模控制在2300万人以内，2020年以后长期稳定在这一水平。① 图7展示了2015~2023年北京市常住人口规模的变动及年增长率情况。2023年北京市常住人口数量为2185.8万人，比2022年增长了1.5万人，打破了自2017年以来北京市常住人口数量逐年下降的趋势。虽然自2020年以来人口规模一直保持在2190万人以内，但2023年的数据表明常住人口规模出现一定的反弹现象，北京市人口调控压力进一步增加。

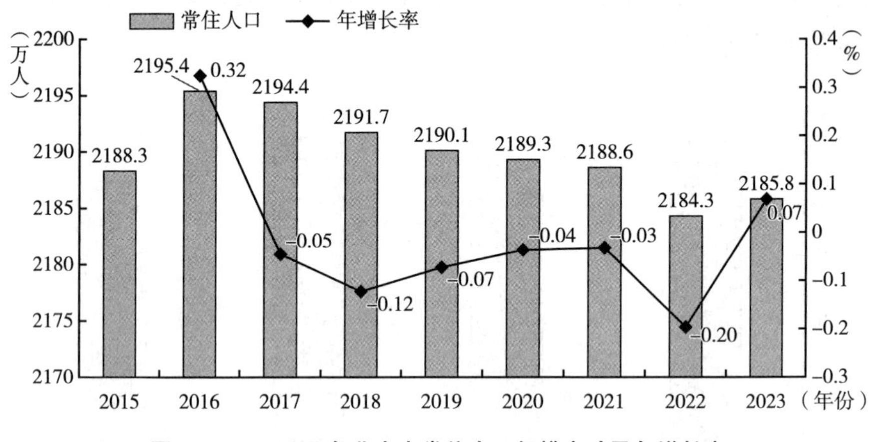

图7　2015~2023年北京市常住人口规模变动及年增长率

从图8可以看出，2023年北京市常住人口密度为1332人/公里^2，虽然较2022年仅增长了1人/公里^2，但这也是自2017年以来人口密度的首次回升。

从表3的数据可以看出，北京市的常住人口分布仍呈现不均衡状态，城六区（东城区、西城区、朝阳区、海淀区、丰台区和石景山区）的常住人口密度远超其他城区，常住人口密度最大的为西城区，为21749人/公里^2，

① 《中共中央　国务院关于对〈北京城市总体规划（2016年—2035年）〉的批复》，人民政协网，2017年9月28日，https：//www.rmzxb.com.cn/c/2017-09-28/1820229.shtml。

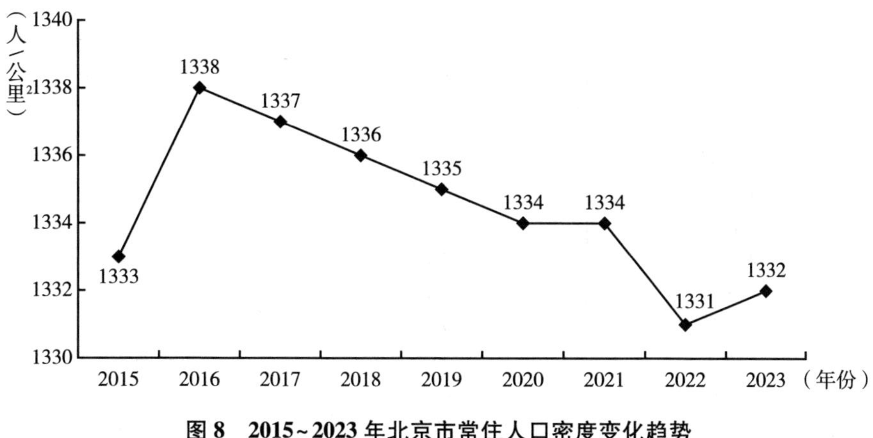

图 8　2015~2023 年北京市常住人口密度变化趋势

常住人口密度最小的城区为延庆区，为 172 人/公里²，前者为后者的 126.4 倍。《北京城市总体规划（2016 年—2035 年）》提出，“降低城六区人口规模，城六区常住人口在 2014 年基础上每年降低 2~3 个百分点，争取到 2020 年下降约 15 个百分点，控制在 1085 万人左右，到 2035 年控制在 1085 万人以内。”① 表 3 的结果显示，2023 年北京市城六区的常住人口规模为 1094.8 万人，相比于 2022 年略有增长。自 2020 年以来，北京市城六区常住人口规模的降低速度明显放缓，并在 2023 年出现略微反弹上升的情况。

表 3　2023 年北京市各区的人口密度

单位：万人，人/公里²

市辖区	常住人口规模	常住人口密度
东城区	70.3	16794
西城区	109.9	21749
朝阳区	344.6	7572
丰台区	201.1	6576
石景山区	56.4	6689

① 《北京城市总体规划（2016 年—2035 年）》，北京市人民政府网站，2017 年 9 月 29 日，https：//www.beijing.gov.cn/gongkai/guihua/wngh/cqgh/201907/t20190701_100008.html。

续表

市辖区	常住人口规模	常住人口密度
海淀区	312.5	7255
门头沟区	39.7	274
房山区	131.2	659
通州区	184.5	2036
顺义区	132.7	1301
昌平区	227.2	1691
大兴区	199.4	1924
怀柔区	44.0	207
平谷区	45.6	480
密云区	52.4	235
延庆区	34.3	172

（二）常住人口结构

2024年北京市“常住人口结构”三级指标得分为85.00分。从常住人口的性别结构来看，2023年北京市常住人口中男性数量为1113.3万人，女性数量为1072.5万人，性别比为103.8（见表4）。自2016年以来，北京市常住人口中男性数量逐年下降，女性数量有一定上升，性别比逐年降低，人口结构越来越趋于均衡状态。

表4　2015~2023年北京市常住人口结构变动趋势

单位：万人

年份	男性	女性	性别比
2015	1126.2	1062.1	106.0
2016	1126.1	1069.3	105.3
2017	1123.9	1070.5	105.0
2018	1122.2	1069.5	104.9
2019	1120.5	1069.6	104.8
2020	1119.4	1069.6	104.7
2021	1117.7	1070.9	104.4
2022	1114.2	1070.1	104.1
2023	1113.3	1072.5	103.8

从常住人口的年龄结构来看，2023 年北京市 0～14 岁的少儿数量为 262.5 万人，占人口总数的 12.0%；15～59 岁的劳动年龄人口数量为 1428.5 万人，占人口总数的 65.4%；60 岁及以上的老年人口数量为 494.8 万人，占人口总数的 22.6%。表 5 显示，2015～2023 年北京市的少儿人口比例并没有显著的变化，劳动年龄人口比例呈现逐年下降的趋势，老年人口比例呈现逐年上升的趋势，尤其是在 2022～2023 年，北京市老年人口比例的增幅相对较大，这说明北京市人口老龄化的速度在加快，老龄化形势严峻。

表 5　2015～2023 年北京市常住人口年龄结构

单位：%

年份	0～14 岁	15～59 岁	60 岁及以上	65 岁及以上
2015	10.7	72.5	16.7	11.0
2016	11.1	71.6	17.3	11.5
2017	11.4	70.7	18.0	12.1
2018	11.5	69.9	18.6	12.5
2019	11.6	69.3	19.1	12.8
2020	11.8	68.5	19.6	13.3
2021	12.1	67.7	20.2	14.2
2022	12.1	66.6	21.3	15.1
2023	12.0	65.4	22.6	15.9

（三）常住人口质量

2024 年北京市“常住人口质量”三级指标得分为 95.00 分，反映了北京市较高的人口质量，主要体现在受教育程度整体较高。如图 9 所示，2023 年北京市常住人口接受高等教育人数的占比达到 57.5%，保持了逐年上升的趋势。2015～2023 年，北京市常住人口接受高等教育人数的占比持续上升，尤其是 2019～2021 年上升速度最快，2021 年及以后占比均超过 50%。

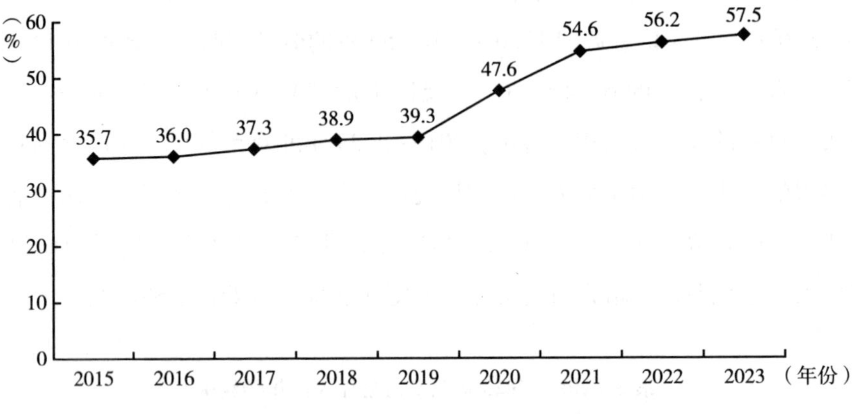

图 9　2015~2023 年北京市常住人口接受高等教育人数的占比

（四）流动人口服务管理

2024 年北京市“流动人口服务管理”三级指标得分为 85.81 分。如图 10 所示，2023 年北京市常住外来人口数量略低于 2022 年常住外来人口数量，虽然保持了自 2015 年以来逐年下降的趋势，但 2023 年的降幅相对较小。结合常住人口数量的变化趋势，未来北京市常住外来人口数量可能会停止下降，甚至出现反弹的现象。

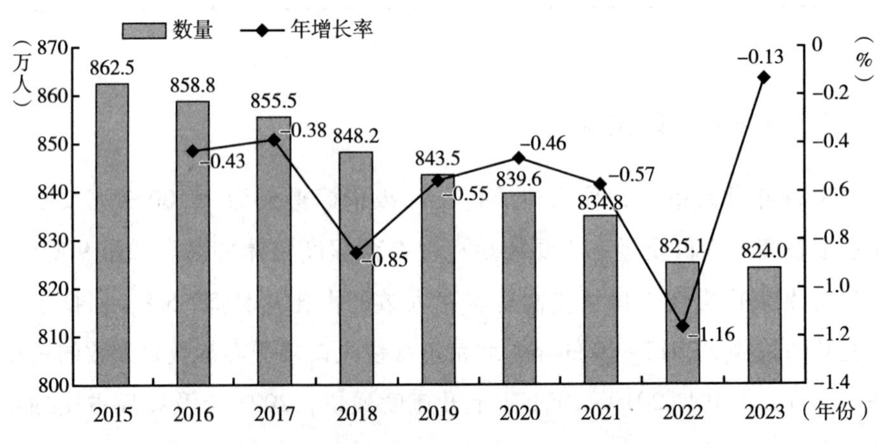

图 10　2015~2023 年北京市常住外来人口数量及年增长率

根据问卷调查数据，2024 年有 41%的流动人口办理过居住证，远低于 2023 年的 53.9%。在办理过居住证的流动人口中，如表 6 所示，有 83.02%的受访者认为方便办理，比 2023 年的 78.26%上升了 4.76 个百分点。根据调查问卷填答选项赋分的计算方法，“流动人口服务管理”的问卷调查数据得分为 83.02 分。综合北京市“流动人口服务管理”的统计数据得分和问卷调查数据得分，最终“流动人口服务管理”三级指标的得分为 85.81 分。

表 6　2024 年北京市“流动人口服务管理”三级指标问卷调查数据得分

单位：分，%

相关变量	类别	评分	占比	相关变量得分
C25-您认为在北京办理居住证是否方便?	办理过,方便	100	83.02	83.02
	办理过,不方便	0	16.98	

（五）食品抽检合格率

本指标得分为 98.90 分，在“食品安全”三级指标中得分最高。2024 年 1~6 月，北京市市场监督管理局公示了 32 期关于食品安全监督的抽检信息，共计抽检了 21564 批次食品，合格样品 21326 批次，不合格 238 批次，食品抽检合格率为 98.9%。2024 年 2 月，北京市人民政府印发《2024 年市政府工作报告重点任务清单》，将食品安全作为北京市政府工作的重点任务之一。① 2024 年 5 月，《北京市市场监督管理局 2024 年全面优化营商环境打造“北京服务”工作方案》印发，规定“强化食品安全监管。以网络销售食品、日常消费大宗食品、节日热销食品等为重点，对三十三大类食品抽检监测全覆盖。对学校食堂和养老助餐服务单位食堂开展全覆盖监督检查。贯

① 《北京市人民政府关于印发〈2024 年市政府工作报告重点任务清单〉的通知》，北京市人民政府网站，2024 年 2 月 1 日，https://www.beijing.gov.cn/zhengce/zhengcefagui/202402/t2024 0201_ 3553511.html。

彻《企业落实食品安全主体责任监督管理规定》，指导和督促本市食品生产经营企业落实食品安全主体责任，建立健全企业食品安全责任制。加强对恶意职业索赔治理，依法保护企业合法权益”。[①] 2024 年 6 月，京津冀三地市场监管部门联合开展 2024 年度检验检测机构能力验证活动，食品领域的能力验证项目主要是对酱油中山梨酸的测定、牛肉粉中恩诺沙星的测定，具备相关项目（参数）检验检测资质的机构应当参加本次能力验证。[②]

（六）食品安全事故

本指标得分为 72.65 分，得分依据为网络检索数据和调查问卷数据。问卷调查数据显示，2024 年，有 64.41%的受访者表示没有遇到过食品安全问题，有 35.59%的受访者表示曾遇到过食品安全问题（见表 7）。因此，“食品安全事故”三级指标的问卷调查数据得分为 64.41 分，相比于 2023 年下降 1.2 分。2023~2024 年，受访者遇到过食品安全问题的占比有所上升，该项指标的问卷调查数据得分随之下降。

表 7　2023 年、2024 年北京市“食品安全事故”三级指标问卷调查数据得分

单位：分，%

相关变量	类别	评分	占比		相关变量得分	
			2023 年	2024 年	2023 年	2024 年
E2-您在现居住地遇到过食品安全问题吗？	是	0	34.39	35.59	65.61	64.41
	否	100	65.61	64.41		

2024 年 5 月，北京市市场监督管理局印发《北京市标准创新型企业梯度培育管理实施细则（暂行）》，将未发生严重食品安全违法等行为作为标

① 《北京市市场监督管理局关于印发 2024 年全面优化营商环境打造“北京服务”工作方案的通知》，北京市人民政府网站，2024 年 5 月 16 日，https：//www.beijing.gov.cn/zhengce/zhengcefagui/202405/t20240527_ 3694353.html。

② 《京津冀和北京市检验检测机构能力验证活动同步启动》，北京市市场监督管理局网站，2024 年 6 月 20 日，https：//scjgj.beijing.gov.cn/zwxx/scjgdt/202406/t20240620_ 3722678.html。

准创新型企业评价和认定的条件之一。[①] 2024 年 8 月，北京市市场监督管理局制定了《北京市直播带货合规指引》，对直播带货平台经营者、直播带货直播间运营者、直播带货人员和直播带货服务机构等参与主体进行了界定，提出了各参与主体的合规要求，进一步规范直播带货各类参与主体的经营行为，保障消费者合法权益，该文件明确了不得通过直播方式提供的商品和服务内容，规定直播带货各类参与主体应履行对商业广告、商家及商品资质等直播带货相关内容进行严格审核把关和查验的义务。[②] 北京市高度重视食品安全工作，出台相关政策法规来规范食品生产、销售等各个环节主体的行为，严格落实食品安全管理监督责任，组织开展食品安全事故应急演练，提高应急处突能力，切实维护人民群众的生命健康。基于此，北京市“食品安全事故”的网络检索数据得分为 85. 00 分。综合问卷调查数据和网络检索数据得分，2024 年北京市“食品安全事故”三级指标的得分为 72. 65 分。

（七）食品安全意识

本指标得分为 97. 60 分，在“食品安全”三级指标中，其得分仅次于“食品抽验合格率”。通过问卷调查，针对问题“如果您购买到有问题的食品（‘三无’、过期或变质的食品），您的处理方式是?”，有 35. 08%的受访者表示会找相关部门投诉，有 34. 36%的受访者表示会直接找商家索赔，有 28. 16%的受访者表示会直接扔掉不吃，但也有 2. 23%的受访者表示会继续食用，还有 0. 17%的受访者表示会采取其他处理方式。因此，“食品安全意识”的问卷调查数据得分为 97. 60 分（见表 8）。2022~2024 年，受访者在购买到有问题的食品时，选择找相关部门投诉和直接找商家索赔的比例逐年

① 《北京市市场监督管理局关于印发〈北京市标准创新型企业梯度培育管理实施细则（暂行）〉的通知》，北京市市场监督管理局网站，2024 年 5 月 24 日，https：//scjgj. beijing. gov. cn/zwxx/2024zcwj/202406/t20240605_ 3704777. html。

② 《北京市市场监督管理局关于发布〈北京市直播带货合规指引〉的公告》，北京市市场监督管理局网站，2024 年 8 月 9 日，https：//scjgj. beijing. gov. cn/zwxx/2024zcwj/202408/t20240809_ 3770019. html。

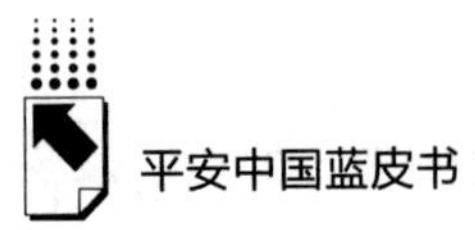

增加，该项指标的得分也逐年增长，说明北京市居民对食品安全问题的维权意识在不断提高。

表 8 2024 年北京市“食品安全意识”三级指标问卷调查数据得分

单位：分，%

相关变量	类别	评分	占比	相关变量得分
E3-如果您购买到有问题的食品（“三无”、过期或变质的食品），您的处理方式是?	找相关部门投诉	100	35.08	97.60
	直接找商家索赔	100	34.36	
	直接扔掉不吃	100	28.16	
	继续食用	0	2.23	
	其他处理方式	0	0.17	

（八）食品安全宣传教育

2024 年北京市“食品安全宣传教育”三级指标得分为 70.90 分。通过问卷调查，针对问题“您购买包装食品时，是否会关注生产日期、保质期等信息?”，有 57.32%的受访者表示每次都会在购买包装食品时关注生产日期、保质期等相关信息，相比于 2023 年略有增长；有 27.15%的受访者表示经常会，相比于 2023 年略有下降；有 12.12%的受访者表示偶尔会，但仍有 3.41%的受访者表示完全不会（见表 9）。因此，2024 年北京市“食品安全宣传教育”三级指标得分为 70.90 分。

表 9 2023 年、2024 年北京市“食品安全宣传教育”三级指标问卷调查数据得分

单位：分，%

相关变量	类别	评分	占比		相关变量得分	
			2023 年	2024 年	2023 年	2024 年
E1-您购买包装食品时，是否会关注生产日期、保质期等信息?	每次都会	100	56.74	57.32	70.84	70.90
	经常会	50	28.20	27.15		
	偶尔会	0	11.66	12.12		
	完全不会	0	3.39	3.41		

（九）食品安全满意度

2024 年北京市“食品安全满意度”三级指标得分为 80.26 分。通过问卷调查，针对问题“您觉得现居住地的食品安全程度如何?”，有 82.28%的受访者认为其现居住地的食品安全程度为很安全或比较安全，其中 43.23%的受访者认为很安全，比 2023 年的 37.69%高 5.54 个百分点；39.05%的受访者认为比较安全，比 2023 年的 45.93%低 6.88 个百分点。同时，有 14.16%的受访者认为其现居住地的食品安全程度为一般，比 2023 年的 12.78%高 1.38 个百分点；有 2.64%的受访者认为不太安全，略低于 2023 年的占比；有 0.92%的受访者认为很不安全，略高于 2023 年的占比（见表 10）。根据表 10 中的评分标准，2024 年北京市“食品安全满意度”三级指标得分为 80.26 分，比 2023 年的 79.22 分略有上升。总体而言，北京市民众对食品安全状况的总体主观满意度有所上升，但认为很不安全的占比也略有上升，北京市需进一步强化食品安全监管，严厉打击食品安全违法犯罪行为，保障食品质量安全，提高民众对食品安全的满意度。

表 10　2023 年、2024 年北京市“食品安全满意度”三级指标问卷调查数据得分

单位：分，%

相关变量	类别	评分	占比		相关变量得分	
			2023 年	2024 年	2023 年	2024 年
E4-您觉得现居住地的食品安全程度如何?	很安全	100	37.69	43.23	79.22	80.26
	比较安全	75	45.93	39.05		
	一般	50	12.78	14.16		
	不太安全	25	2.77	2.64		
	很不安全	0	0.82	0.92		

（十）药品抽检合格率

2024 年北京市“药品抽检合格率”三级指标得分为 99.89 分。根据

《北京市药品监督管理2023年统计报告》，2023年1月1日~12月31日，全市共接到行政复议申请112件，全年受理行政复议案件112件；法院共受理药品监管行政诉讼案件24件，药品案件9件，医疗器械案件11件，化妆品案件4件。2023年全市共抽验药品4598批次，不合格批次5批，合格率为99.89%。[①] 2024年，北京市药品监督管理局进一步完善药品安全相关法律法规政策，4月印发《北京市药物临床试验机构监督检查办法实施细则（试行）》，划分了北京市药品监督管理局、北京市药品监督管理局各分局、北京市药品审评检查中心的职责，对药品检查机构和人员的工作内容和行为进行了明确规定，对药品检查程序、检查有关工作衔接、检查结果的处理等内容进行了详细规定，明确各部门职责分工，细化药物监督检查内容和程序，进一步规范了北京市药物临床试验机构监督检查工作，加强了药物临床试验管理。[②] 2024年8月13日，北京市药品监督管理局召开北京市药品监管半年工作会议，总结了2024年上半年的药品监管工作，深入分析形势，交流经验，部署下半年工作。会议指出，北京市药品监督抽验合格率持续保持在99%以上，第三类创新医疗器械和人工智能医疗器械累计获批数量全国第一，成功举办京津冀药品监管区域协作联席会议，加快培育发展区域医药产业新质生产力。[③]

（十一）药品案件查处

2024年北京市“药品案件查处”三级指标得分为99.45分。根据《北京市药品监督管理2023年统计报告》[④]，在药品经营企业日常监管方面，如

① 《北京市药品监督管理2023年统计报告》，北京市药品监督管理局网站，2024年3月29日，https：//yjj. beijing. gov. cn/yjj/zfxxgkzl17/fdzdgknr80/tjxx74/nb83/436395167/index. html。

② 《北京市药品监督管理局关于印发〈北京市药物临床试验机构监督检查办法实施细则（试行）〉的通知》，北京市人民政府网站，2024年4月22日，https：//www. beijing. gov. cn/zhengce/zhengcefagui/202406/t20240621_ 3723125. html。

③ 《2024年北京市药品监管半年工作会议召开》，北京市药品监督管理局网站，2024年8月13日，https：//yjj. beijing. gov. cn/yjj/zwgk20/yjxw/543384115/index. html。

④ 《北京市药品监督管理2023年统计报告》，北京市药品监督管理局网站，2024年3月29日，https：//yjj. beijing. gov. cn/yjj/zfxxgkzl17/fdzdgknr80/tjxx74/nb83/436395167/index. html。

表 11 所示，2023 年北京市各级监管机构共检查药品企业 35418 家，其中批发企业 1530 家次，发现违法违规的批发经营企业 78 家次；检查零售企业 31478 家次，发现违法违规的零售经营企业 115 家次，包括严重违反 GSP 的零售企业 6 家次，涉及假药的零售企业 1 家次，无照经营 5 家次，其他零售企业 103 家次。在药品案件查处方面，2023 年全市共查处药品案件 405 件，来源于日常监管和专项检查的案件 237 件，占药品案件总数的 58.52%；药品案件的违法以经营环节为主（334 件），占药品案件总数的 82.47%，居第一位；2023 年北京市查处药品案件货值金额 7112.06 万元；罚款 16436.13 万元，没收违法所得金额 724.69 万元。

表 11　2023 年北京市药品日常监管情况

单位：家次，%

药品企业		总数	违法违规数量
生产企业		2410	2
经营企业	批发企业	1530	78
零售企业		31478	115
合计		35418	195
无违法违规占比		99.45	

2024 年 5 月，北京市出台了《北京市药品行政处罚裁量基准》，规定了药品研制、注册、生产、经营、使用、配制、网络销售、特殊管理药品以及其他违法行为的裁量档次，将各类违法行为依据社会危害性划定为 A、B、C 三个基础裁量档次，针对各类违法行为设定的基础裁量档，其对应的裁量幅度为依法减轻、从轻、一般、从重、情节严重处罚的下限和上限，对罚款金额、个人罚金等具有幅度的处罚种类划分了基础裁量阶次。① 该政策文件

① 《北京市药品监督管理局等部门关于印发〈北京市药品行政处罚裁量基准〉的通知》，北京市人民政府网站，2024 年 5 月 27 日，https：//yjj. beijing. gov. cn/yjj/zwgk20/zcwj24/325738404/436458049/index. html。

严格规范了北京市药品研制、生产、经营、使用等环节中违法行为的行政处罚裁量权。

（十二）用药安全

2024 年北京市“用药安全”三级指标得分为 78.31 分。通过问卷调查，针对问题“您在服用药物前是否会阅读说明书?”，有 86.31%的受访者表示其每次都会或经常会在服用药物前阅读说明书，其中选择每次都会的受访者占比 59.94%，略高于 2023 年的 59.71%，选择经常会的受访者占比 26.37%，低于 2023 年的 29.05%。相比于 2023 年，2024 年的受访者选择偶尔会或完全不会在服用药物前阅读说明书的占比更高，为 13.69%，其中有 11.06%的受访者偶尔会在服用药物前阅读说明书，有 2.63%的受访者则表示完全不会。根据表 12 中的评分标准，北京市“用药安全”三级指标的问题一得分为 73.13 分，比 2023 年的 74.24 分低 1.11 分。

表 12　2023 年、2024 年北京市“用药安全”三级指标问题一问卷调查数据得分

单位：分，%

相关变量	类别	评分	占比		相关变量得分	
			2023 年	2024 年	2023 年	2024 年
E5-您在服用药物前是否会阅读说明书?	每次都会	100	59.71	59.94	74.24	73.13
	经常会	50	29.05	26.37		
	偶尔会	0	9.29	11.06		
	完全不会	0	1.95	2.63		

通过问卷调查，针对问题“过去 12 个月，您在用药后是否出现过不良反应?”，有 70.11%的受访者表示在用药后从来没有出现过不良反应，相比于 2023 年的 71.33%低 1.22 个百分点，26.76%的受访者表示在用药后偶尔出现不良反应，比 2023 年的 25.53%高 1.23 个百分点，还有 3.13%的受访者表示在用药后经常出现不良反应，与 2023 年的结果基本持平（见表 13）。整体而言，受访者在用药后出现不良反应的情况较少，但从来没有出现药物

不良反应的情况略有减少，偶尔出现药物不良反应的情况略有增加，所以仍然需要加强药品安全相关工作。根据表 13 的评分标准，北京市“用药安全”三级指标的问题二得分为 83. 49 分，比 2023 年低 0. 61 分。综合问卷调查中的这两个问题，“用药安全”三级指标的得分为 78. 31 分，比 2023 年的 79. 17 分低 0. 86 分。

表 13　2023 年、2024 年北京市“用药安全”三级指标问题二问卷调查数据得分

单位：分，%

相关变量	类别	评分	占比		相关变量得分	
			2023 年	2024 年	2023 年	2024 年
E6-过去 12 个月，您在用药后是否出现过不良反应？	从来没有	100	71. 33	70. 11	84. 10	83. 49
	偶尔出现	50	25. 53	26. 76		
	经常出现	0	3. 14	3. 13		

（十三）药品安全满意度

2024 年北京市“药品安全满意度”三级指标得分为 82. 90 分。通过问卷调查，针对问题“您觉得现居住地的药品安全程度如何?”，有 84. 52%的受访者认为药品状况很安全或比较安全，比 2023 年的 86. 89%低 2. 37 个百分点。具体而言，2024 年有 50. 86%的受访者认为北京市的药品很安全，比 2023 年的 46. 60%高 4. 26 个百分点；有 33. 66%的受访者认为北京市的药品比较安全，比 2023 年的 40. 29%低 6. 63 个百分点。同时，有 12. 49%的受访者表示北京市的药品安全程度为一般，比 2023 年的 11. 32%高 1. 17 个百分点。2024 年有 3%的受访者认为北京市的药品不太安全或很不安全，比 2023 年的 1. 79%低 1. 21 个百分点。具体而言，2024 年有 2. 19%的受访者认为北京市的药品不太安全，比 2023 年的 1. 31%高 0. 88 个百分点；有 0. 81%的受访者认为北京市的药品很不安全，比 2023 年的 0. 48%高 0. 33 个百分点。根据表 14 中的评分标准，2024 年北京市“药品安全满意度”三级指标得分为 82. 90 分，比 2023 年的 82. 81 分略有上升。总体而言，北京市民众对药品安全状况的主观满意度有所上升，主要在于受访者认为北京市药品很安全的占比有较大幅度上升，认为其比较安全的占比大幅度下降，认为药品不太安全的占比略有上升。

表 14　2023 年、2024 年北京市“药品安全满意度”三级指标问卷调查数据得分

单位：分，%

相关变量	类别	评分	占比		相关变量得分	
			2023 年	2024 年	2023 年	2024 年
E7-您觉得现居住地的药品安全程度如何？	很安全	100	46. 60	50. 86	82. 81	82. 90
	比较安全	75	40. 29	33. 66		
	一般	50	11. 32	12. 49		
	不太安全	25	1. 31	2. 19		
	很不安全	0	0. 48	0. 81		

（十四）国家地表水考核断面

2024 年北京市“国家地表水考核横断面”三级指标得分为 75. 70 分。北京市统计局公布的《2023 年北京市生态服务价值监测公报》显示，2023 年北京市水环境质量较好，在国家地表水考核断面中，优良水体断面占比维持 75. 7%的高水平，动态消除劣Ⅴ类水体断面。[①]《2023 年北京市生态环境状况公报》显示，在地表水水质状况方面，上游水质状况总体好于下游，全年共监测五大水系河流共计 105 条段，长 2551. 6 公里，其中，Ⅰ～Ⅲ类水质河长占总河长的 71. 3%；全年共监测湖泊 22 个，水面面积 719. 6 万平方米，Ⅰ～Ⅲ类水质面积占总水面面积的 58. 3%，Ⅳ～Ⅴ类水质面积占总水面面积的 41. 7%，无劣Ⅴ类湖泊；全年共监测大中型水库 16 座，平均总蓄水量为 37. 7 亿立方米。Ⅰ～Ⅲ类水质占总蓄水量的 100%。在地下水水质状

① 《2023 年北京市生态服务价值监测公报》，北京市统计局网站，2024 年 5 月 31 日，https：//tjj. beijing. gov. cn/tjsj_ 31433/sjjd_ 31444/202405/t20240531_ 3700328. html。

况方面，总体保持稳定，水位缓慢回升；从山前到平原，赋存地下水的沉积物颗粒由粗变细，含水层结构由单层逐渐过渡到多层。在水生态状况方面，全市水生态状况良好，山区水体水生态状况总体好于平原区；河流、水库水生态环境质量的综合评价为“良好”，湖泊的综合评价为“中等”。[①] 北京市坚持“三水统筹”，大力开展水污染防治攻坚工作，持续推进水环境治理，地表水和地下水水质不断改善，优良水体占比显著增加。

（十五）空气质量达标天数比例

2024年北京市“空气质量达标天数比例”三级指标得分为74.20分。北京市生态环境局公布的《2023年北京市生态环境状况公报》显示，2023年北京市空气质量优良天数为271天，比2022年的286天减少了15天，比2019年增加31天，比2013年增加95天。2023年，受外来沙尘影响，北京市空气质量超标天数为13天，其中重污染天数为6天；如果除去由外来沙尘导致的重污染天数，2023年北京市空气重污染天数为2天，与2022年持平，则比2013年减少56天，比2019年减少2天，重污染天数比率为0.5%。从2023年北京市各区空气质量状况来看，各区的二氧化硫（SO_2）、二氧化氮（NO_2）和可吸入颗粒物（PM_{10}）的年平均浓度值范围均达到了国家空气质量二级标准，但东城、西城、通州、大兴和北京经济技术开发区5个区的细颗粒物（$PM_{2.5}$）年平均浓度值没有达到国家空气质量二级标准，其他12个区的细颗粒物（$PM_{2.5}$）年平均浓度值均已达到国家空气质量二级标准。2023年的北京市区域边界点监测结果表明，京西南、京东南和京南区域的细颗粒物（$PM_{2.5}$）年平均浓度值为43微克/米^3，高于全市平均水平34.4%。[②] 这一系列数据表明2013~2023年北京市在空气质量方面的工作取

① 《2023年北京市生态环境状况公报》，北京市生态环境局网站，2024年5月28日，https://sthjj.beijing.gov.cn/bjhrb/index/xxgk69/sthjlyzwg/1718880/1718881/1718882/436457401/index.html。

② 《2023年北京市生态环境状况公报》，北京市生态环境局网站，2024年5月28日，https://sthjj.beijing.gov.cn/bjhrb/index/xxgk69/sthjlyzwg/1718880/1718881/1718882/436457401/index.html。

得了一定的成果，但受到交通污染的影响，各区空气质量并不均衡，未来要进一步提高精准治理空气污染的能力和水平。

（十六）生态环境指数

2024 年北京市“生态环境指数”三级指标得分为 70.80 分，比 2023 年的 71.10 分低 0.30 分。北京市生态环境局公布的《2023 年北京市生态环境状况公报》显示，2023 年北京市生态环境质量指数（EI）为 70.80，生态系统质量保持稳定，但不同区域的生态系统质量存在一定的差异，生态涵养区持续保持生态环境优良，首都功能核心区、中心城区和平原区 EI 继续保持良好水平；西部局部区域受“23·7”流域性特大洪水影响，生态系统受损，EI 略微下降。集中建设区生态环境状况良好，其中林地指数同比提高 5.86%，林地生物量密度同比增加 3.64%，林地面积占比提高 0.87%，全市集中建设区绿视率为 26.96%；重点自然保护地和生态保护红线生态环境状况良好；绿化隔离地区生态环境质量稳中有升，生态环境质量指数（EI）提升了 1.04%。从生物多样性来看，北京市生物多样性调查实地记录 73 种自然和半自然生态系统，2020~2023 年累计记录 136 种，调查记录的自然和半自然生态系统类型持续增加，通过持续的近自然生态修复和建设，生态系统的组成和结构得到优化。阶段性调查实地记录各类物种 2906 种，2020~2023 年累计记录 6895 种。实地记录被纳入《中国外来入侵物种名单》的外来入侵物种 19 种，2020~2023 年累计记录外来入侵物种 26 种。①

2024 年，北京市持续加大环境生态保护力度，进一步提升生态环境质量，出台了多项生态环境保护相关法律法规政策，生态环境保护政策体系不断完善。2024 年 2 月，北京市人民政府办公厅印发《推进美丽北京建设 持续深入打好污染防治攻坚战 2024 年行动计划》，详细制订了多项

① 《2023 年北京市生态环境状况公报》，北京市生态环境局网站，2024 年 5 月 28 日，https://sthjj.beijing.gov.cn/bjhrb/index/xxgk69/sthjlyzwg/1718880/1718881/1718882/436457401/index.html。

2024 年行动计划，包括“蓝天保卫战”“碧水保卫战”“净土保卫战”“应对气候变化等”，并制定了 2024 年各区生态环境保护有关指标和重点任务计划，以量化方式列明了 2024 年北京市各区拟要达到的各项生态环境指标的目标。①

2024 年 3 月，北京市人民政府为积极应对气候变化，推动实现北京市碳达峰碳中和目标，加强温室气体排放控制和管理，协同控制污染物排放，规范碳排放权交易及相关活动，制定了《北京市碳排放权交易管理办法》。② 同月，北京市人民政府办公厅印发《北京市关于加强新时代水土保持工作的实施意见》，该文件明确设定了北京市水土保持的目标和效果，提出“到 2025 年，本市水土保持体制机制和工作体系更加完善，管理效能进一步提升，人为水土流失得到有效管控，重点区域水土流失得到有效治理，全市水土保持率达到 90.3%。到 2035 年，系统完备、协同高效的水土保持体制机制全面形成，人为水土流失得到全面控制，生态系统水土保持功能显著增强，全市水土保持率达到 95.0%。”③ 并从全面加强水土流失预防保护、着力强化人为水土流失监管、加快推进水土流失重点治理、持续提升水土保持管理能力、完善保障机制等方面制定具体实施措施。

为贯彻落实《中共中央　国务院关于全面推进美丽中国建设的意见》，2024 年 7 月，北京市人民政府发布了《中共北京市委　北京市人民政府关于全面建设美丽北京加快推进人与自然和谐共生的现代化的实施意见》，该文件明确提出了美丽北京建设的阶段性目标和总体要求，提出“到 2027 年，

① 《北京市人民政府办公厅关于印发〈推进美丽北京建设　持续深入打好污染防治攻坚战 2024 年行动计划〉的通知》，北京市生态环境局网站，2024 年 2 月 9 日，https://sthjj.beijing.gov.cn/bjhrb/index/xxgk69/zfxxgk43/fdzdgknr2/zcfb/szfgfxwj/436356490/index.html。

② 《北京市人民政府关于印发〈北京市碳排放权交易管理办法〉的通知》，北京市人民政府网站，2024 年 3 月 12 日，https://www.beijing.gov.cn/zhengce/zfwj/zfwj2016/szfwj/202403/t20240312_3587396.html。

③ 《北京市人民政府办公厅关于印发〈北京市关于加强新时代水土保持工作的实施意见〉的通知》，北京市人民政府网站，2024 年 3 月 26 日，https://www.beijing.gov.cn/zhengce/zfwj/zfwj2016/bgtwj/202403/t20240326_3601772.html。

生态环境持续改善，国土空间开发保护格局得到优化，绿色发展理念更加深入人心，美丽北京建设取得积极进展。到 2035 年，生态环境根本好转，碳排放显著下降，国土空间开发保护新格局全面形成，绿色低碳生产生活方式成为社会广泛自觉，美丽北京率先基本建成。展望 21 世纪中叶，建成富强民主文明和谐美丽的社会主义现代化强国首都，美丽北京成为超大城市可持续发展的典范"①。为达到以上美丽北京建设目标，该文件还从绿色低碳、污染防治、生态保护、严守安全、示范引领、共建共享、综合保障、党的领导等八大方面，制定了具体的任务和实施措施。

（十七）生活垃圾无害化处理率

2024 年北京市"生活垃圾无害化处理率"三级指标得分为 100.00 分，自 2018 年以来，北京市生活垃圾无害化处理率一直保持在 100%。2024 年，北京市出台的多项政策文件中都明确规定了生活垃圾处理的相关内容。1 月，北京市人民政府发布《2024 年政府工作报告》，提出要持续抓好垃圾分类、物业管理两个"关键小事"，创建生活垃圾分类示范居住小区（村）2800 个，住宅物业服务覆盖率达到 97%。② 为将绿色低碳发展理念融入国民教育体系，推进绿色低碳教育教学发展，引导青少年牢固树立绿色低碳发展理念，北京市教育委员会于 2024 年 4 月印发《北京市绿色低碳发展国民教育体系建设实施方案》，提出要推进资源节约循环高效利用，积极开展生活垃圾分类、反食品浪费和塑料污染治理等专项行动。鼓励采用微生物技术，示范实施高校餐厨垃圾就地资源化处理。③

---

① 《中共北京市委　北京市人民政府关于全面建设美丽北京加快推进人与自然和谐共生的现代化的实施意见》，北京市人民政府网站，2024 年 8 月 1 日，https：//www. beijing. gov. cn/zhengce/zhengcefagui/202408/t20240801_ 3764684. html。

② 《2024 年政府工作报告》，北京市人民政府网站，2024 年 1 月 29 日，https：//www. beijing. gov. cn/zhengce/zhengcefagui/202403/t20240312_ 3587260. html。

③ 《北京市教育委员会关于印发〈北京市绿色低碳发展国民教育体系建设实施方案〉的通知》，北京市人民政府网站，2024 年 4 月 18 日，https：//www. beijing. gov. cn/zhengce/zhengcefagui/202405/t20240530_ 3698649. html。

北京市深入贯彻实施乡村振兴战略，重视农村的生态环境保护和美丽乡村建设。2024 年 3 月，中共北京市委、北京市人民政府印发《关于深入学习运用“千村示范、万村整治”工程经验有力有效做好 2024 年乡村振兴重点工作的实施方案》，提出要加强农村生态文明建设，持续创建生活垃圾分类示范村，推动农村生活垃圾源头分类减量；开展农村户厕粪污就地就近资源化利用；试点推进农宅光伏发电、分布式能源、低碳村庄建设；完成 3000 户以上山区住户清洁取暖改造，有序做好清洁取暖设备使用到期更新工作。[①] 同年 5 月，北京市出台《北京市乡村振兴促进条例》，提出要持续推进农村人居环境整治，推进农村生活垃圾分类减量和建筑垃圾规范处置；推广应用适宜改厕技术，分类推进厕所改造；保障饮水安全，加强小微水体治理，提高污水收集处理能力；开展公共空间治理，整治架空线，实施清洁能源改造，推进村庄绿化美化。[②]

（十八）突发环境事件

2024 年北京市“突发环境事件”三级指标得分为 95.00 分。北京市及各区重视突发环境事件应急演练，并不断完善突发环境事件应急的相关法律法规和政策。2023 年 6 月，北京市突发事件应急委员会发布《北京市突发环境事件应急预案（2023 年修订）》，该文件按照事件严重程度，将突发环境事件划分为特别重大、重大、较大和一般 4 个级别，并明确了北京市突发环境事件分级标准，进一步细化了各级环境应急协调小组及其他相关部门的组织结构与职责，制定了具体的突发环境事件监测与风险防控、应急响应与处置、后期工作、应急保障、预案管理等全方位、全过程、全

---

① 《中共北京市委　北京市人民政府印发〈关于深入学习运用“千村示范、万村整治”工程经验有力有效做好 2024 年乡村振兴重点工作的实施方案〉的通知》，北京市人民政府网站，2024 年 3 月 15 日，https：//www. beijing. gov. cn/zhengce/zhengcefagui/202403/t20240315_ 3590248. html。

② 《北京市乡村振兴促进条例》，北京市法规规章规范性文件数据库，2024 年 5 月 31 日，https：//www. beijing. gov. cn/zhengce/dfxfg/202406/t20240606_ 3705612. html。

领域的实施措施。[①] 2023 年 10 月，北京市人民政府印发《北京市空气重污染应急预案（2023 年修订）》，进一步优化调整空气污染预警分级标准，降低预警启动门槛，对工业企业、施工工地开展差异化管控措施，明确了北京市空气重污染应急指挥部成员单位职责，进一步把空气重污染治理责任压实。[②]

（十九）景区安全设施

2024 年北京市“景区安全设施”三级指标得分为 87.38 分，比 2023 年的 90.15 分低 2.77 分。通过问卷调查，针对问题“当地景区游览区是否设有明显的安全警示标志?”，有 87.38%的受访者表示当地景区游览区设有明显的安全警示标志，有 12.62%的受访者表示当地景区游览区没有设置明显的安全警示标志。与 2023 年相比，2024 年受访者对景区安全设施的评分呈下降趋势。根据表 15 中的评分标准，“景区安全设施”三级指标得分为 87.38 分。根据北京市 2023 年旅游公共服务设施情况，北京市 A 级及以上旅游景区 215 个，旅游景区厕所 1876 座，游客服务中心 237 座，标识标牌 75957.6833 平方米，人行步道 5077317.94 平方米，长廊（观景平台、休息亭）190781.92 平方米，无障碍坡道 41113.72 米，休息座椅 28758 个（套、组），垃圾桶 26892 个，轮椅 891 个。2023 年，共计提升改造旅游厕所 123 座，游客服务中心 13 座，标识标牌 5622.583 平方米，人行步道 2792 平方米，长廊（观景平台、休息亭）607 平方米，无障碍坡道 848.56 米，休息座椅 699 个（套、组），垃圾桶 1228 个，轮椅 72 个。[③]

---

① 《北京市突发环境事件应急预案（2023 年修订）》，北京市人民政府网站，2023 年 6 月 5 日，https：//www.beijing.gov.cn/zhengce/zhengcefagui/202308/t20230817_3224245.html。

② 《北京市人民政府关于印发〈北京市空气重污染应急预案（2023 年修订）〉的通知》，2023 年 10 月 25 日，https：//sthjj.beijing.gov.cn/bjhrb/index/xxgk69/zfxxgk43/fdzdgknr2/zcfb/szfgfxwj/436300933/index.html。

③ 《2023 年旅游公共服务设施情况》，北京市文化和旅游局网站，2023 年 11 月 27 日，https：//whlyj.beijing.gov.cn/ggfw/ly/202212/t20221213_2878441.html。

表 15　北京市“景区安全设施”三级指标问卷调查数据得分

单位：分，%

相关变量	类别	评分	占比		相关变量得分	
			2023 年	2024 年	2023 年	2024 年
E9-当地景区游览区是否设有明显的安全警示标志?	是	100	90.15	87.38	90.15	87.38
	否	0	9.85	12.62		

（二十）旅游服务质量

2024 年北京市“旅游服务质量”三级指标得分为 78.51 分。通过问卷调查，针对问题“您最近一年内在景点附近见到过导游私自拉客行为吗?”，如表 16 所示，2024 年有 61.73%的受访者表示“未见过”，比 2023 年的 56.23%高 5.5 个百分点，有 38.27%的受访者表示在景点附近偶尔见到或经常见到导游私自拉客行为，比 2023 年的 43.76%低 5.49 个百分点。具体而言，2024 年有 28.44%的受访者表示在景点附近偶尔会见到导游私自拉客行为，比 2023 年的 29.60%低 1.16 个百分点；有 9.83%的受访者表示在景点附近经常见到导游私自拉客行为，比 2023 年的 14.16%低 4.33 个百分点。根据表 16 中的评分标准，2024 年北京市“旅游服务质量”问题一的得分为 75.95 分，比 2023 年的 71.03 分高 4.92 分。

通过问卷调查，针对“您对当地的旅游服务是否满意?”，如表 16 所示，2024 年有 79.39%的受访者对北京市的旅游服务质量表示很满意或比较满意，略高于 2023 年的占比（79.22%）。具体而言，2024 年有 49.89%的受访者对北京市的旅游服务质量表示很满意，比 2023 年的 42.88%高 7.01 个百分点；有 29.50%的受访者对北京市的旅游服务质量表示比较满意，比 2023 年的 36.34%低 6.84 个百分点。同时，有 3.69%的受访者对北京市的旅游服务质量表示不太满意或很不满意，略高于 2023 年的占比。根据表 16 中的评分标准，2024 年北京市“旅游服务质量”问题二的得分为 81.07 分，达到了良好等级，比 2023 年的 79.52 分高 1.55 分。

综合“旅游服务质量”三级指标的问题一和问题二的得分，计算得出北京市的“旅游服务质量”指标得分为78.51分，比2023年的75.28分高3.23分。2023~2024年，北京市持续完善旅游公共服务设施建设，打击旅游市场违法犯罪活动，旅游公共服务品质不断提升，公众满意度有了较大提高。

表16　北京市“旅游服务质量”三级指标问卷调查数据得分

单位：分，%

相关变量	类别	评分	占比		相关变量得分		总得分	
			2023年	2024年	2023年	2024年	2023年	2024年
C29-您最近一年内在景点附近见到过导游私自拉客行为吗?	经常见到	0	14.16	9.83	71.03	75.95	75.28	78.51
	偶尔见到	50	29.60	28.44				
	未见到	100	56.23	61.73				
E10-您对当地的旅游服务是否满意?	很满意	100	42.88	49.89	79.52	81.07		
	比较满意	75	36.34	29.50				
	一般	50	17.60	16.93				
	不太满意	25	2.33	2.35				
	很不满意	0	0.85	1.34				

（二十一）旅游安全突发事件

2024年北京市“旅游安全突发事件”三级指标得分为95.00分。2023~2024年，北京市不断完善旅游行业风险监管、突发事件处置、旅游安全制度建设等方面的法律法规和政策。2023年2月，北京市文化和旅游局印发《北京市文化和旅游市场信用管理办法》，该文件明确了市文化和旅游局信用管理部门的具体职责内容，包括负责信用信息安全管理等；将“旅游市场主体和从业人员发生重大安全事故，属于旅游市场主体主要责任的”认定为严重失信主体，将“文化和旅游市场主体和从业人员在旅游经营活动中存在安全隐患，未在指定期限内整改完毕的”认定为轻微失信主体。[①] 2023 年 3 月，北京市文化和旅游局印发《北京市文化和旅游行业风险监管工作制度（暂行）》，该文件提出要构建文化和旅游行业风险一体化综合监管体系，创新和加强事前事中事后全链条全过程监管，全面推进北京市文化和旅游行业风险分类管理工作；提出统筹推进四级风险分类，制定风险分类标准和风险管理规范。[②] 2023 年 7 月，北京市文化和旅游局印发《北京市旅游突发事件应急预案（2023 年修订）》，该文件根据旅游突发事件的性质、危害程度、可控性以及造成或可能造成的影响，将旅游突发事件由高到低分为特别重大（Ⅰ级）、重大（Ⅱ级）、较大（Ⅲ级）、一般（Ⅳ级）四个级别，并对各个级别设置了量化标准，进一步明确了各层级及相关的职责内容，详细规定了旅游安全风险监测与提示、应急处置、后期工作、应急保障、预案管理等方面的具体内容。[③]

2024 年 3 月，北京市文化和旅游局、北京市教育委员会印发《北京市文化艺术类校外培训机构设置标准（试行）》，该文件设置了北京市文化艺术类校外培训机构的相关标准，进一步规范了营利性文化艺术类校外培训机构培训行为，还将"具有符合国家标准和安全条件的培训场所及设施设备"作为在北京市行政区域内设立文化艺术类校外培训机构的基本条件之一，明确提出文化艺术类校外培训机构应制定完善的消防、应急等安全、管理制度，并具体规定了培训场所及安全保障措施的详细内容。[④] 通过网络检索，可以看到 2024 年北京市并没有发生重大旅游安全突发事件，并不断完善相

① 《北京市文化和旅游局关于印发〈北京市文化和旅游市场信用管理办法〉的通知》，北京市人民政府网站，2023 年 2 月 27 日，https：//www. beijing. gov. cn/zhengce/zhengcefagui/202306/t20230608_ 3127049. html。

② 《北京市文化和旅游局关于印发〈北京市文化和旅游行业风险监管工作制度（暂行）〉的通知》，北京市文化和旅游局网站，2023 年 3 月 21 日，https：//whlyj. beijing. gov. cn/zwgk/zcfg/2021gfxwj/202303/t20230314_ 2935927. htm。

③ 《北京市文化和旅游局关于印发〈北京市旅游突发事件应急预案（2023 年修订）〉的通知》，北京市人民政府网站，2023 年 7 月 5 日，https：//www. beijing. gov. cn/zhengce/zhengcefagui/202309/t20230918_ 3261133. html。

④ 《北京市文化和旅游局　北京市教育委员会关于印发〈北京市文化艺术类校外培训机构设置标准（试行）〉的通知》，北京市文化和旅游局网站，2024 年 3 月 21 日，https：//whlyj. beijing. gov. cn/zwgk/zcfg/2021gfxwj/202403/t20240321_ 3595931. html。

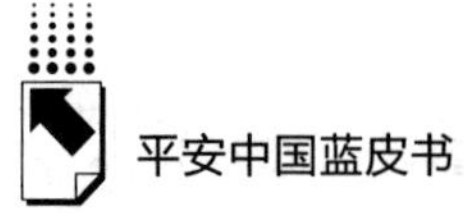

关政策，因此，2024 年北京市“旅游安全突发事件”三级指标得分为 95.00 分。

（二十二）旅游安全宣传教育

2024 年北京市“旅游安全宣传教育”三级指标得分为 81.88 分。通过问卷调查，针对问题“您是否浏览过旅游安全知识相关的宣传手册、视频等?”，如表 17 所示，有 73.13%的受访者表示浏览过旅游安全知识相关的宣传手册、视频等，有 26.87%的受访者表示没有浏览过旅游安全知识相关的宣传手册、视频等。根据表 17 中的评分标准，2024 年北京市“旅游安全宣传教育”三级指标的问卷调查数据得分为 73.13 分。

通过网络检索数据，可以看到北京市多形式、全方位、多部门协同开展旅游安全宣传教育，工作成效显著。2024 年 5 月，北京市文化和旅游局开展“5·19 中国旅游日”普法宣传活动，市文化和旅游局编写了《参团旅游“防坑”温馨提示》，在此次活动中进行了宣传讲解；该活动共发放宣传资料 500 余份，解答群众现场咨询 20 余人次;[①] 同月，北京市文化和旅游局会同相关部门联合召开北京市出境游旅行社安全和服务质量工作会，会议上通报了近期旅游市场典型案例，并依据各自职责对旅行社组织出境团服务管理提出工作要求。[②] 2024 年 6 月，文化和旅游部市场管理司、北京市文化和旅游局举办、北京市应急管理局、北京市消防救援总队等多个部门联合举办“2024 文化和旅游安全宣传咨询日”活动，通过展板展示、安全视频播放、发放宣传资料、安全应急讲解、现场演练、有奖问答等方式，开展贴近市民游客的互动式旅游安全知识宣传，包括普法宣传、反邪教警示宣传、消防安全、公共卫生安全、汛期出行安全、自驾游安全、应急避险和应急自救互救

---

① 《法律进景区——市文化和旅游局开展“5·19 中国旅游日”普法宣传活动》，北京市文化和旅游局网站，2024 年 5 月 22 日，https：//whlyj. beijing. gov. cn/zwgk/xwzx/gzdt/202405/t20240522_ 3691538. html。

② 《北京市文化和旅游局会同相关部门联合召开北京市出境游旅行社安全和服务质量工作会》，北京市文化和旅游局网站，2024 年 5 月 30 日，https：//whlyj. beijing. gov. cn/zwgk/xwzx/gzdt/202405/t20240530_ 3699802. html。

常识等内容。[①] 综上，北京市“旅游安全宣传教育”网络检索数据得分为95.00分。综合问卷调查数据和网络检索数据得分，“旅游安全宣传教育”三级指标的得分为81.88分。

表17 北京市“旅游安全宣传教育”三级指标问卷调查数据得分

单位：分，%

相关变量	类别	评分	占比	相关变量得分
E8-您是否浏览过旅游安全知识相关的宣传手册、视频等?	是	100	73.13	73.13
	否	0	26.87	

四 评估结论

2024年北京市“民生安全”一级指标得分为86.15分，略高于2023年得分，处于优秀等级。总体而言，北京市平安建设中的民生安全工作取得了一定的成效，但不同层级指标内部差异较大，反映出民生安全工作在一些领域中还存在问题。

（一）存在的问题

1. 人口宏观调控压力持续上升

2023年北京市人口数量最显著的变化就是常住人口数量超过了2022年，这是北京市近年来常住人口数量下降势头逐渐疲软后的首次反弹，与之相关的常住人口密度和常住人口年增长率也出现了不同于往年的变化。常住人口数量增多将直接增大人口调控压力，使人口调控工作的形势变得严峻。第一，人口结构问题加剧，主要体现在人口年龄结构和城乡人口比例两方面。自2015年以来，北京市15~59岁的劳动年龄人口数量逐年下降，60岁

① 《2024文化和旅游安全宣传咨询日活动在北海公园举办》，北京市文化和旅游局网站，2024年6月17日，https：//whlyj. beijing. gov. cn/zwgk/xwzx/gzdt/202406/t20240617_ 3714101. html。

及以上的老年人数量则在逐年上升。第二，流动人口管理服务工作有待提高，问卷调查数据显示，北京市大部分的流动人口并没有办理居住证，而且已办理居住证的流动人口中仍有部分人群反映办理居住证并不方便，这不利于对流动人口的管理和服务，增大了人口调控的压力。

2. 食品安全治理体系亟须进一步完善

2024 年北京市“食品安全”二级指标下设的三级指标中，“食品安全事故”和“食品安全宣传教育”的得分较低，均在 80 分以下，相比于 2023 年，二者均呈现下降趋势。问卷调查数据显示，2024 年有 35. 59%的受访者表示曾遇到过食品安全问题，有 15. 53%的受访者表示自己购买包装食品很少甚至从来不会关注食品的生产日期、保质期等信息，这反映了食品安全宣传教育还没有完全普及，食品消费者的安全意识还有待提高。无论是从居民遭遇食品安全事故的经历还是食品安全的自觉意识来看，目前北京市的食品安全问题短板明显，北京市食品安全工作仍面临一些困难和挑战，形势依然严峻复杂。食品安全治理成效不佳无疑会降低公众对食品安全的满意度和信任度，可能会引发消费者对食品行业、餐饮市场的信任危机，影响人民群众的获得感、幸福感和安全感。北京市亟须加大食品安全工作的投入力度，深化食品安全相关体制机制改革，完善食品安全治理体系。

3. 生态环境领域仍存在短板

近年来，北京市的生态环境质量有了明显提高，但 2024 年北京市“生态环境安全”二级指标下的三级指标中仍有 3 项的得分在 80 分以下，分别为“国家地表水考核断面”（75. 70 分）、“空气质量达标天数比例”（74. 20 分）和“生态环境指数”（70. 80 分）。总体而言，北京市上游地表水的水质好于下游，地下水位缓慢回升，山区水体水生态状况总体好于平原区。2023 年北京市空气质量优良天数比 2022 年有所减少，各区空气质量存在一定的差异性。生态系统的组成和结构得到优化，但不同功能区的生态环境指数差异较大。整体反映出北京市生态环境安全状况不断改善，但空气、水质、生态系统等诸多方面仍存在一定短板，未来生态环境治理还有很大的改善空间。

4. 旅游服务质量仍有较大提升空间

2024 年北京市“旅游安全”二级指标得分有一定幅度的增长，从 2023 年的 83.19 分增长到 2024 年的 85.69 分。但从其内部的三级指标来看，与 2023 年相比，2024 年“景区安全设施”三级指标得分有所下降，“旅游服务质量”“旅游安全突发事件”“旅游安全宣传教育”3 项三级指标的得分均有所上升，但“旅游服务质量”三级指标得分相对较低，在 80 分以下，问卷调查数据显示，有 38.27%的受访者表示在北京景点附近偶尔见到或经常见到导游私自拉客行为；仍有 3.69%的受访者对北京市的旅游服务表示不太满意或很不满意，这说明旅游服务质量仍有较大的提升空间；同时，有 26.87%的受访者表示没有浏览过旅游安全知识相关的宣传手册、视频等，旅游安全宣传教育不到位可能会使游客无法有效识别和规避潜在危险。

（二）完善建议

1. 促进人口高质量发展

应对少子化、老龄化将是北京市未来很长一段时间内的挑战，要全面、正确地认识北京市人口发展的新形势、新特点，实施人口宏观调控既要关注人口数量也要关注人口结构，从而促进人口高质量发展。第一，优化人口区域结构，疏散中心城区人口，增强周边城区吸引力，综合考虑政治、经济、文化、社会等因素，合理安排资源，科学划分城市功能区，健全周边城区的基本公共服务，提升周边城区的居住、医疗、教育保障，加强各区的轨道交通建设。第二，完善“一老一小”服务体系，降低生育养育成本，建设生育友好型社会，改善人口年龄结构，推动人口高质量发展，保障老年人的生活水平。第三，促进城乡之间的产业分工协作与互补，增强乡村公共服务资源的合理配置，推进城乡交通设施建设，促使人口空间分布更加科学合理。第四，深化户籍制度改革，优化居住证制度，持续推进流动人口基本公共服务均等化，促进流动人口的社会融合。

2. 加强食品安全治理体系建设

食品问题是最重要的民生问题之一，食品安全一直是人民群众关注的焦点。当前北京市食品安全形势依然严峻，应加强食品安全治理体系建设，完善食品安全法律法规和政策体系，实施食品安全的全流程监管，提高检查标准，扩大检查范围，增加检查次数；建立食品安全事故应急预案，保证群众上诉渠道畅通。完善食品安全事故处理机制，严厉打击与食品安全相关的违法犯罪活动；综合利用多种媒介、采取多种方式，针对不同类型人群开展食品安全知识宣传教育，提高群众的食品安全意识，增强群众参与食品安全治理的主体意识。

3. 加大生态环境安全的保护力度

“生态环境安全”是北京市“民生安全”的最大短板，在水质与水生态、空气质量、生态系统等诸多方面仍有较大的提升空间。北京市应持续完善生态环境安全领域的法律法规和政策体系，进一步加大保护力度，加强生态环境的多维度、全方位治理。切实发挥新技术对生态环境保护的作用，减少碳排放，严格控制污染物排放，持续深入打好污染防治攻坚战。加快经济社会发展全面绿色转型，健全生态环境治理体系，推进生态优先、节约集约、绿色低碳发展，促进人与自然和谐共生。积极推进生态环境保护全民行动，加大环境保护知识宣传教育，提升公众的环保意识。

4. 加强旅游安全治理工作

进一步完善与旅游相关的法律法规，加大对旅游行业的监管力度，严厉打击私拉游客、违规经营等行为，重点保障游客的合法权益。完善旅游安全设施，加大对消防设施、景区特种设备等安全隐患的排查力度。加强旅游安全风险的动态预测预警，做好应急管理，细化应急预案，加强应急演练，北京市尤其要关注暑假、汛期、山区等特殊时期、特殊天气、特殊区域和特殊部位的旅游安全隐患。落实旅游市场多元主体责任，加快推进旅游行业信用体系建设，加强旅游服务质量评估和监管，培育优质旅游服务品牌，大力培养旅游服务质量人才，持续提升旅游服务质量。加强旅游安全宣传教育，提醒群众规避危险，建立事故应急处理预案，普及基本的救护知识与救护方法。

参考文献

［1］黄忠顺：《突发生态环境事件应急处置费用请求权及其实现》，《法学》2024 年第 7 期。

［2］任远：《人口迁移流动与城镇化发展战略任务》，《北京行政学院学报》2024 年第 1 期。

［3］宋华琳：《风险规制的法律规范构造——以药品安全规制为例证》，《浙江学刊》2024 年第 4 期。

［4］田天亮：《透视人口高质量发展：目标定位、实现路径与理论创新》，《人口与经济》2024 年第 4 期。

［5］韦正峥、杜晓林、张婳姮等：《我国新时代美丽城市建设分异性策略研究》，《中国环境管理》2024 年第 2 期。

［6］吴林海、凌志远、陈秀娟：《基于社会共治框架的食品供应链质量投入行为策略选择研究》，《宏观质量研究》2024 年第 1 期。

［7］杨松、张言彩、王爱峰：《多主体参与下食品安全社会共治演化博弈稳定性》，《中国管理科学》2024 年第 4 期。

［8］翟向坤、蔡克信：《中国式新安全格局保障旅游高质量发展研究》，《旅游学刊》2024 年第 1 期。

［9］郑琛：《论高风险领域行政许可的司法审查——以药品审评为例证》，《南大法学》2024 年第 2 期。

［10］庄贵阳、陈寅岚：《“双碳”视域下的生态安全与风险防范》，《贵州社会科学》2024 年第 5 期。

B.7

平安北京建设保障调查报告（2024）

于小川　王 成*

摘　要：　平安建设保障是北京市平安建设的基石，2024 年平安北京建设在各方面都取得了较为丰硕的成果，在“人员保障”方面持续优化人才队伍建设，在“科技支撑”方面不断探索创新治理模式，各领域建设的民众认可度有所提升。但同时也暴露出平安北京建设法治保障一体化推进不足、宣传教育方面存在空白区域等问题。未来，平安北京建设保障应重点关注上述相关领域，进一步完善法治保障建设，探索多样化的宣传教育模式，确保平安北京建设稳步推进。

关键词：　平安建设保障　法治保障　宣传教育　北京市

一　指标设置及评估标准

（一）指标设置

“平安建设保障”一级指标下共设置 5 项二级指标，分别为“法治保障”“人员保障”“财务装备”“科技支撑”“宣传教育”，各二级指标下共设置 19 项三级指标（见表 1），通过上述指标对平安北京建设保障各个方面进行准确评估，能够反映当前平安北京建设保障的总体状况。

---

* 于小川，法学博士，中国人民公安大学治安学院副教授、硕士研究生导师，首都社会安全研究基地研究员；王成，中国人民公安大学 2022 级治安学专业硕士研究生。

表 1 “平安建设保障”指标设置

一级指标（权重）	二级指标（权重）	三级指标（权重）
平安建设保障（15%）	法治保障（20%）	平安建设地方性立法情况（30%）
		平安建设规范性文件情况（30%）
		平安建设决策容错纠错保障机制建设情况（30%）
		民众对法治保障的感受（10%）
	人员保障（20%）	警力配备情况（35%）
		专业队伍建设情况（25%）
		社会力量参与情况（25%）
		民众对人员保障情况的感受（15%）
	财务装备（25%）	平安建设经费投入情况（40%）
		平安建设硬件设施建设情况（40%）
		民众对财务装备保障的感受（20%）
	科技支撑（25%）	公共安全视频监控系统建设情况（20%）
		大数据深度应用（20%）
		信息资源共享融合情况（20%）
		信息化、智能化科技在平安建设中的应用（20%）
		信息安全防护建设（20%）
	宣传教育（10%）	是否将平安建设相关内容纳入领导干部培训（30%）
		是否将平安建设相关内容纳入中小学教育（30%）
		是否在全市范围内开展与平安建设有关的应急演练（40%）

（二）设置依据及评估标准

1. 设置依据

本年度的平安北京建设发展评估指标在以往基础上略有调整，二级指标的设置仍是以党的二十大报告为基本依据，三级指标的设置则有不同的依据。“法治保障”二级指标下部分三级指标设置的主要依据为《北京市法治政府建设实施意见（2021—2025 年）》中关于全面推进法治政府建设的宏观指导；其余各指标设置的主要依据包括《中华人民共和国国民经济和社会发展第十四个五年规划和 2035 年远景目标纲要》中关于建设更高水平的平安中国的具体要求，以及《“十四五”国家应急体系规划》中关于推进国家治理体系和治理能力现代化建设的实施意见。

2. 评估方法

本年度报告主要采用以下三种评估方法。一是根据往年评估情况和当下平安北京建设实际，对部分指标以及调查问卷进行调整和修改，使之契合时代发展。二是通过网络检索近年来的相关数据进行纵向比较，在部分指标上与上海市同期发展情况进行横向比较。三是充分挖掘问卷调查的相关数据，结合网络检索数据与问卷调查数据，对相关指标进行精准评估。

二　总体评估结果分析

2024 年“平安建设保障”一级指标下设的各二级指标得分如下：“法治保障”指标得分为 88.01 分，“人员保障”指标得分为 89.38 分，“财务装备”指标得分为 89.06 分，“科技支撑”指标得分为 91.00 分，“宣传教育”指标得分为 86.50 分，结合各二级指标的权重计算得出 2024 年“平安建设保障”一级指标得分为 89.14 分。

（一）法治保障

本指标得分为 88.01 分。

根据网络检索数据，2023 年 8 月～2024 年 8 月，北京市发布地方性法规及地方政府规章共 18 项，涉及平安建设的有 14 项；发布地方规范性文件共 572 项，涉及平安建设的有 104 项（见表 2）。

表 2　北京市地方性立法情况统计（2023 年 8 月～2024 年 8 月）

单位：项

类别	数量	类别	数量
地方性法规	16	政府工作文件	36
地方规范性文件	0	其他机构规范性文件	559
地方工作文件	22	其他机构司法文件	9
地方政府规章	2	其他机构工作文件	4089
政府规范性文件	13	合计	4746

根据网络检索数据，2023 年 8 月～2024 年 8 月，上海市发布地方性法规及地方政府规章共 57 项，涉及平安建设的有 45 项；发布地方规范性文件共 827 项，涉及平安建设的有 112 项（见表 3）。

表 3　上海市地方性立法情况统计（2023 年 8 月～2024 年 8 月）

单位：项

类别	数量	类别	数量
地方性法规	34	政府工作文件	119
地方规范性文件	0	其他机构规范性文件	760
地方工作文件	8	其他机构司法文件	5
地方政府规章	23	其他机构工作文件	3660
政府规范性文件	67	合计	4676

2021 年 8 月～2024 年 8 月，北京市和上海市的地方性立法情况分别如表 4 和表 5 所示。近年来，北京市立法数量不断上升，表明北京市在推进更高水平平安中国建设的进程中，始终坚持法治主导地位，充分发挥法治作用，不断推进国家治理体系和治理能力现代化。

表 4　北京市地方性立法情况跨年度比较统计

单位：项

类别	2021 年 8 月～2022 年 8 月	2022 年 8 月～2023 年 8 月	2023 年 8 月～2024 年 8 月
地方性法规	28	17	16
地方规范性文件	0	0	0
地方工作文件	18	19	22
地方政府规章	17	7	2
政府规范性文件	26	19	13
政府工作文件	59	40	36
其他机构规范性文件	575	459	559
其他机构司法文件	27	22	9
其他机构工作文件	2803	3245	4089
合计	3553	3828	4746

表 5　上海市地方性立法情况跨年度比较统计

单位：项

类别	2021 年 8 月 ~ 2022 年 8 月	2022 年 8 月 ~ 2023 年 8 月	2023 年 8 月 ~ 2024 年 8 月
地方性法规	61	34	34
地方规范性文件	1	1	0
地方工作文件	1	4	8
地方政府规章	22	14	23
政府规范性文件	51	66	67
政府工作文件	117	95	119
其他机构规范性文件	928	858	760
其他机构司法文件	3864	33	5
其他机构工作文件	60	4351	3660
合计	5105	5456	4676

习近平总书记在中央全面依法治国工作会议上指出，坚持全面依法治国是中国特色社会主义国家制度和国家治理体系的显著优势。法治保障是平安北京建设稳步推进的必要条件，也是北京市域治理现代化的重要支撑。唯有依法治理才能不断推进平安北京建设，有效保障人民合法权益，提升人民幸福感。2024 年北京市平安建设相关立法数量持续上升，地方规范性文件占比持续扩大，为平安北京建设提供了充足的法律支撑，同时开展多样化的法治宣传教育，不断推进法治中国建设，切实保障人民权益。但是，从平安北京建设相关地方性法规的构成来看，部分领域立法仍存在不足，影响了平安北京建设法治保障整体推进。另外，根据问卷调查数据可知，有超过 85% 的受访者认为当前平安北京建设法治保障较为完备。因此，本项指标得分为 88.01 分。

（二）人员保障

本指标得分为 89.38 分。

基层警力不足是全国各地公安机关普遍存在的问题。近年来，北京市不断扩充入警人员数量、科学配置警力，持续推动重心下移、警力下沉、保障下倾，全力夯实国家安全和社会稳定基层基础。2024 年北京市公安系统公开招录人民警察共计 1217 人，其中选调优秀毕业生 8 人，通过优培计划招录 3 人，招录事业编制人民警察 6 人（禁毒中心），公开招录公务员编制人民警察 1200 人。与 2023 年相比，2024 年北京市公安局招录人民警察数量有所下降。另外，问卷调查数据显示，有 89.89% 和 88.53% 的受访者认为当前北京市维护社会治安秩序的警察和专业队伍力量充足，能够满足安全需求。因此，本项指标得分为 89.38 分。

（三）财务装备

本指标得分为 89.06 分。

财务装备是推进平安北京建设的物质支柱。2024 年北京市公安局收入预算与支出预算都有所增加，但增幅较小。2024 年收入预算 812510.89 万元，比 2023 年初预算数 803852.76 万元增加 8658.13 万元，增长 1.07%，主要原因是人员正常晋级晋档及落实国家有关政策，一般公共预算拨款收入有所增加。2024 年支出预算 812510.89 万元，比 2023 年初预算数 803852.76 万元增加 8658.13 万元，增长 1.07%，主要原因是人员经费正常调资及落实国家有关政策，基本支出有所增加。另外，问卷调查数据显示，有 85.3% 的受访者认为平安北京建设所投入的经费充足，比 2023 年高 9.3 个百分点，表明 2024 年北京市在平安建设经费保障方面有所改进，能够满足绝大多数民众的安全需求。因此，本项指标得分为 89.06 分。

（四）科技支撑

本指标得分为 91.00 分。

科技赋能警务实战，提高警务工作质效，回应人民群众的新期待，是社会治理现代化发展的题中之义，也是平安中国建设的应有之义。2019 年 5 月，习近平总书记在全国公安工作会议上强调："要把大数据作为推动公安工作创新发展的大引擎、培育战斗力生成新的增长点，全面助推公安工作质

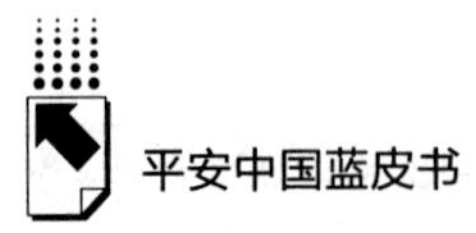

量变革、效率变革、动力变革。”当前正处于大数据、人工智能等技术蓬勃发展时期，公安工作要搭上科技的快车，不断为公安工作提质增效。近年来，随着科技兴警三年行动计划在全国范围内逐步展开，公安战略科技力量体系、人才梯队培育体系不断完善，平安中国建设水平得到进一步增强。2024 年，北京市公安机关在科技赋能警务实战等方面不断探索，深挖科技警务潜力，为平安建设注入了新的活力。因此，本项指标得分为 91. 00 分。

（五）宣传教育

本指标得分为 86. 50 分。

宣传教育是平安北京建设不可缺少的内容之一，对推进平安北京建设、着力提升民众安全感具有关键性作用。为更好发挥宣传教育作用，2024 年北京市在平安北京建设的宣传形式、宣传内容以及宣传教育基础设施等方面加大投入。同时，将平安北京建设作为重要工作内容，在更高层面探讨分析，不断提升平安北京建设的重要地位。同时问卷调查数据显示，有 94. 02%的受访者表示自己或者亲属的孩子在学校接受过安全教育，但同时也有较大一部分受访者对当前平安北京建设的相关内容表示不清楚，说明平安北京建设在宣传教育方面仍有待提升。因此，本项指标得分为 86. 50 分。

三　指标评估结果分析

（一）平安建设地方性立法情况

本指标得分为 85. 00 分。

根据网络检索数据，2023 年 8 月 ~2024 年 8 月，北京市共发布有关平安建设的地方性法规和地方政府规章 14 项，其中社会治理领域 11 项，社会治安防控领域 2 项，民生安全领域 1 项。另外，应急管理领域及矛盾纠纷化解领域均为 0 项（见表 6）。

表6　北京市平安建设地方性法规和地方政府规章（2023年8月~2024年8月）

单位：项

领域	名称
社会治理（11）	《北京市实施〈中华人民共和国动物防疫法〉办法》（2024年通过）
	《北京市乡村振兴促进条例》
	《北京市人民代表大会常务委员会关于进一步加强本市检察公益诉讼工作的决定》
	《北京市机动车停车条例》（2024年修正）
	《北京市人民代表大会常务委员会关于废止〈北京市行政性事业性收费管理条例〉的决定》
	《北京市人民代表大会常务委员会关于修改〈北京市机动车停车条例〉等二部地方性法规的决定》
	《北京市建筑绿色发展条例》
	《北京市审计条例》（2023年修正）
	《北京市人民代表大会常务委员会关于修改〈北京市审计条例〉的决定》（2023年通过）
	《北京市人民代表大会常务委员会关于加强国有资产管理情况监督的决定》
	《北京市地名管理办法》
社会治安防控（2）	《北京市人民代表大会常务委员会关于进一步加强本市反电信网络诈骗工作的决定》
	《北京市实施行政处罚程序若干规定》（2023年修订）
民生安全（1）	《北京市物业管理条例》（2024年修正）

同期网络检索数据显示，上海市共发布有关平安建设的地方性法规和地方政府规章45项，其中社会治理领域33项，社会治安防控领域5项，应急管理领域3项，矛盾纠纷化解领域1项，民生安全领域3项（见表7）。

表7　上海市平安建设地方性法规和地方政府规章（2023年8月~2024年8月）

单位：项

领域	名称
社会治理（33）	《上海市促进长三角生态绿色一体化发展示范区高质量发展条例》
	《上海市无废城市建设条例》
	《上海市住宅物业管理规定》（2023年修正）

续表

领域	名称
社会治理（33）	《上海市新建住宅交付使用许可规定》（2023 年修正）
	《上海市商品包装物减量若干规定》（2023 年修正）
	《上海市出租汽车管理条例》（2023 年修正）
	《上海市水资源管理若干规定》（2023 年修正）
	《上海市城市管理综合行政执法条例》（2023 年修正）
	《上海市历史风貌区和优秀历史建筑保护条例》（2023 年修正）
	《上海市促进家庭农场发展条例》（2023 年修正）
	《上海市人民代表大会常务委员会关于加强新时代检察机关法律监督工作的决定》（2023 年修正）
	《上海市人民代表大会常务委员会关于市人民政府制定规章设定行政处罚罚款限额的规定》（2023 年修正）
	《上海市酒类商品产销管理条例》（2023 年修正）
	《上海市发展方式绿色转型促进条例》
	《上海市优化营商环境条例》（2023 年修正）
	《上海市实施〈中华人民共和国土地管理法〉办法》（2023 年修正）
	《上海市人民代表大会常务委员会关于修改〈上海市优化营商环境条例〉的决定》（2023 年通过）
	《上海市人民代表大会常务委员会关于促进和保障“五个新城”建设的决定》
	《上海市爱国卫生与健康促进条例》
	《上海市流动户外广告设置管理规定》（2024 年修正）
	《上海市市标制作使用管理暂行规定》（2024 年修正）
	《上海市国有土地上房屋征收与补偿实施细则》（2024 年修正）
	《上海市停车场（库）管理办法》（2024 年修正）
	《上海市长兴岛开发建设管理办法》（2024 年发布）
	《上海市税费征收服务和保障办法》
	《上海市森林管理规定》（2024 年通过）
	《上海市社会公用计量标准器具管理办法》（2023 年修正）
	《上海市崇明禁猎区管理规定》（2023 年修正）
	《上海市道路和公共场所清扫保洁服务管理办法》（2023 年修正）
	《上海市市容环境卫生责任区管理办法》（2023 年修正）
	《上海市户外招牌设置管理办法》（2023 年修正）
	《上海市原水引水管渠保护办法》（2023 年修正）
	《上海市人民政府关于修改〈上海市原水引水管渠保护办法〉的决定》（2023 年通过）

续表

领域	名称
社会治安防控（5）	《上海市人民代表大会常务委员会关于修改〈上海市非机动车安全管理条例〉的决定》(2024年通过)
	《上海市人民代表大会常务委员会关于修改〈上海市人民代表大会常务委员会关于区县和乡镇人民代表大会工作的若干规定〉等5件地方性法规和废止〈上海市预防职务犯罪工作若干规定〉的决定》
	《上海市实施〈防范和处置非法集资条例〉办法》
	《上海市非机动车安全管理条例》(2024年修正)
	《上海市查处乱张贴乱涂写乱刻画乱悬挂乱散发规定》(2023年修正)
应急管理（3）	《上海市消防条例》(2023年修正)
	《上海市建设工程质量和安全管理条例》(2023年修正)
	《上海市安全生产事故隐患排查治理办法》(2024修正)
矛盾纠纷化解(1)	《上海市医患纠纷预防与调解办法》(2024年修正)
民生安全（3）	《上海市养老服务条例》(2023年修正)
	《上海市安置帮教工作规定》(2023年修正)
	《上海市人民代表大会常务委员会关于修改〈上海市养老服务条例〉等12件地方性法规和废止〈上海市保护和发展邮电通信规定〉等6件地方性法规的决定》

北京市因时出台各类规章制度，为平安建设起到了引领作用（见表8）。随着时代变化，各类规章制度不断改进，新制度不断发展，为北京市平安建设提供了强大的法治后盾。

表8　北京市平安建设地方性立法情况跨年度比较统计

单位：项

领域	2021年8月~2022年8月	2022年8月~2023年8月	2023年8月~2024年8月
社会治理	15	13	11
社会治安防控	2	1	2
应急管理	4	2	0
矛盾纠纷化解	0	0	0
民生安全	2	1	1
合计	23	17	14

法治保障是平安北京建设的重要指引，在推进更高水平的平安北京建设进程中始终发挥着重要作用。2024 年北京市不断加强平安建设各领域的立法工作，以法治中国建设的宏观指导为引领、以民众的实际需求为具体导向，各领域立法贴合民众实际需求，为推进法治中国建设、优化社会法治环境提供了重要支撑。但对比来看，2023 年 8 月 ~2024 年 8 月，北京市平安建设相关立法在数量上与上海市相比有所欠缺；另外，北京市平安建设部分领域立法存在不足，一定程度影响了平安北京建设法治保障的整体推进（见表 9）。总体来看，北京市平安建设相关立法在各领域不断推陈出新，为满足民众法治需求、推进平安北京建设提供了充足的法律支撑。因此，本项指标得分为 85.00 分。

表 9　京沪两地平安建设地方性立法情况比较统计
（2023 年 8 月 ~2024 年 8 月）

单位：项

领域	北京	上海
社会治理	11	33
社会治安防控	2	5
应急管理	0	3
矛盾纠纷化解	0	1
民生安全	1	3
合计	14	45

（二）平安北京建设规范性文件情况

本指标得分为 95.00 分。

根据网络检索数据，2023 年 8 月 ~2024 年 8 月，北京市共发布有关平安建设的地方规范性文件 103 项，其中社会治理领域 57 项，社会治安防控领域 5 项，应急管理领域 20 项，矛盾纠纷化解领域 5 项，民生安全领域 16 项（见表 10）。

表 10　北京市平安建设地方规范性文件

单位：项

领域	名称
社会治理（57）	《中共北京市委　北京市人民政府关于全面建设美丽北京加快推进人与自然和谐共生的现代化的实施意见》
	《北京市通州区财政局关于印发〈北京市通州区政府购买服务管理办法〉的通知》
	《北京市通州区经济和信息化局关于印发〈关于北京城市副中心绿色化改造提升项目补助资金的实施细则〉的通知》
	《北京市体育局　北京市民政局关于印发〈北京市市级体育类社会组织监管办法（试行）〉的通知》
	《北京市财政局转发财政部〈关于加强会计师事务所基础性标准体系建设的指导意见〉的通知》
	《北京市石景山区人民政府关于印发〈石景山区行政应诉工作规则〉的通知》
	《北京市卫生健康委员会印发〈关于进一步加强北京市医疗机构药事管理与药物治疗学委员会规范化管理的指导意见（试行）〉和〈关于进一步加强北京市医疗机构医用耗材管理委员会规范化管理的指导意见（试行）〉的通知》
	《北京市丰台区人民政府办公室关于印发〈丰台区落实户有所居加强农村宅基地及房屋建设管理实施办法（修正）〉的通知》
	《北京市住房和城乡建设委员会关于城市更新过程中对国有土地上私有房屋实施房屋征收有关事项的通知》
	《北京市人民政府关于相对集中水务领域行政处罚权的决定》
	《北京市交通委员会等部门关于印发〈北京市机动车驾驶员培训预付费监管办法（试行）〉的通知》
	《北京市大兴区建设工程施工现场扬尘治理“绿牌”工地管理暂行规定（修订版）》
	《北京市规划和自然资源委员会关于印发〈北京市规划自然资源领域信用评价及分级分类监管工作管理办法（试行）〉的通知》
	《关于印发〈旅行社服务规范指引〉〈导游服务规范指引〉和〈旅游景区服务规范指引〉（2.0 版）的通知》
	《北京市门头沟区声环境功能区划实施细则》
	《石景山区声环境功能区划实施细则（2024 年版）》
	《北京市交通委员会关于进一步规范道路停车费催缴及行政处罚工作的意见》
	《北京市昌平区人民政府办公室关于印发〈昌平区涉企行政检查“白名单”制度管理办法（试行）〉的通知》
	《北京市房山区人民政府关于印发〈房山区严控新生违法建设若干规定〉的通知》
	《北京市农业农村局关于规范本市限制使用农药定点经营管理的通知》
	《北京市园林绿化局关于印发〈园林绿化工程监理管理暂行规定〉的通知》

续表

领域	名称
社会治理（57）	《北京市规划和自然资源委员会关于印发〈北京市规划和自然资源委员会关于加强建设工程全过程规划监督工作的指导意见（试行）〉的通知》
	《北京市医疗保障局　北京市卫生健康委员会等部门关于印发切实推进门诊慢性病长处方政策落实若干措施的通知》
	《北京市规划和自然资源委员会印发〈关于进一步做好我市轨道交通线路一体化规划方案编制及管理工作的意见（试行）〉的通知》
	《关于印发〈平谷区优化营商环境推动高质量发展惠企助企政策汇编〉的通知》（京平营商〔2024〕1号）
	《北京市密云区人民政府关于印发〈北京市密云区声环境功能区划实施细则（2023年版）〉的通知》
	《北京市昌平区人民政府办公室关于印发〈北京市昌平区水生态区域补偿暂行办法〉的通知》
	《北京市水务局关于印发〈关于进一步加强水利工程质量管理工作的通知〉的通知》
	《北京市医疗保障局关于修订〈北京市医疗保障领域轻微违法免罚和初次违法慎罚办法〉的通知》
	《关于印发〈北京市推动职能部门做好生态环境保护工作的实施意见〉的通知》
	《北京市司法局　北京市人力资源和社会保障局关于进一步规范城市协管员从事社区矫正工作的意见》
	《北京市市场监督管理局关于印发〈北京市地方标准管理办法〉的通知》（2023年修订）
	《北京市文物局转发市安委会办公室〈关于进一步加强生产经营单位外包外租安全生产管理工作的通知〉》
	《北京市昌平区住房和建设委员会关于进一步加强房屋及市政基础设施工程外包外租安全生产管理工作的通知》（昌建发〔2023〕46号）
	《北京市住房和城乡建设委员会关于废止部分物业管理文件的通知》
	《北京市文化和旅游局　北京市公安局等部门关于印发〈北京市酒店业管理暂行办法〉的通知》
	《北京市民政局等七部门关于印发〈关于加强失能失智老年人照护服务支持的意见〉的通知》
	《北京市文物局关于印发〈北京中轴线志愿者服务管理规定〉的通知》
	《天津市市场监督管理委员会　北京市市场监督管理局　河北省市场监督管理局关于印发〈京津冀食品经营许可和备案管理实施办法〉的通知》
	《北京市民政局等部门关于印发〈北京市农村邻里互助养老服务点建设管理办法（试行）〉的通知》

续表

领域	名称
社会治理（57）	《北京市卫生健康委员会关于印发北京市卫生健康执法领域轻微违法行为不予行政处罚规则的通知》
	《北京市交易场所管理办法》
	《北京市卫生健康委员会　北京市中医管理局关于印发北京市诊所备案管理暂行办法的通知》
	《北京市怀柔区人民政府办公室关于废止〈怀柔区禁养区内规模化畜禽养殖场（小区）综合整治实施方案〉和〈怀柔区畜禽养殖业清退工作补偿办法〉的通知》
	《北京市水务局关于印发〈北京市生产建设项目水土保持方案管理规定（试行）〉的通知》
	《关于完善北京市养老服务体系的实施意见》
	《关于向广大群众征集对〈丰台区 2024 年重要民生实事项目〉意见与建议的通告》
	《北京市民政局关于印发〈北京市养老服务质量和安全社会监督员管理办法〉的通知》
	《北京市交通委员会等部门关于印发〈北京市通学定制公交运行服务监管工作规则（试行）〉的通知》
	《北京市住房和城乡建设委员会关于进一步规范住宅物业管理项目生活垃圾和住宅室内装饰装修相关收费的通知》
	《北京市住房和城乡建设委员会北京市规划和自然资源委员会关于进一步细化既有非居住建筑改建公寓型、宿舍型保障性租赁住房部分技术要求的通知》
	《北京市农业农村局关于印发〈北京市渔业捕捞网具最小网目尺寸的规定〉的通知》
	《北京市卫生健康委员会关于印发北京市公共场所卫生许可告知承诺管理办法的通知》（京卫监督〔2023〕7 号）
	《北京市历史建筑规划管理工作规程（试行）》
	《北京市零工市场规范化建设实施方案》
	《北京市住房和城乡建设委员会等部门关于印发〈北京市住房租赁押金托管和租金监管暂行办法〉的通知》
	《北京经济技术开发区管理委员会印发〈亦庄新城城市更新实施办法〉的通知》
社会治安防控（5）	《北京市医疗保障局关于〈北京市医疗保障领域违法违规行为行政处理实施办法（试行）〉的通知》
	《北京市生态环境局关于废止〈北京市环境保护局　北京市公安局　北京市交通局　北京铁路局关于加强铁路沿线交通安全管理的通告〉等 5 件规范性文件的通告》
	《北京市教育委员会等部门关于印发〈北京市中小学幼儿园校园及周边交通综合治理工作指导意见〉的通知》

续表

领域	名称
社会治安防控（5）	《北京市商务局等 3 部门关于印发〈学校、幼儿园周边售酒网点设置规定〉的通知》
	《关于进一步加强违法发包、转包、违法分包、挂靠行为查处的若干措施的通知》
应急管理（20）	《关于印发〈昌平区限额以下小型工程施工安全管理实施细则（试行）（2024 年修订）〉的通知》
	《北京市园林绿化局、中国人民财产保险股份有限公司北京市分公司关于印发〈森林保险防灾减损资金使用管理办法〉的通知》
	《北京市规划和自然资源委员会　北京市住房和城乡建设委员会　关于进一步明确建设工程消防设计审查验收有关要求的通知》
	《北京市住房和城乡建设委员会关于进一步完善建筑业企业资质审批监管系统异常预警功能的通知》
	《北京市国防动员办公室关于印发〈北京市人防领域市场主体信用分级分类监管办法（试行）〉〈北京市人防领域市场主体信用分级分类监管评分基准（试行）〉的通知》（京国动办发〔2024〕4 号）
	《北京市城市管理委员会等部门关于印发〈北京市新型储能电站运行管理办法（试行）〉的通知》（京管发〔2024〕2 号）
	《北京市国防动员办公室关于印发〈北京市人民防空系统行政违法行为分类目录（2023 版）〉的通知》
	《北京市国防动员办公室关于印发〈北京市人民防空系统行政处罚裁量基准（2023 版）〉的通知》
	《北京市人民政府办公厅关于印发〈北京市火灾事故调查处理规定〉的通知》
	《北京市园林绿化局关于印发〈北京市山区生态公益林生态效益促进发展机制森林健康经营（森林防火部分）项目管理办法〉的通知》（京绿办发〔2023〕252 号）
	《密云区区级储备粮管理办法（试行）》
	《北京市广播电视局　北京市公安局等部门关于印发〈关于加快推动北京市应急广播建设的实施意见（2023 年—2025 年）〉的通知》
	《北京市财政局　国家税务总局北京市税务局　转发财政部　海关总署　税务总局关于国家综合性消防救援队伍进口税收政策的通知》
	《北京市大兴区住房和城乡建设委员会　北京市大兴区限额以下小型工程安全管理联席会办公室关于印发〈大兴区限额以下小型工程施工安全管理工作实施细则（试行）〉的通知》
	《北京市粮食和物资储备局等关于印发〈北京市市级应急救灾物资储备管理办法〉的通知》
	《北京市粮食和物资储备局　中国农业发展银行北京市分行关于进一步健全粮食收购融资协调机制的通知》

续表

领域	名称
应急管理（20）	《通州区储备粮管理办法》
	《北京市卫生健康委员会关于印发突发事件卫生应急预案管理实施细则的通知》
	《限额以下小型工程施工安全管理办法（试行）》
	《北京市怀柔区人民政府关于印发〈怀柔区储备粮管理办法〉的通知》
矛盾纠纷化解（5）	《北京市知识产权局关于处理专利侵权纠纷和调解专利纠纷有关事项的通告》
	《北京市人民政府国有资产监督管理委员会关于印发〈市管企业法律纠纷案件管理办法〉的通知》（京国资发〔2023〕26 号）
	《北京市知识产权局关于印发〈北京市知识产权局关于专利侵权纠纷行政裁决工作若干问题的规定〉的通知》
	《关于进一步加强本市农民工工资争议速裁庭建设的通知》
	《北京市人力资源和社会保障局关于印发〈北京市劳动人事争议仲裁文书电子送达和网上公告送达规定〉的通知》
民生安全（17）	《东城区普通地下室安全使用管理规定》
	《北京市住宅工程质量分户验收和业主查验管理办法（试行）》
	《通州区住房和城乡建设委员会关于严格执行〈北京市住宅工程质量分户验收和业主查验收管理办法（试行）〉的通知》
	《北京市通州区住房和城乡建设委员会关于进一步加强住宅工程联合验收工作的通知》
	《北京市市场监督管理局关于进一步加强电梯检验、检测工作的通知》
	《河北省药品监督管理局等三部门关于印发〈京津冀药品上市许可持有人药物警戒质量管理规范操作指南（试行）〉的通知》
	《北京市西城区人民政府办公室关于印发〈西城区平房（院落）保护性修缮和恢复性修建试点项目实施细则（试行）〉的通知》
	《关于贯彻落实〈互联网诊疗监管细则（试行）〉的通知》
	《北京市粮食和物资储备局关于印发〈北京市粮食质量安全监管实施细则〉的通知》
	《北京市民政局关于印发〈关于进一步推进老年人居家适老化改造工程的实施意见〉的通知》
	《北京市住房和城乡建设委员会关于进一步加强住宅物业管理项目安全管理的通知》
	《北京市卫生健康委员会关于印发北京市社区老年健康服务规范（2023 年版）的通知》
	《北京市药品监督管理局关于印发〈北京市药品网络销售监督管理办法实施细则〉的通知》

续表

领域	名称
民生安全（17）	《北京市民政局关于印发〈北京市养老服务质量和安全重点监测点实施办法〉的通知》
	《北京市水务局　北京市卫生健康委员会　关于进一步加强和规范生活饮用水水质日常监管与检测工作的通知》
	《北京市药品监督管理局关于实施〈北京市中药饮片炮制规范〉（2023 年版）有关事宜的公告》

同期网络检索数据显示，上海市共发布有关平安建设的地方规范性文件 112 项，包括涉及社会治理领域 39 项，社会治安防控领域 8 项，应急管理领域 32 项，矛盾纠纷化解领域 12 项，民生安全领域 21 项（见表 11）。

表 11　上海市平安建设地方规范性文件

单位：项

领域	名称
社会治理（39）	《上海市水务局关于〈白龙港污水处理厂初雨调蓄（截流）工程方案〉行业意见的通知》
	《上海市民政局关于印发〈上海市社会组织违法行为行政处罚裁量基准〉的通知》
	《上海市生态环境局关于进一步规范机动车排放检验机构环境管理工作的通知》
	《上海市水务局关于〈浦东新区金桥南区 PDP0-0407 单元供水及排水规划〉行业意见的通知》
	《上海市水务局关于〈宝杨泵站初雨调蓄池新建工程可行性研究报告〉行业意见的通知》
	《上海市水务局关于〈朱泾镇镇区雨水系统专业规划（2023—2035）〉行业意见的通知》
	《上海市生态环境局关于印发〈上海市生态环境　损害赔偿专家库管理办法（试行）〉的通知》
	《上海市人民政府关于深化环境影响评价与排污许可制度改革的实施意见》
	《关于进一步加强上海市国家级自然公园管理有关工作的通知》
	《上海市水务局关于印发〈上海市水工程建设规划同意书制度管理办法实施细则（试行）〉等文件的通知》
	《上海市水务局关于〈浦东新区新场镇镇区排水系统专业规划〉行业意见的通知》
	《关于印发〈临港新片区道路基础设施移交接管管理办法〉的通知》
	《上海市体育局关于进一步加强高危险性体育项目开放场所安全管理工作的通知》

续表

领域	名称
社会治理（39）	《上海市生态环境局关于废止〈上海市海洋工程建设项目环境保护设施验收管理办法〉的通知》
	《上海市人民政府办公厅关于加强低收入人口动态监测完善分层分类社会救助体系的实施意见》
	《上海市水务局关于进一步强化本市水务建设工程安全生产的通知》
	《关于印发〈临港新片区道路设施维护项目管理办法〉的通知》（2024 年修订）
	《关于印发〈长江三角洲区域生态环境行政处罚裁量规则〉的通知》
	《关于印发〈关于本市电动自行车停放场所和充电设施规划资源实施意见〉的通知》
	《上海市教育委员会关于进一步加强本市教育系统电动自行车安全管理工作的通知》
	《黄浦区人民政府办公室关于印发〈黄浦区精准高效协同监管实施办法（试行）〉的通知》
	《上海市水务局关于〈青浦区练塘镇雨水专业规划（2022—2035）〉行业意见的通知》
	《上海市住房和城乡建设管理委员会关于批准〈电动自行车集中充电和停放场所设计标准〉为上海市工程建设规范的通知》
	《关于印发〈上海市生态环境损害赔偿工作实施细则〉的通知》
	《关于印发〈上海市 2024 年生活垃圾分类工作实施方案〉的通知》
	《关于表彰上海市生活垃圾管理先进集体和先进个人的决定》
	《关于印发〈无驾驶人智能网联汽车车身标识及装置要求〉〈智能网联汽车安全员培训和管理规范〉〈智慧道路建设规范〉的通知》
	《（试行）律师办理安全生产法律业务操作指引（2024）》
	《上海市生态环境局、市住房城乡建设管理委、市交通委关于印发〈上海市扬尘在线监测数据执法应用规定〉的通知》（沪环规〔2024〕02 号）
	《上海市人民政府关于下放一批行政许可和行政处罚等事项的决定》
	《关于进一步加强城管执法领域安全防范工作的通知》
	《（有效期至 2026 年 2 月 28 日）上海市药品监督管理局关于印发〈上海市药品生产经营企业质量安全重点管理人员管理办法（试行）〉的通知》
	《上海化学工业区管理委员会关于印发〈上海化学工业区网络安全责任制实施细则〉的通知》
	《上海市人民政府关于本市禁止生产经营食品品种的通告》
	《上海海事局关于发布〈崇明三岛及其附近水域通航安全管理规定〉的公告》
	《上海市住房和城乡建设管理委员会关于印发〈上海市施工作业保护燃气管道管理规定〉的通知》

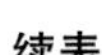
续表

领域	名称
社会治理 (39)	《上海市住房和城乡建设管理委员会关于印发〈上海市建设工程危险性较大的分部分项工程安全管理实施细则〉的通知》
	《上海市住房城乡建设管理委、上海市房屋管理局、上海市城管执法局、上海市公安局关于进一步加强损坏房屋承重结构行政执法协同工作的通知》
	《关于印发〈上海市土地违法案件查处办法〉的通知》
社会治安防控 (8)	《黄浦区人民政府关于印发〈黄浦区新天地地区综合管理办法〉的通知(有效期至2029年4月12日)》
	《上海市人民政府办公厅延长〈上海市人民政府办公厅关于本市加强中小学幼儿园安全风险防控体系建设的实施意见〉有效期的通知》
	《中共上海市委　上海市人民政府关于学习运用"千村示范、万村整治"工程经验有力有效推进乡村全面振兴的实施意见》
	《关于印发〈上海市集中出租房屋　安全管理规定〉的通知》
	《关于印发〈上海市保安培训机构备案管理办法〉的通知》
	《(2023年12月25日起施行,有效期至2028年12月24日)上海市市场监督管理局关于印发〈上海市市场监管领域不予行政处罚和减轻行政处罚实施办法〉的通知》
	《上海市公安局关于修改〈上海市公安局关于对部分违反治安管理行为实施处罚的裁量基准〉的决定》
	《上海市应急管理局关于印发上海市应急管理行政处罚裁量规则的通知》
应急管理 (32)	《关于印发〈进一步发挥承运人责任保险和安全生产责任保险在本市道路旅客运输和道路危险货物运输行业事故预防服务作用的实施意见〉的通知》
	《上海市人民政府办公厅关于进一步加强本市城市公共消防安全工作的意见》
	《关于印发〈上海市化工园区认定管理实施细则〉的通知(本细则自2024年5月9日起施行,有效期至2029年5月8日)》
	《关于印发〈上海市病媒生物预防控制服务机构备案管理办法〉的通知》
	《市发展改革委等关于印发修订后的〈促进和规范利用存量资源加大养老服务设施供给的工作指引〉的通知》
	《上海市人民政府关于延长〈上海市气象灾害预警信号发布与传播规定〉有效期的通知》
	《关于开展2024年政策性粮油库存检查工作的通知》
	《(试行)律师从事金融(消费)纠纷案件调解业务操作指引(2024)》
	《上海市住房和城乡建设管理委员会关于印发〈上海市建筑工程设计文件抗震设防审查管理办法〉的通知》
	《关于组织申报2024年度上海市疾病预防控制政策研究课题的通知》
	《关于印发〈上海市传染病防治行政处罚裁量基准〉的通知》(沪卫规〔2024〕5号)

续表

领域	名称
应急管理（32）	《关于印发〈上海市突发性地质灾害防治管理工作规则〉的通知》
	《上海市人民政府办公厅关于印发〈本市系统化全域推进海绵城市建设的实施意见〉的通知》
	《上海市教育委员会关于印发〈上海市属教育单位应急抢险救灾工程管理办法〉的通知》
	《关于印发〈上海市心脑血管急性事件登记报告办法〉的通知》
	《黄浦区人民政府关于印发修订后的〈黄浦区退出序列公用人民防空工程隐患整治管理办法〉的通知(有效期至 2029 年 1 月 17 日)》
	《关于开展 2023 年粮食流通统计调查制度执行情况检查的通知》
	《关于进一步加强房管领域防汛工作的通知》
	《上海市住房和城乡建设管理委员会关于印发〈上海市建设工程质量风险管理机构管理规定〉的通知》
	《关于印发〈关于加强养老机构消防安全标准化管理的实施意见〉的通知》
	《关于废止〈上海市粮食和物资储备局行政复议实施办法〉的通知》
	《关于印发〈浦东新区粮食应急保障资金管理办法〉的通知》
	《关于印发〈浦东新区粮食应急保障企业管理实施细则〉的通知》
	《区应急管理局关于印发〈浦东新区应急管理局应急指挥中心专家管理办法〉的通知》
	《上海市住房和城乡建设管理委员会关于印发〈上海市建设工程消防设计审查验收管理办法〉的通知》
	《上海市水务局关于松江区 2023 年区管河道护岸应急工程初步设计报告批复意见的函》
	《上海市人民政府办公厅印发〈关于进一步加强本市消防基础设施建设的实施意见〉的通知》
	《关于印发〈上海市海绵城市规划建设管理办法〉的通知》
	《关于进一步加强本市粮食和物资储备行业职业技能提升工作的通知》
	《上海市住房和城乡建设管理委员会关于批准〈桥梁抗震设计标准〉为上海市工程建设规范的通知》
	《浦东新区人民政府关于印发〈浦东新区人防工程管理若干规定〉的通知》
	《关于印发〈上海市农业行业领域安全生产重大事故隐患判定标准(试行)〉的通知》
矛盾纠纷化解（12）	《关于印发〈市国资委监管企业法律纠纷案件管理办法〉的通知》
	《关于印发〈关于促进本市商事调解高质量发展的若干措施〉的通知》
	《关于印发〈上海市医疗纠纷中尸检工作管理规定〉的通知》
	《(试行)律师从事婚姻家事案件调解业务操作指引(2024)》

续表

领域	名称
矛盾纠纷化解（12）	《关于印发〈关于进一步加强能力建设　加快培育国际一流仲裁机构的行动方案〉的通知》
	《浙江省市场监督管理局上海市市场监督管理局江苏省市场监督管理局安徽省市场监督管理局关于批准发布〈劳动争议联合调解和协同仲裁服务规范〉长三角洲区域地方标准的公告》
	《上海化学工业区管理委员会关于推广“4+N”机制加强矛盾纠纷排查化解的指导意见》
	《（试行）律师从事劳动争议调解业务操作指引（2024）》
	《关于印发《浦东新区会展知识产权纠纷快速处理规定〉的通知》
	《关于印发〈上海市房产面积测绘成果争议处理办法〉的通知》
	《（试行）律师办理国内商事机构仲裁涉及仲裁员选定的法律业务操作指引（2024）》
	《（试行）律师办理国内商事仲裁涉及证人、专家报告及鉴定报告的法律业务操作指引（2024）》
民生安全（21）	《上海市人民政府办公厅关于推动本市疾病预防控制事业高质量发展的实施意见》
	《上海市疾病预防控制局、上海市卫生健康委员会、上海市教育委员会关于组织开展上海市“健康副校（园）长”制度试点工作的通知》
	《上海市体育局关于印发〈上海市高危险性体育赛事活动许可实施办法〉的通知》
	《上海市药品监督管理局等7部门联合印发〈关于促进上海市药品零售行业健康发展的若干意见〉》（2024年修订）
	《关于发布2024年度上海市疾病预防控制政策研究课题立项清单的通知》
	《关于印发〈关于繁荣发展新时代上海卫生健康文化建设的意见〉的通知》
	《上海市民政局关于〈上海市社会救助条例〉实施中若干问题的意见》
	《上海市民政局关于印发〈上海市社会救助家庭经济状况认定办法〉的通知》
	《上海市人民政府印发修订后的〈关于切实改善本市农民生活居住条件和乡村风貌　进一步推进农民相对集中居住的若干意见〉的通知》
	《关于印发〈上海市住宅工程业主房屋质量预看房管理办法〉的通知》
	《上海市市场监督管理局关于印发〈上海市食品经营许可和备案管理实施办法〉的通知》
	《关于印发〈关于加强本市孤独症儿童关爱服务工作的指导意见〉的通知》
	《关于印发〈上海市推进住宅工程质量潜在缺陷保险实施办法〉的通知》
	《上海市人民政府关于印发修订后的〈上海市饮用水水源保护缓冲区管理办法〉的通知》
	《上海市人民政府办公厅关于印发〈上海市食品安全工作评议考核办法〉的通知》

续表

领域	名称
民生安全（21）	《关于印发〈上海市道路交通事故社会救助基金管理实施细则〉的通知》
	《上海市市场监督管理局　国家金融监督管理总局上海监管局关于印发〈上海市食品安全责任保险管理办法〉的通知》
	《关于废止〈食品安全地方标准餐饮服务单位食品安全管理指导原则〉等2项食品安全地方标准的通告》
	《（有效期至2029年7月4日）上海市药品监督管理局　上海市商务委员会　上海市医疗保障局　上海市卫生健康委员会　上海市市场监督管理局　上海市数据局　上海市禁毒委员会办公室关于印发〈关于促进上海市药品零售行业健康发展的若干意见〉的通知》
	《上海市交通委员会关于印发〈上海市市域铁路初期运营前安全评估认定管理办法〉的通知》
	《（2024年2月1日起施行，有效期至2026年1月31日）上海市市场监督管理局关于印发〈上海市网络餐饮服务食品安全监督管理办法（试行）〉的通知》

由表12可知，2021年8月~2024年8月，北京市平安建设地方规范性文件数量整体呈上升趋势，在上年的基础上逐步进行了完善，为推进平安北京建设提供了完善的法治保障。

表12　北京市平安建设地方规范性文件出台情况跨年度比较

单位：项

领域	2021年8月~2022年8月	2022年8月~2023年8月	2023年8月~2024年8月
社会治理	35	38	57
社会治安防控	5	7	5
应急管理	15	28	20
矛盾纠纷化解	2	1	5
民生安全	12	10	16
合计	69	84	103

由表13可知，2021年8月~2024年8月，北京市出台平安建设地方规范性文件的数量与上海市相比差距不大，相较上年度差距进一步减小，并且在丰富度上有所提升。因此，本项指标得分为95.00分。

表 13　2024 年京沪两地平安建设地方规范性文件出台情况比较统计
（2023 年 8 月~2024 年 8 月）

单位：项

领域	北京	上海
社会治理	57	39
社会治安防控	5	8
应急管理	20	32
矛盾纠纷化解	5	12
民生安全	16	21
合计	103	112

（三）平安建设决策容错纠错保障机制建设情况

本指标得分为 85.00 分。

近年来，北京市各级政府陆续出台了相关政策，为北京市容错纠错保障机制建设不断探索新路径。容错纠错机制不仅面向单位干部，也包括在广大群众层面的机制建设。2024 年 3 月，朝阳区发布《北京市朝阳区市场监督管理局轻微违法行为容错纠错清单 3.0》，轻微违法行为免罚事项达 187 项，进一步推动容错纠错“柔性执法”机制落地见效，为辖区各类经营主体提供更加包容的法治环境。自 2024 年以来，北京市市场监督管理局逐步在食品安全、广告监管等领域新增并修改容错纠错清单的部分条款，进一步完善容错纠错保障机制建设。2024 年北京市持续推进容错纠错保障机制建设，激励广大干部担当作为，不断推动柔性执法建设，让法律有温度，有利于平安北京建设发展、有利于提升人民群众生活幸福感。因此，本项指标得分为 85.00 分。

（四）民众对法治保障的感受

本指标得分为 85.14 分。

满足民众安全需求、提升民众生活安全感是进行平安建设工作的目标之一，是平安建设工作的重要组成部分，对平安建设具有重要意义。人民群众既是平安建设的参与者和建设者，也是其评判者，平安建设工作做得怎么样，应该由人民群众说了算。另外，民众对法治保障的感受对其安全感也有较大影响。问卷调查数据显示，有 56.65%的受访者认为北京市关于平安建设的立法完备、9.89%的受访者持相反观点，另外 33.46%的受访者则对该问题表示不清楚。按照计算方法，删除无效结果后，有 85.14%的受访者认为现阶段北京市关于平安建设的立法体系完备，相较于 2023 年有一定程度的提升。本指标只涉及对民众的主观调查，问卷调查数据得分即该指标的得分，因此，本项指标得分为 85.14 分。

（五）警力配备情况

本指标得分为 85.00 分。

公安机关人民警察是打击违法犯罪、保护民众合法权益的主要力量，警力资源的合理配备是公安工作的重要前提，也是平安北京建设的力量保障，对平安北京建设具有重要意义。近年来，北京市公安局依据社会治安形势和平安中国建设的宏大目标，立足公安工作实际，引入各类人才，不断完善人才队伍体系，补齐人员短板，以发挥出最大的治安效能。2024 年北京市公安系统招录警力 1514 人，其中人民警察 1217 人、文职辅警 297 人（见表 14），通过选调优秀毕业生招录 8 人、优培计划招录 3 人、事业编制招录人民警察 6 人（禁毒中心），多渠道、多方面招录人才，为北京市警力资源的合理配备注入了新的活力。问卷调查数据显示，有近 90%的受访者认为当前北京市公安机关警力充足，仅有约 10%的受访者认为当前北京市公安机关警力不足，相较于 2023 年有较大提升。因此，本项指标得分为 85.00 分。

表 14　2020~2024 年北京市公安系统公开招录人数统计

单位：人

种类	2020 年	2021 年	2022 年	2023 年	2024 年
人民警察	585	477	484	1875	1217
文职辅警	34	340	336	281	297

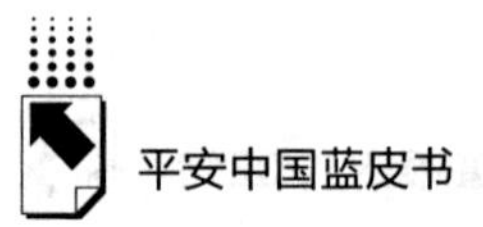

（六）专业队伍建设情况

本指标得分为 90. 00 分。

相比于一般的社会力量，专业队伍的组织性和专业性更强，在面对突发事件以及维护社会安全稳定方面能够发挥更大的作用，对于平安建设具有重要意义。2020 年 12 月，北京市应急管理局等 3 部门联合印发《关于进一步加强市级专业应急救援队伍建设的指导意见》，明确专业队伍建设思路、人才支撑、队伍保障等问题。截至 2023 年末，全市共有市级专业应急救援队伍 27 支，共计应急救援人员 3229 人。2023 年 12 月，延庆区召开人防专业队伍整组工作培训会，着重讲授了人防专业队建设的类型、任务、组建要求和训练等内容，部署了人防专业队整组的相关工作，并对 52 家单位进行了授牌。2024 年 6 月，市国动办组织召开了北京市人防专业队伍和部分重要目标单位骨干培训会议，总结部署了人防专业队伍和重要目标防护工作情况。几年来，北京市各级政府不断加强专业队伍建设，取得了丰硕成果，为平安北京建设注入更多力量。问卷调查数据显示，有 88. 53%的受访者认为当前平安北京建设专业队伍力量充足，能够满足其安全需求。因此，本项指标得分为 90. 00 分。

（七）社会力量参与情况

本指标得分为 95. 00 分。

提升人民群众的安全感、幸福感是平安建设的出发点和落脚点，同时广大人民群众也是平安建设的力量源泉，所以社会力量的广泛参与是平安建设的内在要求，也是共建共治共享理念的生动体现。表 15 ~ 表 17 为 2022 ~ 2024 年社会力量参与平安北京建设的统计情况。

表 15　2022 年北京市社会力量参与平安建设情况

参与领域	具体内容
垃圾分类	2022 年，北京市广泛开展“团员回社区报到”活动，发布垃圾分类桶前值守项目和其他志愿服务
疫情防控	2022 年 5 月，北京市委社会工委号召广大民众积极参与，共同抗击疫情；数百名社工积极报名，参与到抗击疫情工作一线

续表

参与领域	具体内容
地铁交通	2022 年 2 月，北京市志愿服务组织在地铁站开展志愿服务，通过协助购票、安全检查、巡查、提供行李搬运等服务广泛开展志愿活动
社区治理	北京市组织志愿者在街面、社区、商店等地，针对社区治理短板弱项开展特定服务，担任门前“三包”保洁员、文明城市宣传员、文明实践网格员、文明交通引导员、创城实地测评员

表 16　2023 年北京市社会力量参与平安建设情况

参与领域	具体内容
防汛救灾	自“7·31”北京暴雨灾后重建工作开展以来，北京市志愿服务联合会第一时间发出《关于积极参与防汛救灾和灾后重建志愿服务的倡议书》，通过组织化动员和社会化动员广泛发动各级各类志愿服务组织和志愿者，科学有序参与重建家园
服务高考	2023 年 6 月 7 日上午，高考拉开帷幕，北京市总工会“暖心伴考”职工志愿活动陪伴考场外的家长，送上应急便利、座椅休憩、防暑防雨、记录“温情瞬间”等多项服务
环境保护	密云区组织各志愿服务组织以“保护生命之水　共建典范之区”为主题，开展保水宣讲、河道巡逻、绿色骑行、公益徒步、环保知识讲堂、废物改造利用等活动，提高公众保水意识和技能，让生态文明理念深入人心

表 17　2024 年北京市社会力量参与平安建设情况

参与领域	具体内容
垃圾分类，桶前值守	自 2024 年以来，北京市持续开展垃圾分类、桶前值守活动，各街道服务队陆续发布了垃圾分类志愿服务，招募志愿者加入垃圾分类志愿活动中，为民众创造更加舒适的社会环境，招募志愿者近 40 万人，志愿时长达 721 万余小时
学雷锋主题实践活动	2024 年 3 月，北京市自动化工程学校组织“3 月 5 日学雷锋主题实践月活动”，开展垃圾分类志愿服务、文明交通志愿服务、公共场所志愿服务、社区活动站志愿服务、守望互助志愿服务五大类活动
环境整治服务	自 2024 年以来，北京市各区开展“回社区（村）报到”环境整治活动，组织党员干部、发动群众参与到所在社区（村）的周末大扫除活动，各区、街道（镇）、社区（村）共发动群众数万人，清扫枯枝落叶垃圾数百吨，帮助群众清洁生活环境，共建美丽家园

社会力量在平安北京建设中起着十分重要的作用，扮演着不可缺少的角色。2022 年 8 月，《北京市应急志愿服务管理办法》印发，该文件将应急志愿服务分为日常和应对突发事件两类，明确界定了应急志愿服务的组织体系，使志愿服务更加规范化、标准化。近年来，北京市出台了多项志愿活动相关规定，应急志愿服务队伍不断壮大，组织体系更加规范，志愿服务更加专业。2024 年 4 月，《关于健全新时代志愿服务体系的意见》发布，从中央层面系统部署健全新时代志愿服务体系，对完善现有志愿服务制度和工作体系具有积极意义，不断促进志愿服务事业进一步走深走实。截至目前，北京市注册青年志愿者服务队 7200 余个，开展志愿服务项目 13.1 万个，累计志愿服务时长 210 多万小时。[①] 平安建设必须坚持以人民为中心，坚持群众路线，全面发动群防群治力量，形成人人有责、人人担责、共治共享的社会治理综合共同体。问卷调查结果显示，有 88.53%的受访者表示当前参与平安北京建设的社会力量充足。因此，本项指标得分为 95.00 分。

（八）民众对人员保障情况的感受

本指标得分为 89.21 分。

社会治安秩序维护力量既是平安北京建设的中坚力量，也是人民群众心中最坚实的保护盾，维护力量充足与否直接影响民众安全感，提升社会治安秩序的维护力量对平安北京建设具有重要意义。问卷调查数据显示，分别有 89.89%、88.53%、89.20%的受访者认为当前北京市维护社会治安秩序的警察、专业队伍和社会力量充足，仅有 6.78%、7.22%、8.40%的受访者认为上述维护社会治安秩序的力量不足。上述三个方面的综合得分为 89.21 分，相较于 2023 年有了较大幅度提升。从问卷调查数据来看，绝大多数受访者认为当前北京市平安建设人员保障较为充足，能够满足民众日常安全需求。因此，本项指标得分为 89.21 分。

---

① 徐志军、李四平主编《社会建设蓝皮书：2023 年北京社会建设分析报告》，社会科学文献出版社，2023。

（九）平安建设经费投入情况

本指标得分为 85. 00 分。

近年来，北京市认真落实“积极的财政政策要适度加力、提质增效”要求，全力服务保障首都经济社会高质量发展。2024 年北京市公安局预算收入和预算支出都有所增加，但与 2023 年相比，本年度预算收入和预算支出增幅分别降低了 5. 44、9. 54 个百分点，财政拨款增幅也有一定程度降低，其他资金收入和项目预算支出降幅进一步扩大（见表 18、表 19）。因此，本项指标得分为 85. 00 分。

表 18　北京市公安局 2022~2024 年预算收入总体情况

单位：万元

项目	2022 年	2023 年	2024 年
预算收入	754651. 02	803852. 76	812510. 89
财政拨款	699996. 69	778590. 07	791727. 51
其他资金收入	1018. 16	1636. 37	3776. 13

表 19　北京市公安局 2022~2024 年预算支出总体情况

单位：万元

项目	2022 年	2023 年	2024 年
基本预算支出	532236. 14	604868. 71	629866. 31
项目预算支出	222414. 89	198984. 05	182644. 58

（十）平安建设硬件设施建设情况

本指标得分为 95. 00 分。

表 20~表 22 呈现了北京市 2022~2024 年有关平安建设硬件设施建设情况，可以看出北京市近年来不断完善各类警务装备设施，为平安北京建设不断夯实装备设施保障。2024 年北京市公安局政府采购预算总额 108312 万余

元，包括政府采购货物预算 52791 万余元、政府采购工程预算 3728 万余元，以及政府采购服务预算 51791 万余元。因此，本项指标得分为 95.00 分。

表 20　2022 年北京市平安建设硬件设施建设情况

单位：万元

序号	采购项目	采购单位	金额
1	北京市公安局业务装备购置项目	北京市公安局	331.74
2	禁毒科技中心实验室耗材购置项目	北京市禁毒科技中心	848.45
3	顺义分局增设违法行为监控项目	北京市公安局顺义分局	239.31
4	重点路段增设交通违法监控设备项目	北京市公安局顺义分局	256.12
5	怀柔分局防护装备购置项目	北京市公安局怀柔分局	137.00
6	大兴区综合出入境服务大厅辅助人员项目	北京市公安局大兴分局	843.60
7	顺义分局人员警辅人员服装采购项目	北京市公安局顺义分局	394.42
8	西城分局专业警用通信、重大活动通信电台采购项目	北京市公安局西城分局	142.00
9	顺义分局视频电视电话会议系统维护项目	北京市公安局顺义分局	142.37

表 21　2023 年北京市平安建设硬件设施建设情况

单位：万元

序号	采购项目	采购单位	金额
1	房山分局公安信息网内信息化系统等建设项目	北京市公安局房山分局	95.80
2	门头沟分局交通违法检测系统 4G 链路租用项目	北京市公安局门头沟分局	114.42
3	怀柔分局公务用车购置项目	北京市公安局怀柔分局	750.35
4	门头沟分局辖区禁限道路非现场执法设备采购项目	北京市公安局门头沟分局	155.86
5	门头沟分局 2023 年度(2018 年门头沟区“雪亮工程”)维保项目	北京市公安局门头沟分局	145.60
6	北京市公安局新一代警务信息综合应用平台	北京市公安局	438.90
7	房山分局反恐怖和特巡警支队应急处突装备采购项目	北京市公安局房山分局	269.98
8	东城分局情指行一体化指挥中心改造项目	北京市公安局东城分局	396.92
9	顺义分局智能声纹鉴定工作站项目	北京市公安局顺义分局	90.00
10	通州分局 2022~2023 年度法制支队信息化系统运维项目	北京市公安局通州分局	126.72
11	通州区公共安全视频监控建设联网应用项目、IDC 机房租赁项目	北京市公安局通州分局	432.00

续表

序号	采购项目	采购单位	金额
12	通州分局机动车图像监测识别系统运维服务采购项目	北京市公安局通州分局	119.65
13	通州分局文景派出所信息化建设项目	北京市公安局通州分局	1039.69
14	北京市公安局执法办案平台智慧办案辅助系统项目	北京市公安局	718.50

表 22　2024 年北京市平安建设硬件设施建设情况

单位：万元

序号	采购项目	采购单位	金额
1	密云分局机动车购置项目	北京市公安局密云分局	274.13
2	北京市公安局业务技术装备购置—单警装备项目	北京市公安局	575.72
3	丰台区常备警卫路线视频监控补点项目	北京市公安局丰台分局	293.00
4	石景山分局通信保障运维项目	北京市公安局石景山分局	98.80
5	大兴分局基础数据实战中心建设项目	北京市公安局大兴分局	1684.88
6	丰台分局通用耗材采购项目	北京市公安局丰台分局	59.80
7	通州分局侦查中心改造项目	北京市公安局通州分局	63.86
8	昌平分局计算机及内部监控等设备运维项目	北京市公安局昌平分局	662.76
9	北京市公安局应急通信指挥车改装及卫星地面站购置项目	北京市公安局石景山分局	407.79
10	公交总队系统综合运行维护服务项目	北京市公安局警务保障部	649.00
11	刑侦总队刑事技术勘察检验鉴定试剂耗材经费项目	北京市公安局警务保障部	151.17
12	业务技术装备购置—勤务装备项目	北京市公安局	257.41
13	丰台分局办案中心十四五规划装备升级项目	北京市公安局丰台分局	103.96
14	海淀分局无人机反制装备及无人机购置	北京市公安局海淀分局	199.91
15	怀柔分局拖车式排爆球、夜视仪等装备购置项目	北京市公安局怀柔分局	123.86
16	西城分局实有人口管理平台建设项目	北京市公安局西城分局	588.95
17	门头沟分局警用装备采购项目	北京市公安局门头沟分局	208.62

（十一）民众对财务装备保障的感受

本指标得分为 85. 29 分。

财务装备保障是平安建设工作的重要保障之一，直接决定了平安建设日常工作能否正常开展。问卷调查数据显示，有 51. 06%的受访者认为当前平安北京建设投入的经费充足，另外有 5. 64%的受访者认为经费投入过剩、9. 78%的受访者认为经费投入不足。值得注意的是，仍有 33. 52%的受访者不清楚平安北京建设经费投入现状，占比相较 2023 年有所扩大，未来有必要加强对平安北京建设经费投入的宣传力度，扩大民众知晓度，有利于平安建设良性发展。从整体来看，有效问卷调查数据显示，有 85. 29%的受访者认为当前平安北京建设经费保障充足，所以 2024 年北京市民众对财务装备保障的感受得分为 85. 29 分。今后，北京市仍需保持平安北京建设财务装备保障相关内容的宣传力度，进一步提升平安北京建设财务装备保障的民众知晓度。因此，本项指标得分为 85. 29 分。

（十二）公共安全视频监控系统建设情况

本指标得分为 85. 00 分。

利用现代化的监控系统和智能化设备，对公共安全情况进行实时监测和预警，及时应对突发事件，是提升防范和打击犯罪效率、提高治安防控能力的重要手段。近年来，公共安全视频监控系统建设不断完善，以此为基础的“雪亮工程”建设在保障人民群众安全方面释放出巨大效能。“雪亮工程”可以发动每一位群众来监控自己的生活环境，一旦周围发生违法或紧急情况，即可随时联动报警，让治安防控工作无缝覆盖。视频监控是“雪亮工程”的终端触角，是“雪亮工程”建设的先决条件，自 2024 年以来，北京市持续推动各地视频监控建设。2024 年北京市共成交 113 项公开招标视频监控相关项目，其中 59 项涉及公共安全，大部分为基层社区、学校、街道视频监控和道路交通安全监控。另外，近年来，北京市将 AI（人工智能）、大数据等技术引入“雪亮工程”中，建立智能运维平台、视防报警系统等现代化安全防范工具，探索公共安全视频监控新路径。同时，问卷调查数据显示有49.33%的受访者认为其所在社区的视频监控系统运行非常有效，有33.63%的受访者认为比较有效，仅有不到1%的受访者认为无效。民众对公共安全视频监控系统建设的评价得分为82.08分，较2023年有所提升。因此，本项指标综合得分为85.00分。

（十三）大数据深度应用

本指标得分为95.00分。

近年来，大数据技术持续在社会各领域发挥巨大效能，在推动公安工作变革、提升警务实战能力方面展现出前所未有的力量。2022~2024年北京市大数据深度应用情况分别如表23~表25所示。近年来，北京市多部门发文对相关领域发展提出目标、指明方向。北京市有关部门发布相关管理办法，为加快推进公共数据有序开发利用、完善公共数据专区授权运营管理机制、培育数据要素市场，提供相应的政策保障。2023年11月10日，《北京数据基础制度先行区创建方案》正式对外公布，明确了先行区的建设目标和工作重点。2024年，北京市公安局充分发挥大数据技术的作用，在执法办案、交通管理等方面转型升级、探索新路径，极大地提升了社会治安防控能力和打击犯罪能力，保障平安中国建设不断向前推进。因此，本项指标得分为95.00分。

表23　2022年北京市大数据深度应用情况

项目	应用情况
网络安全和大数据服务项目	近年来，北京市加大对大数据服务项目的采购并加强相关基础设施建设，为全市各个部门大数据应用及数据共享提供技术支撑
北京大数据技能大赛	本次比赛吸引了各高新技术企业、科研机构及高校的广泛参与，通过竞赛的方式不断促进大数据产业与国家治理、社会经济发展紧密结合
北京大数据协会发布团体标准《大数据企业认定规范》	《大数据企业认定规范》包括范围、规范性引用文件、认定原则、术语和定义以及大数据企业的能力要求五个部分的内容，对于规范大数据开发具有里程碑意义

表 24 2023 年北京市大数据深度应用情况

项目	应用情况
北京公安智慧办案系统入选政法智能化建设创新案例	北京公安智慧办案系统是以提升执法管理质效为着力点，创新应用大数据分析、自然语言处理、证据图谱等技术，聚合跨网业务联动，拓展闭环管理功能，搭建智能办案场景，丰富执法研判模型，打造集办案辅助、监督管理、执法研判于一体的协同高效、智能联动的综合办案平台
智慧公安警务大数据实战应用中心	智慧公安警务大数据实战应用中心汇聚大量数据，对于全息档案构建、信息智能研判等警务实战工作提供了重要工具和有力支撑，能够第一时间自动推送有关信息，完成快速智能破案
2023 年北京市大数据目录体系及数据治理项目公开招标	本项目的实施为全市各部门在目录区块链上的链上运行、数链同步、审计监测提供了技术支撑；为全市政务数据汇聚共享、社会数据接入服务提供了全流程技术服务；开展市大数据平台数据入库、清洗、标注等基础治理，按需为各区、各部门提供了数据、接口、算法、标签等多种类型服务

表 25 2024 年北京市大数据深度应用情况

项目	应用情况
北京市交通管理数字化转型探索与实践	结合公安部交管局所提出的“情指行”一体化运行机制总体期望，适应大数据形势下的警务实战需求，结合交管业务特点、数据痛点、组织现状、相关规划等，设计落实一套可持续运行的数字化交通管理解决方案，为推进交通治理现代化、交管服务便利化、交警队伍正规化提供强有力的科技支撑
“随手拍”投诉受理平台	北京市交通管理部门开发利用“随手拍”投诉受理平台，接受机动车交通违法问题投诉。通过对各类民意诉求、投诉信息进行统计收集、整理比对，梳理出群众反映较多的问题类型和区域，联合有关部门开展综合整治，群众反映的各类交通秩序类问题大幅下降
执法办案管理中心 2.0“北京方案”	北京公安机关在全国公安机关率先推出执法办案管理中心 2.0“北京方案”，不断完善执法办案工作机制，推动办案中心与涉案财物管理中心、实战培训中心融合运行，发挥办案中心在法治公安建设中的牵引作用，提升实现执法效能

（十四）信息资源共享融合情况

本指标得分为 90.00 分。

2022 年 9 月，国务院办公厅印发《全国一体化政务大数据体系建设指南》，提出要加快推进全国一体化政务大数据体系建设，加强数据汇聚融合、共享开放和开发利用。数字政务建设是满足人民日益多样化政务服务需求的重要抓手，推动政务信息系统和公共数据互联共享，能够有效提升政务履职能力和服务水平，满足民众需求。2022～2024 年北京市信息资源共享融合情况分别如表 26～表 28 所示。近年来，北京市持续推动京津冀数字化协同治理，三地在数字治理、数字政务等方面取得了显著成果，包括组织机构越来越健全、数字化协同机制日益健全、数字化硬件基础设施初具规模等，在平安北京建设方面发挥出巨大效能。[①] 另外，由于缺乏数据共享激励考核机制和利益协调机制，北京市存在数字共享参与意愿不高，京津冀三地在软、硬件方面存在差距，以及政务数据管理标准、格式、载体或口径不统一等问题，需要进行完善和调整。因此，本项指标综合得分为 90. 00 分。

表 26　2022 年北京市信息资源共享融合情况

项目	应用情况
建立新一代信息技术建设智慧城市群，促进京津冀协同发展	2022 年疫情防控期间，京津冀在多方面建立起了联防、联控、联动工作机制，为抗击疫情贡献了重要力量
京津冀警务协同发展领导小组第十四次会议召开	会议对京津冀警务合作机制工作情况进行了总结，审议通过了《关于建立京津冀三地公安特警警务合作工作机制的意见》等 6 项文件，加快推进京津冀三地的信息共用、资源共享、联动共建工作

表 27　2023 年北京市信息资源共享融合情况

项目	应用情况
北京市国动办围绕“平时服务、应急支援”，推动资源共享，让防空警报助力城市应急管理工作	北京市国动办通过推动资源共享，充分发挥防空警报在城市应急管理中的作用。2023 年，市国动办在平谷区花峪水库、金海湖林场等单位开展试点，目前试点已通过验收
《北京市贯彻落实加快建设全国统一大市场意见的实施方案》发布	本方案致力于在各重点领域推进跨区域试点，加快建成京津冀地区“标准协同、信息共享、结果互认、应用联动”的合作共建机制，打造全国区域信用合作示范样板

① 肖隆平：《“同事同标”，京津冀数字化协同治理向纵深推进》，新京报网站，2024 年 2 月 27 日，https：//www. bjnews. com. cn/detail/1708995694168817. html。

表 28　2024 年北京市信息资源共享融合情况

项目	应用情况
《京津冀市场监管部门跨区域信息资源共享实施工作方案》发布	京津冀三地市场监管部门联合印发《京津冀市场监管部门跨区域信息资源共享实施工作方案》，推动跨区域信息资源共享，进一步整合数据资源，以数据共享共用提升京津冀信用监管协同发展能力
加强"三医"联动信息化建设，推动医疗机构数据互联互通	为保障居民共享优质医疗服务，北京市卫健委推进资源扩容，注重合理布局，实现均衡发展。在优化医疗资源配置、完善分级诊疗、科技赋能优化就医全流程、构建全生命周期服务链、推进镇村医疗卫生机构一体化管理等方面持续发力，优质医疗资源辐射效应日益凸显。下一步，将持续优化优质医疗卫生资源布局，不断增强人民群众的健康获得感和满意度
北京交通 App 发布"有偿错时共享停车信息"	"北京交通"App"停车服务"更新改版，新增"有偿错时共享停车信息"发布，为市民提供共享停车信息查询服务，能够实时显示停车信息。截至 2024 年 6 月底，已发布数百个中心城区共享停车场信息，涉及数万个共享车位

（十五）信息化、智能化科技在平安建设中的应用

本指标得分为 90.00 分。

平安北京智能化建设是提升基层社区平安建设水平的重要途径，将大数据、物联网、人工智能等技术融入社区治理，能够降低社区犯罪率、提升社区治理能力，提供全天候治安防范，降低治理成本，为小区居民提供多种智能服务，构建智能化的社区管理服务网。近年来，北京市各区持续推动智慧平安小区建设，不断探索新路径，充分发挥现代技术的治理能力。2023 年 12 月 29 日，东城区印发《北京市东城区智慧城市建设工作实施方案（2023—2025 年）》，计划在 2025 年初步建成与"四个中心"功能相适应的首都智慧城市核心区，建成与"六个高地"建设相适应的数字经济繁荣典范城区。北京经开区启动"智慧巡逻助力平安"项目，引入无人巡逻车，推动智能网联技术为汽车产业转型、城市转型和社会治理转型发挥普惠价值。因此，本项指标得分为 90.00 分。

（十六）信息安全防护建设

本指标得分为95.00分。

“没有网络安全就没有国家安全”，网络空间已成为传统主权领域空间之外的又一主权领域空间。网络空间安全事关国家安全和社会稳定，保障网络空间安全与保障领土安全一样，是国家安全的重要组成部分。[①] 2022～2024年北京市信息安全防护建设情况分别如表29～表31所示。2024年7月，北京市通信管理局、北京市经济和信息化局印发《北京市2024年工业互联网安全深度行活动实施方案》，在全市范围内开展工业互联网安全深度行活动，要求各工业物联网企业按照相关政策标准，深入实施工业互联网安全分类分级管理，落实网络安全主体责任，增强企业工业互联网安全意识和防护能力。做好信息安全防护建设是推进平安北京建设的重要工作内容，2024年北京市在更高层面持续推动信息安全建设，不断提升信息安全防护能力，提升企业信息安全防护意识，网络信息安全防护建设工作进一步提档升级。因此，本项指标得分为95.00分。

表29　2022年北京市信息安全防护建设情况

项目	具体内容
北京网络安全大会	2022年北京网络安全大会以“零事故之路”为主题，指出在实体经济与现代技术深度融合背景下，网络安全风险需要社会力量协同共治
北京市国家网络安全宣传周活动	此次活动包括两个主题，分别是“网络安全为人民　网络安全靠人民”和“聚力冬奥保障　共筑网络安全”，致力于在全社会营造共同防范网络安全的氛围
北京市教育委员会印发《2022年北京市教育信息化和网络安全工作要点》	文件指出各部门要坚持做好系统定级备案与等级保护测评工作，定期开展安全自查，及时消除安全漏洞
2022安全运营建设峰会成功在北京召开	此次峰会分析了攻击面管理技术和经典案例，并预测了此项技术的未来发展趋势

① 问闻：《推进关键信息基础设施安全保护，筑牢首都网络空间安全防线》，《中国信息安全》2023年第9期。

表 30　2023 年北京市信息安全防护建设情况

项目	具体内容
北京网警约谈第三方链接被篡改单位	2023 年 6 月，北京市公安局网安总队发现北京某单位二级页面显示博彩网站内容。针对该情况，北京公安网安部门根据《中华人民共和国网络安全法》等相关规定，对该单位相关负责人进行了约谈，并责令该单位对以上问题立即整改
北京市公安局与北京移动联合打击治理电信诈骗	北京移动配合公安机关开展了一系列坚决打击治理电信网络诈骗犯罪行动，并先后配合工信部、公安部和中国移动集团开通了“一证通查”“反诈名片”“96110 专线”“12381 预警短信”等防范电信网络诈骗业务
2023 年北京网络安全大会	本届大会以“安全即服务，开启人工智能时代数字安全新范式”为主题，会议指出，人工智能时代的数据安全问题尤为突出，解决 AI 大模型安全问题需要技术、监管共同发力；应前瞻布局人工智能与网络安全技术融合创新，提升产业链、供应链韧性和安全水平
北京市网络安全和信息化工作会议召开	会议强调，要坚持以习近平新时代中国特色社会主义思想凝心铸魂，树牢首善标准，在网络内容建设上下好先手棋，在网络安全防范上打好主动仗，在网络生态治理上出好组合拳，在信息化赋能城市发展上跑好加速度，奋力推动首都网信事业高质量发展，努力在网络强国建设中立标杆、做表率

表 31　2024 年北京市信息安全防护建设情况

项目	具体内容
北京市 2024 年工业互联网安全深度行活动	为提升工业互联网安全保障能力和服务水平，北京市近期在全市范围内开展工业互联网安全深度行活动，活动包括分类分级管理、政策标准宣贯、威胁监测预警、安全检查评估等九大方面的内容
北京网络安全大会	2024 年 6 月 5 日，2024 全球数字经济大会数字安全高层论坛暨北京网络安全大会战略峰会，在北京国家会议中心隆重开幕。本届大会以“AI 驱动安全”为核心议题，旨在探讨人工智能与安全的深度融合
京津冀信息通信领域网络安全实战攻防演练	在上级部门的指导下，京津冀三地通信管理局组织开展了 2024 京津冀信息通信领域网络安全实战攻防演练，旨在加强行业网络和数据安全能力体系建设，提升网络安全技术水平和防护能力
北京市国家网络安全宣传周活动	北京市开展以“网络安全为人民，网络安全靠人民”为主题的活动，组织开展网络安全人才专场招聘、京津冀高校网络安全技能大赛等活动，全面提升人民群众网络安全意识和技能

（十七）是否将平安建设相关内容纳入领导干部培训

本指标得分为 90. 00 分。

2024 年，北京市平安建设各级领导小组定期召开平安建设工作会议，在各级层面上研究部署辖区平安建设工作，总结上年度平安建设的工作经验，有利于北京市统筹开展平安建设工作，保证工作整体推进，同时各区又能依据自身情况制订工作计划，将平安建设落到实处（见表 32）。因此，本项指标得分为 90. 00 分。

表 32　2024 年北京市平安建设相关会议召开情况

会议	概况
市委平安建设领导小组会议	2024 年 3 月 1 日，市委平安北京建设领导小组会议召开。市委书记、市委平安北京建设领导小组组长尹力主持会议，市委副书记、领导小组副组长刘伟出席①
市委平安建设领导小组办公室会议	2023 年 12 月 1 日，市委平安北京建设领导小组办公室会议召开。会议传达学习了纪念毛泽东同志批示学习推广"枫桥经验"60 周年暨习近平总书记指示坚持发展"枫桥经验"20 周年大会精神，学习贯彻市委常委会会议精神②
西城区委平安建设领导小组 2024 年全体(扩大)会议	2024 年 5 月 6 日，西城区委平安西城建设领导小组 2024 年全体(扩大)会议召开。会议传达了市委平安北京建设领导小组 2024 年全体会议精神，审议通过了《关于建议调整增补领导小组及其办公室、专项组、行业组相关成员单位、领导成员、成员的意见》《2023 年平安西城建设工作情况》和《2024 年平安西城建设工作要点》③
2024 年大兴区委平安建设领导小组全体(扩大)会议	近日，2024 年大兴区委平安大兴建设领导小组全体(扩大)会议召开。会议传达 2024 年平安北京建设领导小组全体会议精神，审议《2023 年平安大兴建设工作情况》《2023 年区委平安大兴建设领导小组成员及办公室成员名单》《2024 年平安大兴建设工作要点》④
区委平安建设领导小组召开 2024 年全体(扩大)会议	2024 年 4 月 3 日，区委平安怀柔建设领导小组召开 2024 年全体(扩大)会议。会议强调，要坚决捍卫首都政治安全、要进一步夯实基层基础保障、要全面落实平安建设责任制⑤

资料来源：①《市委平安北京建设领导小组会议召开，尹力主持》，"北京日报客户端"百家号，2024 年 3 月 1 日，https：//baijiahao. baidu. com/s？ id=1792283814825823630&wfr=spider&for=pc；②《市委平安北京建设领导小组办公室会议召开》，北京市人民政府网站，2023 年 12 月 2 日，https：//www. beijing. gov. cn/ywdt/hyxx/sw/202312/t02_ 3337048. html；③《西城区委平安西城建设领导小组 2024 年全体（扩大）会议召开》，北京市人民政府网站，2024 年 5 月 7 日，https：//www. beijing. gov. cn/ywdt/gqrd/202405/t20240507_ 3663608. html；④《2024 年大兴区委平安大兴建设领导小组全体（扩大）会议召开》，北京市人民政府网站，2024 年 3 月 15 日，https：//www. beijing. gov. cn/ywdt/gqrd/202403/t20240315_ 3590839. html；⑤《区委平安怀柔建设领导小组召开 2024 年全体（扩大）会议》，北京市怀柔区人民政府网站，2024 年 4 月 5 日，https：//www. bjhr. gov. cn/ywdt/rdgz/202404/t20240407_ 3610446. html。

（十八）是否将平安建设相关内容纳入中小学教育内容

本指标得分为 85.00 分。

2024 年是习近平总书记提出“总体国家安全观”10 周年。10 年来，为深入贯彻总体国家安全观，推动国家安全宣传教育深入开展，提高公民国家安全意识，北京市各级部门大力宣传普及国家安全知识。2024 年 1 月，北京市教委成立首都基础教育系统校园安全工作专家咨询委员会，对推进中小学平安校园建设、全面加强中小学安全风险防控体系建设具有重要意义。近年来，北京市大力发展安全教育基础设施建设，截至 2023 年末，北京市已建成系统体验式安全培训基地 33 个，在全市 8 个区建设了安全宣传教育基地 11 个，为丰富安全教育形式、更好提升安全教育水平提供了重要支撑。为更好开展中小学安全教育工作，北京市教委专门印发通知举办“安全伴成长，美好创未来”系列活动，通过各种形式的安全教育活动，提升学生安全意识，强化学生自救互救能力，为平安北京建设建立良好基础（见表 33）。另外，问卷调查数据显示，有 94.02% 的受访者表示其本人或亲属的孩子在学校接受过安全教育，该项指标的问卷调查数据得分为 94.02 分，相较于 2023 年有一定提升。同时，有关平安建设立法、装备等问题的问卷调查数据显示，仍有三成左右的受访者表示对上述情况不清楚。因此，本项指标得分为 85.00 分。

表 33　2024 年北京市平安建设相关内容纳入中小学教育内容情况

项目	具体内容
举办全市中小学生安全教育体验活动	2024 年 4 月 15 日上午，北京市开启“首都少年安全馆体验行”全市中小学生安全教育体验活动，全市 11 家宣教体验场馆免费开放并面向全市中小学生提供预约参观，通过国家安全教育，师生能够深入理解和准确把握总体国家安全观，引导广大师生，特别是青少年学生树牢国家利益高于一切的观念，自觉履行国家安全责任，坚决维护国家安全利益，推动总体国家安全观走深走实

续表

项目	具体内容
北京市举行平急两用校园“安全岛”市级现场会	2024 年 5 月 11 日，由市教委等 4 部门共同主办的北京市“校园安全岛”平急两用建设现场会举行。通过抢险救援英雄代表讲授应急知识、传授自救技能、讲述救援故事，提升学生安全意识。启动“校园安全岛”平急两用标准化建设，开展了包括应急演练，消防应急、交通安全、校园防暴、防震演练、应急自救、抗洪避险、心理疏导等场景在内的应急演练
举办全民国家安全教育日主题晚会	为深入贯彻总体国家安全观，推动国家安全宣传教育深入开展，提高市民国家安全意识，北京市委国安办在民族文化宫大剧院主办北京市“4·15”全民国家安全教育日主题晚会，首都各界干部群众 800 余人在现场观看
举办公共安全教育基地“集中宣传日”活动	2024 年 6 月 16 日，以“人人讲安全、个个会应急——畅通生命通道”为主题，组织开展了 2024 年北京市公共安全教育基地“集中宣传日”活动
朝阳区举办全民国家安全教育日宣传系列活动	2024 年 4 月 8 日上午，朝阳区全民国家安全教育日宣传系列活动启动仪式在中国电影博物馆举办，朝阳区国家安全数字代言人“朝小安”亮相并介绍了系列主题活动，“朝阳区全民国家安全教育基地”授牌。此外，朝阳区各部门、各街乡还将通过百姓宣讲、专题展览等形式展示总体国家安全观十年历史成就，推动国家安全教育进机关、进学校等“七进”活动，营造浓厚的国家安全社会氛围
西城区举办 2024 年“4·15”全民国家安全教育日主场活动	2024 年 4 月 15 日上午，西城区围绕“总体国家安全观创新引领 10 周年”主题开展“4·15”全民国家安全教育日活动。市委委员、市政协委员刘志伟，外交学院党委书记崔启明，北京建筑大学党委书记郑宇，中国人民公安大学党委委员、副校长李守德，中央音乐学院副院长柯扬，西城区委书记孙硕，区人大常委会主任张立新，区委副书记袁海鹏出席活动

（十九）是否在全市范围内开展与平安建设有关的应急演练

本指标得分为 85.00 分。

应急管理工作是保障人民群众生命财产安全的最后一道防线，也是应对突发事件时人民群众最急需的保障。应急演练不仅是检验有关部门实战能力的途径，也是提升其实战能力的重要抓手，同时也能够在一定程度上提升民众的安全意识和自救能力。自我国应急管理体制机制改革以来，应急管理事业迈入新阶段。2024 年，北京市积极开展各类应急演练，涉及多个领域、多个区域、多个部门，各区各部门结合区域实践、工作实践开展针对性演

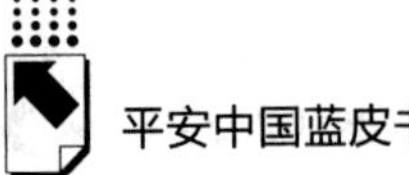

练，对应急队伍的能力提升具有积极意义（见表 34）。另外，北京市不断拓宽演练范围，与河北、天津开展联合演练，提升了三地应对自然灾害和事故灾难时的应急协同处置能力以及多部门联动配合能力。同时，问卷调查数据显示，针对问题“突发事件的最高预警级别是?”，仅有 56.87%的受访者回答正确，而且与应急管理相关的问题得分也较低，表明当前平安北京建设在应急管理宣传上还存在一定薄弱点，需要进一步完善。因此，本项指标得分为 85.00 分。

表 34　2024 年全市范围内与平安建设有关的应急演练

主办单位	演练项目	演练内容
石景山区卫生健康委	北京市石景山区开展不明原因肺炎疫情防控应急演练	本次演练模拟该区一家两口陆续出现流感样症状，自行服药 3 天无效，经专家会诊后，报告聚集性不明原因肺炎疫情，分为疫情发现、疫情上报和应急准备、流行病学调查处置、病例转运及后续信息报送、疫源地处理、密切接触者管理、监督检查 7 个场景，系统展示了应急处置的全过程
北京市国防动员办公室	开展人防工程防汛应急演练	此次演练模拟了在极端天气下人防工程发生积水倒灌的紧急情况，涵盖了从预警响应、先期处置、会商研判、现场指挥、信息报送、支援抢险到善后处置的全过程
北京市体育局、北京市体育总会	体育组织山地救援演练	此次演练模拟越野赛事途中出现运动员受伤和突发极端暴雨天气需启动熔断机制等情况，赛事组委会立即开展指挥调度、会商研判、应急救援、人员疏散和安抚、伤员转运等处置任务。评估组认真观摩了演练动员、启动、实施和结束的全过程，并进行了总结讲评
北京市市场监管局、通州区政府	食品安全事故应急演练	演练现场采取现场模拟和视频演示相结合的形式，按照事件信息报告、响应启动、现场指挥、事件调查与处置、舆情应对、新闻发布等科目组织实施，完整展示了食品安全事故应急处置的全过程
北京化工集团	市危化品库火灾事故应急演练	本次演练以华腾化工危险化学品储存库房储存的丙酮起火，引发了一系列的衍生事故，导致事故逐渐升级为背景，选取危险化学品仓库事故典型场景作为本次演练主要科目

续表

主办单位	演练项目	演练内容
密云区防汛抗旱指挥部	防汛抢险救援综合演练	此次演练以密云水库泄洪为背景,设置应对部署、避险转移、抢险指挥、应急救援等临战应对环节,共设置紧急人员避险转移、沙袋护坡抢险、无人机救援、舟艇编队救援、舟艇快速救援、自携式潜水打捞救援、绳索横渡救援、山岳救援、抽水排涝救援 9 个科目。经过区消防救援支队等参演单位的共同努力,演练圆满完成
国网北京市电力公司	电力防汛保供应急演练	本次演练紧密结合实际,设置了 5 个应急救援处置科目,展示了卫星通信车、龙吸水排水车、无人机、照明灯塔等一系列先进应急装备,展现了国网北京市电力公司较高专业素养和良好精神面貌,圆满完成各项演练内容,达到了预期效果,为做好 2024 年电力防汛应急保障工作奠定了坚实基础
北京市、天津市、河北省卫生健康委	京津冀卫生应急综合演练	本次演练采取情景构建、贴近实战的方式,模拟天津市蓟州区连日出现暴雨,造成大量人员伤亡及次生公共卫生事件。京津冀三地立即启动突发事件协同处置机制,三地卫生应急队伍配合开展院前急救、紧急医学救援等 12 个单元的卫生应急处置工作,着重展示了京津冀三地卫生应急系统应对自然灾害和事故灾难时卫生应急协同处置能力以及多部门联动配合能力
北京市交通委	道路客运安全应急演练	演练模拟车辆自燃险情的火情发现、人员疏散、破窗逃生、火情扑救、信息报送、伤员救护、人员转运等关键环节。采取处置与预防相结合的方式,全面提升风险防控与应急处置能力

四　评估结论

（一）存在的主要问题

2024 年“平安建设保障”一级指标得分为 89.14 分。综合来看，本年度平安北京建设保障工作较上年度有一定回落，但差距不明显。“法治保障”“人员保障”“宣传教育”3 项二级指标得分相较于 2023 年有一定下降，“财务装备”二级指标得分有所上升，“科技支撑”二级指标得分保持稳定。值得注意的是，法治保障连续两年得分下降，表明平安北京建设在法治保障方面仍存在薄弱环节；另外，宣传教育得分较 2023 年出现了较大幅度下降，同样值得重点关注。总体来说，2024 年平安北京建设取得了较为不错的成绩，但同时也存在以下问题，需要进一步改善。

第一，法治保障一体化推进不足。近年来，北京市坚持围绕中心服务大局，聚焦社会公平正义，不断从顶层设计层面统筹谋划平安建设，平安建设法治保障制度更加健全，法治保障水平和效能显著提高。但是从调研结果来看，2023 年和 2024 年平安北京建设法治保障得分持续走低，一方面在于相关立法数量逐年下降，不利于平安北京建设推进；另一方面在于法治保障丰富度还有待进一步提升，2024 年平安北京建设相关立法在应急管理和矛盾纠纷化解领域的数量均为 0，部分领域的立法缺失限制了平安北京建设保障效能的发挥。

第二，财务装备保障受多方制约。经费保障是平安北京建设最基本的保障之一，经费可以用于资源交换，以满足多元化保障的需要，财务装备是平安北京建设能够顺利推进的重要因素，很大程度上影响了平安建设进程。近年来，为落实政府要求，平安北京建设经费保障虽有所增加，但增幅逐渐缩小，而面对当今社会的现实状况，平安建设相关部门更有赖于各类先进科技和装备来提升工作质效，财务装备保障的缺失在一定程度上限制了平安北京建设的发展。

第三，宣传教育的成效有待提升。在推进平安北京建设的进程中，宣传教育是连接政府与民众的纽带，是提升民众安全感的重要抓手。近年来，北京市围绕和聚焦民众生产安全、生活安全，不断创新宣传教育形式，为提升民众安全意识和自救互救能力持续发力。但调研结果显示，仍有部分民众不清楚当前平安北京建设的相关内容，部分民众甚至对平安建设一词感到陌生，说明在宣传教育方面仍存在薄弱点和空白区，宣传教育的不平衡进一步限制了平安北京建设的均衡发展。

面对当今百年未有之大变局、国际形势波谲云诡，国家安全和社会稳定的任务依旧充满挑战，在此背景下，平安北京建设的深度和广度都得到了进一步拓展，是需要不断坚持、持续推进的长期战略。近年来，尽管平安北京建设保障发展水平有所波动，但平安北京建设保障得分逐渐趋于平稳，这有利于平安北京持续向好发展，也符合平安建设的长远发展之义。但当前平安北京建设在法治保障、财务装备以及宣传教育方面仍存在不足，未来应不断克服短板，以更好地推动平安北京建设。

（二）完善建议

第一，补齐法治保障落后短板，引领平安建设发展。立善法于天下，则天下治；立善法于一国，则一国治。推进国家治理体系和治理能力现代化，必须以法治为基石。完善的法治保障是平安北京建设的必然要求，制约着平安北京建设的发展进程。从立法数量上看，平安北京建设相关立法逐年减少，不利于平安北京建设发展；要使平安建设不断发展，应在立法上不断推陈出新，探索新的解决方案，并以法律形式加以规范。从立法质量上看，平安北京建设需要各方力量形成合力，法治保障也需要各领域均衡发展。平安建设法治保障所需要的不仅是单个领域立法，而是一套科学的法治保障体系，要加强应急管理、矛盾纠纷化解等薄弱领域立法，保证各领域立法整体推进，从而提升平安北京建设法治保障整体效力。

第二，构建多元财务保障机制，克服财务资源依赖。近年来，为提升警务工作质效，更好保障人民群众合法权益，以大数据、人工智能等技术为依托的新型警务模式在全国各地展开。科技变革给公安工作带来了巨大机遇，但是科技变革带来的警务工作变革需要巨大的财政支撑，而当前平安北京建设经费保障有限，面对财务保障与警务工作变革带来的双重压力，相关部门亟须做出改变。一方面，要不断完善财务保障机制，建立标准化、科学化的财务管理制度，缩减不必要的开支，让每一分钱都落到实处；另一方面，要充分调动社会力量，构建和完善市场经济体制下以政府投入为主体，社会力量广泛参与的多渠道、多元化平安北京建设资金保障体系。

第三，探索创新宣传教育形式，提升宣传教育成效。平安北京宣传教育是提升民众安全感的关键性因素，北京市近年来在宣传教育方面不断探索创

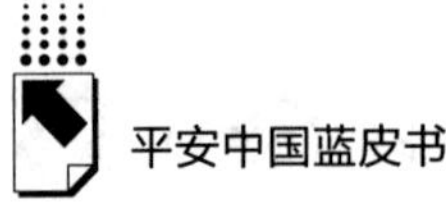

新，持续加大投入力度。在此次评估中，问卷调查数据显示仍有较大一部分民众不了解平安建设相关内容，说明当前平安建设宣传教育工作还存在空白区，相关部门要结合各自工作的特点加强宣传教育工作。一方面，各部门要结合当下社会文化背景持续创新宣传教育形式，以民众喜闻乐见的方式持续推动宣传工作进一步向好发展，切实提升平安建设相关内容的社会知晓度；另一方面，各部门要根据自身工作特点和区域实际情况扩大宣传，确保宣传工作涵盖各领域、各人群、各区域，既要提升宣传教育深度，也要拓宽宣传教育广度。

参考文献

[1] 蔡梓涵：《以新质生产力助推应急管理体系和能力现代化建设》，《人民论坛》2024 年第 14 期。

[2] 蒋熙辉：《扎实推进平安中国建设的遵循及方向》，《人民论坛》2022 年第 22 期。

[3] 李树忠、王思洋：《坚持和发展好新时代“枫桥经验”》，《人民论坛》2023 年第 24 期。

[4] 卢建军、孙燕飞：《论以指数测评实现平安建设的精准化》，《西北民族大学学报》（哲学社会科学版）2021 年第 6 期。

[5] 卢文刚：《基于社会管理创新的广东顺德“十二五”时期平安建设保障体系研究》，《科技管理研究》2011 年第 12 期。

[6] 苏有丽、牛春华：《数智赋能公共服务需求治理：理论逻辑与实现路径》，《兰州大学学报》（社会科学版）2024 年第 1 期。

[7] 徐祥民、高雅：《法治保障体系的内涵和结构——法治国家建设的资源性保障体系》，《河北法学》2024 年第 6 期。

[8] 詹承豫、徐明婧：《“理念引领-内涵创新”：更高水平的平安中国建设演进逻辑及深化路径》，《行政管理改革》2023 年第 7 期。

附表　2024 年北京市"平安建设保障"评估指标得分

单位：分

一级指标	二级指标	三级指标
平安建设保障（89.14）	法治保障（88.01）	平安建设地方性立法情况(85.00)
		平安北京建设规范性文件情况(95.00)
		平安建设决策容错纠错保障机制建设情况(85.00)
		民众对法治保障的感受(85.14)
	人员保障（89.38）	警力配备情况(85.00)
		专业队伍建设情况(90.00)
		社会力量参与情况(95.00)
		民众对人员保障情况的感受(89.21)
	财务装备（89.06）	平安建设经费投入情况(85.00)
		平安建设硬件设施建设情况(95.00)
		民众对财务装备保障的感受(85.29)
	科技支撑（91.00）	公共安全视频监控系统建设情况(85.00)
		大数据深度应用(95.00)
		信息资源共享融合情况(90.00)
		信息化、智能化科技在平安建设中的应用(90.00)
		信息安全防护建设(95.00)
	宣传教育（86.50）	是否将平安建设相关内容纳入领导干部培训(90.00)
		是否将平安建设相关内容纳入中小学教育内容(85.00)
		是否在全市范围内开展与平安建设有关的应急演练(85.00)

B.8
北京市居民安全感调查报告（2024）

姜　峰*

摘　要： 2024年的北京市居民安全感调查显示，安全感一级指标的得分为82.66分，比2023年略有提升。各二级指标中，社区、校园、单位安全感得分均有所上升，而公共场所安全感得分连续下降。回归分析表明，社区安全感对居民总体安全感的影响最为显著，其次是单位安全感。为了进一步提高居民安全感，北京市应当立足实际情况，深化城市空间治理，强化社区功能；聚焦居民对于安全保障的需求增长点，强化重点领域保护力度；建立公共安全舆情动态监测和预警机制，加强对安全感的实时反馈。

关键词： 居民安全感　社区安全感　校园安全感　单位安全感　北京市

一　引言

居民安全感，作为一种形成机制复杂的情感体验，根植于个体面对生理挑战与社会环境双重刺激时所产生的情绪反应之中，它并不局限于个人内心世界的构建，而是个体以自我为参照点，在错综复杂的社会关系网络中，通过互动与体验逐步形成的对自身安全状态的主观感受和评价。居民安全感的本质在于其社会性，它不是静态不变的，而是随着外部社会环境的变迁而动态调整的。具体而言，在社区中，居民安全感往往受到安防设施的完善度、邻里关系的熟悉度以及治安力量的可见度等客观因素的影响；而当场景转换

* 姜峰，法学博士，中国人民公安大学治安学院副教授、硕士研究生导师，首都社会安全研究基地研究员。

至公共场所，居民则可能更加关注夜间独行的安全性。

鉴于居民安全感在不同场所与社会关系中的差异性表现，我们将其细化为社区安全感、公共场所安全感、单位安全感及校园安全感。这一分类不仅体现了居民安全感构成的复杂性与多样性，也凸显了深入探究各维度间相互作用以及具体分析影响总体安全感提升关键因素的重要性。因此，本报告旨在进一步研究这些关键因素，以期为提升北京市居民安全感提供科学建议。

二　指标设置及评估标准

（一）指标设置

2024 年平安北京建设发展评估中“安全感”指标体系在往年的基础上进行了细微调整和优化，以兼顾评估的持续性和现时性。在“安全感”一级指标下以空间类型划分，设置 5 项二级指标，分别为“总体安全感”“公共场所安全感”“单位安全感”“社区安全感”“校园安全感”（见表 1）。再在各项二级指标下，根据不同空间可能存在的治安问题和治理方式，设置三级指标和相应题目，测量公众对公共场所（车站、广场、公园、商场等）、工作单位、所居住的社区以及校园安全状况的主观感受，细化分析北京市居民的安全感状况，从而统筹局部因素，进一步考察北京居民的总体安全感。

表 1　“安全感”指标设置

一级指标（权重）	二级指标（权重）	三级指标（权重）
安全感（10%）	总体安全感（40%）	公众对北京安全状况的总体感受（100%）
	公共场所安全感（15%）	公众对车站、广场、公园、商场等公共场所环境安全状况的主观感受（100%）
	单位安全感（15%）	公众对所在工作单位环境安全状况的主观感受（100%）
	社区安全感（15%）	公众对所居住的社区环境安全状况的主观感受（100%）
	校园安全感（15%）	公众对校园安全状况的主观感受（100%）

（二）设置依据

1. 总体安全感

党的二十大报告提出："要坚持以人民安全为宗旨、以政治安全为根本、以经济安全为基础、以军事科技文化社会安全为保障、以促进国际安全为依托，统筹外部安全和内部安全、国土安全和国民安全、传统安全和非传统安全、自身安全和共同安全，统筹维护和塑造国家安全，夯实国家安全和社会稳定基层基础，完善参与全球安全治理机制，建设更高水平的平安中国，以新安全格局保障新发展格局。"

"提高公共安全治理水平。坚持安全第一、预防为主的原则，建立大安全大应急框架，完善公共安全体系，并推动公共安全治理模式向事前预防转型。"

2. 公共场所安全感

2015 年，中共中央办公厅、国务院办公厅印发的《关于加强社会治安防控体系建设的意见》强调科学划分巡逻区域，优化防控力量布局，加强公安与武警联勤武装巡逻，建立健全指挥和保障机制。特别强化重点区域如公共交通站点的安保工作，加强人防、物防、技防建设，严防针对公共交通工具的暴力恐怖袭击。

《北京市国民经济和社会发展第十四个五年规划和二〇三五年远景目标纲要》提出持续完善首都社会治安防控体系，推进社会矛盾纠纷多元化预防与化解，加强诉源治理和完善多元化纠纷解决机制。加强新型涉网犯罪的大数据预警，依法打击电信网络诈骗等违法犯罪行为，强化对特殊人群的服务管理，推进社会心理服务体系建设。

党的二十届三中全会通过的《中共中央关于进一步全面深化改革　推进中国式现代化的决定》提出："完善公共安全治理机制。健全重大突发公共事件处置保障体系，完善大安全大应急框架下应急指挥机制，强化基层应急基础和力量，提高防灾减灾救灾能力。完善安全生产风险排查整治和责任倒查机制。完善食品药品安全责任体系。健全生物安全监管预警防控体系。加强网络安全体制建设，建立人工智能安全监管制度"。

3. 单位安全感

2015 年印发的《关于加强社会治安防控体系建设的意见》提出，加强机关、企事业单位内部的安全防控网建设，严格落实单位主要负责人治安保卫责任制，完善巡逻检查和守卫防护等制度，加强技防设施建设，普及视频监控系统应用，实现重要部位的全覆盖。

《北京市国民经济和社会发展第十四个五年规划和二〇三五年远景目标纲要》提出，修订安全生产条例，加强建筑施工、交通、核等重点行业领域的安全管理，实施安全隐患治理工程。加强危险化学品管理，推进消防救援体系的完善，包括建设新的消防设施和基础设施，强化专业救援队的建设，构建物品寄递安全信息化监管体系，加强食品和药品安全监管。

4. 社区安全感

《北京市国民经济和社会发展第十四个五年规划和二〇三五年远景目标纲要》提出，提升基层基础能力，推动安全管理重心下移，规范化建设派出所、司法所和人民法庭设施。增强社会安全意识，实施应急管理的社会化建设工程，通过建设社会应急网格和社区应急服务站，提升基层的风险识别和应急演练能力，倡导社区守望相助。

党的二十届三中全会通过的《中共中央关于进一步全面深化改革　推进中国式现代化的决定》提出，健全社会治理体系。坚持和发展新时代“枫桥经验”，健全党组织领导的自治、法治、德治相结合的城乡基层治理体系，完善共建共治共享的社会治理制度。探索建立全国统一的人口管理制度。健全社会工作体制机制，加强党建引领基层治理，加强社会工作者队伍建设，推动志愿服务体系建设。推进信访工作法治化。提高市域社会治理能力，强化市民热线等公共服务平台功能，健全“高效办成一件事”重点事项清单管理机制和常态化推进机制。健全社会心理服务体系和危机干预机制。健全发挥家庭家教家风建设在基层治理中作用的机制。深化行业协会商会改革。健全社会组织管理制度。健全乡镇（街道）职责和权力、资源相匹配制度，加强乡镇（街道）服务管理力量。完善社会治安整体防控体系，健全扫黑除恶常态化机制，依法严惩群众反映强烈的违法犯罪活动。

5. 校园安全感

《关于加强社会治安防控体系建设的意见》提出，完善幼儿园、学校、金融机构、商业场所、医院等重点场所的安全防范机制，强化重点场所及其周边的治安综合治理，确保秩序良好。

2021 年教育部办公厅印发的《防范中小学生欺凌专项治理行动工作方案》要求，通过深入开展专项治理行动，切实加强中小学生的思想品德、法治和心理健康教育，查处恶性事件，指导地方织牢联动网络，摸排工作死角，建立长效机制，促进平安、和谐校园的建设，确保学生健康快乐成长。

（三）评分与分析方法

通过专家打分法对二级指标的权重进行设置，最终确定“总体安全感”二级指标所占权重为 40%，“公共场所安全感”“单位安全感”“社区安全感”“校园安全感”4 项二级指标所占权重均为 15%。三级指标不区分权重，根据受访者的回答情况计算问卷调查数据的得分，并计算平均分作为该三级指标的得分。

计算出各项指标得分后，对其进行横向对比，以及与往年数据进行纵向对比，并结合现实情况进行解释和分析。同时，对问卷调查数据进行定量统计分析，将数据导入 SPSS 软件，对其进行逐步回归分析，探究诸因素与北京市居民安全感的线性关系，从而揭示影响北京市居民安全感的关键因素，同时指出各因素对北京市居民安全感的影响。

三　总体评估结果分析

（一）2024年北京市“安全感”总体结果

由表 2 和图 1 可知，2024 年北京市“安全感”一级指标的得分为 82. 66 分。其中，二级指标“总体安全感”“单位安全感”“社区安全感”的得分分别为 85. 22 分、82. 70 分和 84. 13 分，与“安全感”一级指标得分大致持平；二级指标“公共场所安全感”得分为 63. 90 分，为二级指标中最低得分，与“安全感”一级指标的得分相差较大；二级指标“校园安全感”得分为 93. 10 分，是二级指标中得分最高的。

表 2　2024 年北京市居民安全感评估结果

单位：分

一级指标		二级指标	
指标名称	指标得分	指标名称	指标得分
安全感	82. 66	总体安全感	85. 22
		公共场所安全感	63. 90
		单位安全感	82. 70
		社区安全感	84. 13
		校园安全感	93. 10

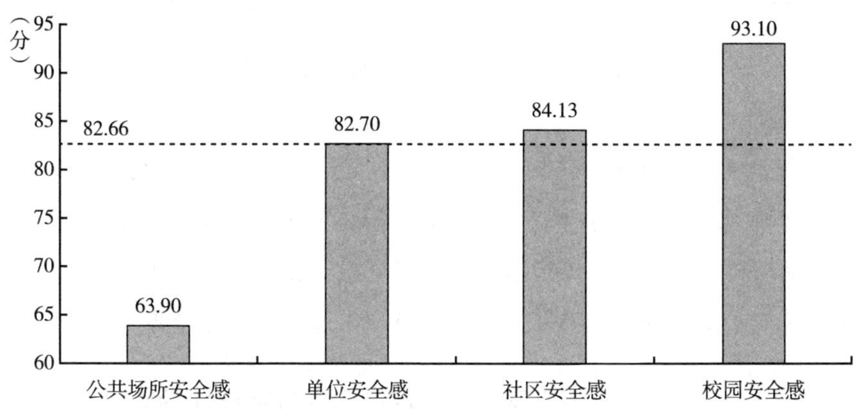

图 1　2024 年北京市四类空间安全感得分

（二）北京市安全感得分历年趋势

2024 年北京市居民“安全感”一级指标的得分为 82. 66 分，比 2023 年提高了 0. 93 分。将 2024 年各二级指标的得分与 2023 年进行比较，可以发现，“总体安全感”二级指标得分为 85. 22 分，提高了 2. 12 分；“公共场所安全感”二级指标得分为 63. 90 分，下降了 4. 29 分；“单位安全感”二级指标得分为 82.70 分，提高了 3.06 分；“社区安全感”二级指标得分为 84.13 分，提高了 1.04 分；“校园安全感”二级指标得分为 93.10 分，与 2023 年基本持平，仅提升了 0.75 分（见图 2）。

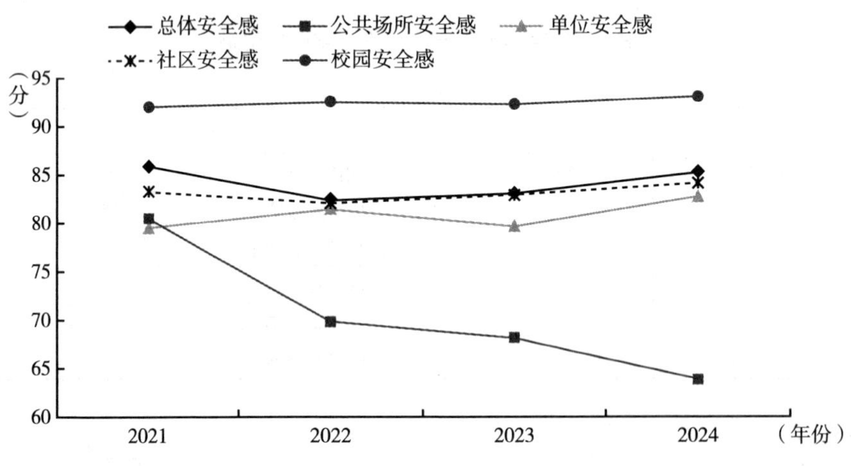

图 2　2021～2024 年北京市安全感各二级指标得分

由图 2 可知，“校园安全感”和“社区安全感”二级指标得分在 2021～2024 年基本保持在相同水平；二级指标“总体安全感”得分在 2022 年有所下滑，后又逐年提高；二级指标“单位安全感”得分呈现上下波动的状态；二级指标“公共场所安全感”得分则是呈现出逐年下降的趋势。

（三）2024年北京市“安全感”定量统计分析总体结果

1. 模型构建

北京市居民安全感会受到违法犯罪发生率、治安力量可见度、居民熟悉度、居住地食品安全等诸多因素的影响，所以本报告采用逐步回归分析的方法，建立线性回归模型，将社区安全感、公共场所安全感、校园安全感、单位安全感四大类影响因素逐一引入模型，剔除其中偏回归平方和不显著的变量，最终得到影响居民安全感的线性回归方程。研究表明，4 项二级指标对北京市居民安全感均具有显著影响。

2. 变量选取

北京市居民安全感影响因素较多，结合往年问卷设计的评估体系，选取社区安全感、公共场所安全感、校园安全感、单位安全感作为自变量，居民安全感作为因变量进行回归分析，具体变量和题项如表 3 所示。

表 3　北京市居民安全感变量说明

变量类型	变量名称	题项
因变量	居民安全感	D20
自变量	社区安全感	B1、B2、B4、B7、B8、B9、B10、B13、B14、B15、B30、E4、E7、E9
	公共场所安全感	C3、C4、C5、C6、C7、C8、C9、C10、C22、C26、C28、C29、C32、C36
	单位安全感	D6、D7、D8、D9、D10、D11、D12、D13、D14、D15、D16、D17
	校园安全感	D3、D4、D5

3. 数据处理

由于选取变量的度量单位不同，如果使用原始数据分析，可能导致分析结果出现极端数值从而影响最终结论。因此，为保证数据之间的可比性以及结果的准确性，本报告采用标准化方式对原始数据进行无量纲化处理。此外，问卷调查数据中“校园安全感”变量里，题项 D3 所收集到的有效数据较少，将这一变量引入模型后出现拟合度不高的情况，故对该题项进行剔除处理。

4. 逐步回归分析

逐步回归分析是多元线性回归的一种分析方法，通过逐个输入变量并检验变量的显著性，来逐一剔除影响不显著的变量，从而建立最优的回归方程。假设北京市居民安全感与其他影响因素之间的线性回归方程如下：

$$Y = \alpha_0 + \alpha_1 X_1 + \alpha_2 X_2 + \cdots + \alpha_n X_n + \varepsilon$$

其中，Y 为居民安全感，X_i（$i = 1, 2, 3, \cdots, n$）为第 i 个解释变量，α_0

为回归常数，α_i（$i=1$，2，3，…，n）为第 i 个解释变量的偏回归系数，ε 为随机误差项。

5. 回归方程的建立

逐步回归整体模型共经历了 4 次回归方程的建立，调整后的模型判定系数 $R^2=0.348$，拟合度较高，所以本报告中最终的逐步回归模型为 4 个变量组成的回归方程，如表 4 所示。

表 4　安全感逐步回归模型统计分析

模型	R	R^2	调整后的 R^2	标准估计的误差	Durbin-Watson
1	0. 539a	0. 291	0. 290	0. 673	
2	0. 583b	0. 340	0. 338	0. 650	
3	0. 588c	0. 346	0. 343	0. 647	
4	0. 593d	0. 351	0. 348	0. 645	2. 087

逐步回归模型变量系数如表 5 所示，社区安全感、公共场所安全感、单位安全感和校园安全感的回归系数对应的 P 值均在 0. 05 以内，说明这 4 项自变量与因变量居民安全感的线性关系均为显著，这也表明逐步回归模型具有较高的可信度。

表 5　逐步回归模型变量系数

模型		非标准化系数		标准化系数	T	显著性（P 值）
		B	标准误差	Beta		
1	常数	-0. 090	0. 026		-3. 462	0. 001
	社区安全感	0. 844	0. 050	0. 539	16. 936	0. 000
2	常数	-0. 072	0. 025		-2. 854	0. 004
	社区安全感	0. 665	0. 054	0. 425	12. 262	0. 000
	单位安全感	0. 365	0. 051	0. 249	7. 193	0. 000
3	常数	-0. 067	0. 025	—	-2. 667	0. 008
	社区安全感	0. 613	0. 057	0. 392	10. 703	0. 000
	单位安全感	0. 348	0. 051	0. 237	6. 826	0. 000
	公共场所安全感	0. 226	0. 084	0. 091	2. 680	0. 008

续表

模型		非标准化系数		标准化系数	T	显著性（P 值）
		B	标准误差	Beta		
4	常数	-0.073	0.025	—	-2.883	0.004
	社区安全感	0.601	0.057	0.384	10.477	0.000
	单位安全感	0.309	0.053	0.210	5.775	0.000
	公共场所安全感	0.224	0.084	0.090	2.668	0.008
	校园安全感	0.075	0.032	0.078	2.354	0.019

根据输出结果对假设进行检验，社区安全感对应的偏回归系数 B 值为 0.601，单位安全感对应的 B 值为 0.309，公共场所安全感对应的 B 值为 0.224，校园安全感对应的 B 值为 0.075，常数输出为-0.073，因此最终的逐步回归模型可以表达为：

$$Y = -0.073 + 0.601 \times \text{社区安全感} + 0.309 \times \text{单位安全感} + 0.224 \times \text{公共场所安全感} + 0.075 \times \text{校园安全感}$$

根据模型分析得出，偏回归系数可解释各项自变量对因变量的影响，具体表现为当其他自变量保持不变时，某项自变量变化一个单位引起的因变量变化的单位数。如社区安全感的偏回归系数 B 值为 0.601，说明在其他因素不变的情况下，社区安全感每增加 1 个单位，居民安全感就增加 0.601 个单位。标准化回归系数可以比较各项自变量对因变量影响的大小，标准化回归系数的绝对值越大，自变量对因变量的影响越大。可以看出，社区安全感对居民安全感的影响最大，校园安全感对居民安全感的影响最小。

四　指标评估结果分析

基于问卷调查数据，运用 EXCEL 和 SPSS 软件对 2024 年北京市居民安全感指标评估结果进行描述分析。

（一）居民安全感

通过问卷调查，针对问题“您觉得北京总体安全状况如何?”，有

56.15%的受访者认为北京市总体的安全状况为“非常安全”，32.46%的受访者认为“比较安全的”，8.88%的受访者认为“一般”，还有2.51%的受访者认为“不太安全”或者“不安全”（见图3）。

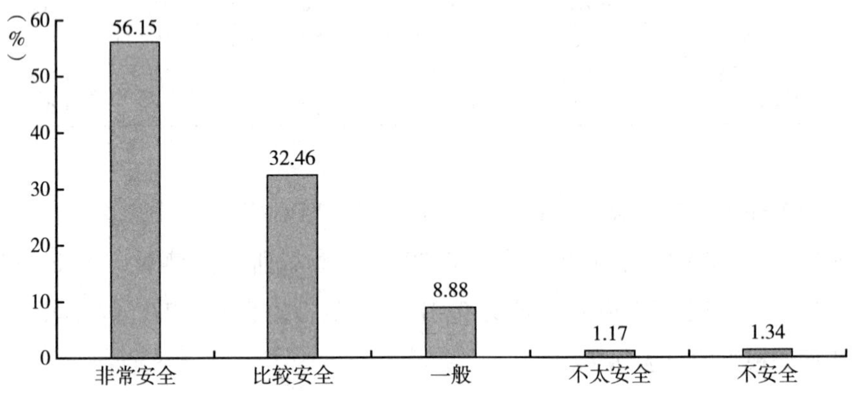

图3　北京市居民安全感选项分布

（二）公共场所安全感

1. 丢失贵重物品

针对公共场所丢失贵重物品的问题，问卷中设置了“近五年来，您的手机、钱包或其他贵重物品在公共场所（如商场等）被盗窃过吗?”的题项。针对这一问题，有2.63%的受访者表示自己在公共场所被盗窃过，还有97.37%的受访者则表示自己没有被盗窃的经历。

2. 夜晚独行

针对夜晚独行是否害怕的问题，根据问卷调查数据，有47.65%的受访者表示自己并不害怕在夜晚独自行走在社区外面的街道、广场等地方，有20.17%的受访者表示自己不太害怕夜晚独行，还有18.16%的受访者表示自己对于夜晚独行的害怕程度为一般，而其余的14.02%的受访者则表示自己比较害怕或者非常害怕（见图4）。

3. 治安力量可见度

公共场所中治安力量的可见度在很大程度上影响着居民对其所在城市安

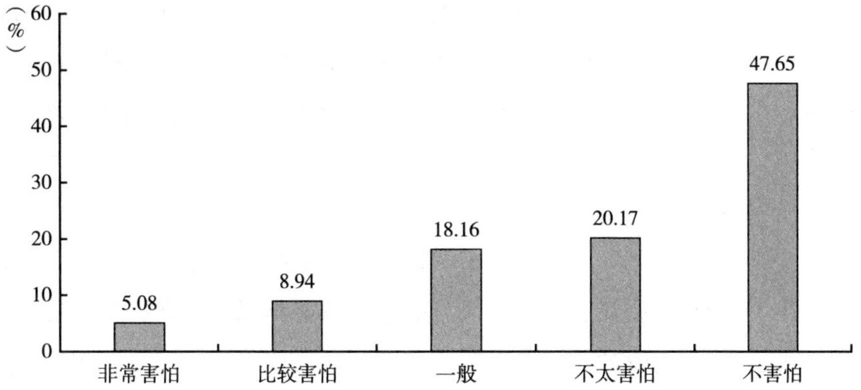

图 4　公共场所居民夜晚独行的害怕程度

全感的感受，因而在问卷中设置了关于治安力量可见度的问题。针对问题“在您居住的街道、广场等公共地方，重大活动或重要时间节点能看到戴红袖标的治安志愿者吗?”以及“在您居住地的街道、广场等公共地方，经常见到警察或警车吗?”，有 7.15% 的受访者表示见不到治安志愿者，有 5.75%的受访者表示见不到警察或者警车（见图 5）。

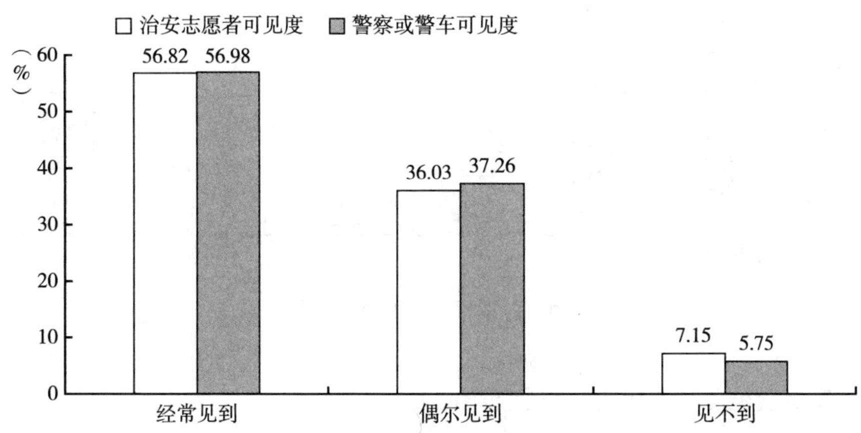

图 5　专业与非专业治安力量可见度

2023 年调查中治安志愿者可见度（选择“经常见到”）为 44.23%，警察或警车可见度（选择“经常见到”）为 48.22%。2024 年治安志愿者可见度为56.82%，警察或警车可见度为56.98%，与2023年的调查数据相比，2024年治安志愿者可见度以及警察或警车可见度均有较大的提高。这在一定程度上反映了我国基层治安力量建设的工作有效提高了居民在城市中的安全感。

4. 警察评价

在警察专业化程度方面，有82.12%的受访者能区分警察、辅警与保安，其余17.88%的受访者并不能区分警察、辅警与保安；在警察态度是否和善方面，有80.90%的受访者表示“非常同意”或“比较同意”警察态度是和善的；在警察反应是否及时方面，有71.23%的受访者表示在拨打110报警后，公安民警能“非常及时”和“比较及时”赶到现场帮其处理问题；在警察执法是否公正方面，有70.22%的受访者认为警察在执法过程中的执法行为是“非常公正”或者是“比较公正”的（见图6）。

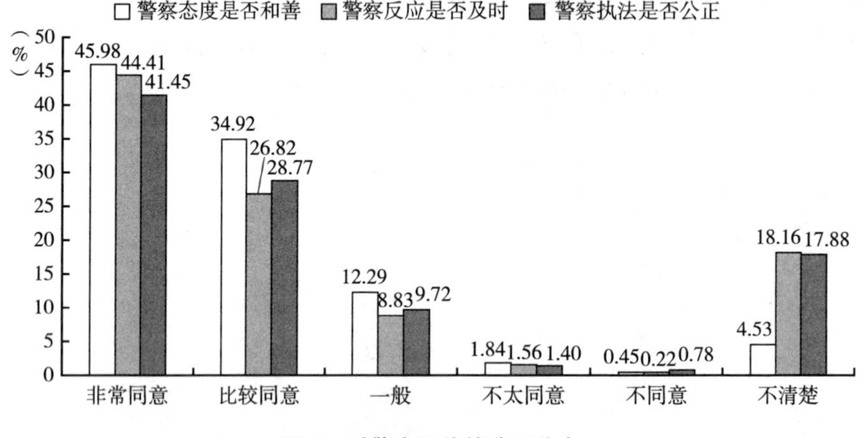

图6 对警察评价的选项分布

5. 易受侵犯公共场所的安全防范能力

由图7可知，54.02%的受访者认为北京市易受侵犯公共场所的安全能力是强的，25.53%的受访者认为易受侵犯公共场所的防范能力一般，16.82%的受访者对于北京市易受侵犯公共场所的防范能力表示不清楚，其余3.63%的受访者则认为北京市易受侵犯公共场所的防范能力是弱的。

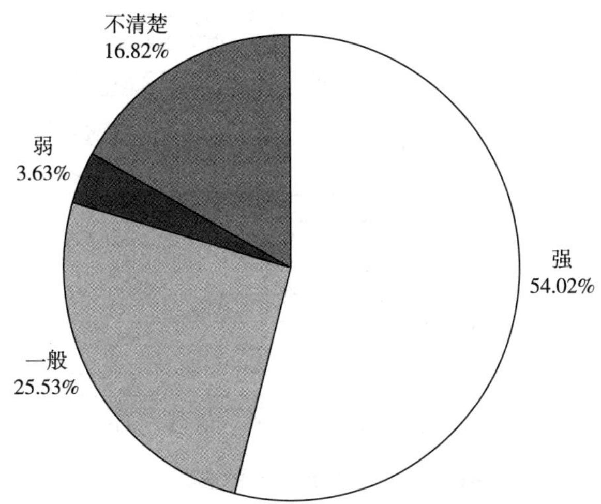

图 7　对易受侵犯公共场所的安全防范能力的选项分布

6. 融入感

在关于居民融入感的问卷调查中，一共设置了 7 个问题，针对问题“我喜欢我现在居住的城市/地方”，有 47.33%的受访者喜欢自己现在居住的城市或者地区；针对问题“我关注我现在居住城市/地方的变化”，有 50.57%的受访者表示其很关注自己所居住城市/地方的变化；针对表述“我很愿意融入本地人当中，成为其中一员”和“我觉得本地人愿意接受我成为其中一员”，分别有 50.57%和 44.66%的受访者“完全同意”；针对表述“我觉得我已经是本地人了”，有 40.65%的受访者认为自己已经是本地人了；关于本地人对外地人的态度问题，仅有 25.00%的受访者认为本地人看不起外地人，同时，也只有 15.46%的受访者表示生活习惯同本地市民之间存在较大差别（见图 8）。

7. “黑车”“黑导游”可见度

通过在问卷中设置“您最近一年内在车站、机场等附近见过黑车拉客行为吗”题项，测量“黑车”在北京市的可见度，有 41.39%的受访者表示“经常见到”或“偶尔见到”，其余 58.60%的受访者表示“未见到”。针对“黑导游”可见度的问题，有 38.27%的受访者表示“经常见到”或“偶尔

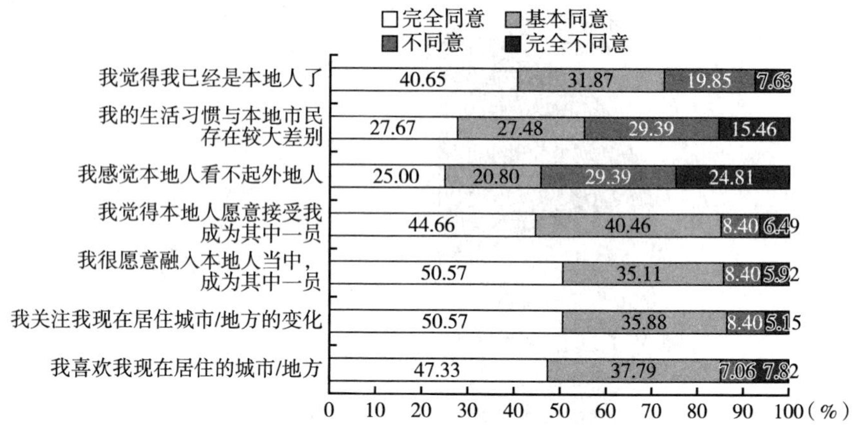

图 8　外地居民融入感的选项分布

见到”黑导游私自在旅游景点拉客，其余 61.73%的受访者则表示“未见到”（见图 9）。

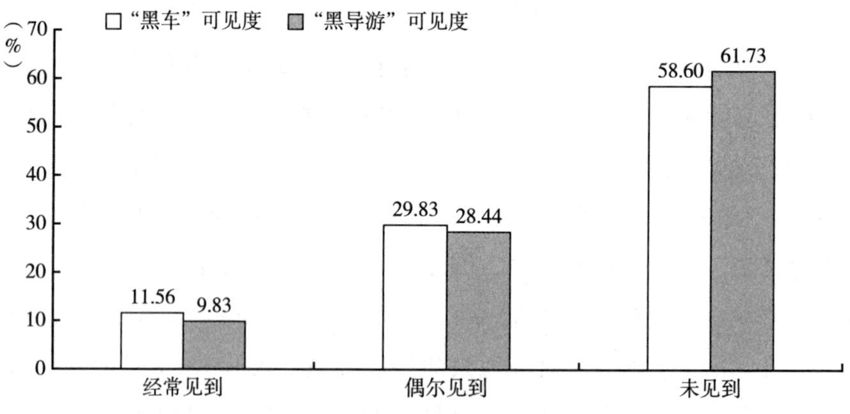

图 9　“黑车”“黑导游”可见度选项分布

8. 交通场站安防力量

在北京市各交通场站中，北京市居民认为地铁站和火车安全防范力量是充足的，认同率分别达到 84.97%和 83.63%；而对公交站、长途汽车站以及飞机场这三类交通场站的安防力量充足的认同率较低，分别为 75.42%、69.72%以及 78.27%（见图 10）。

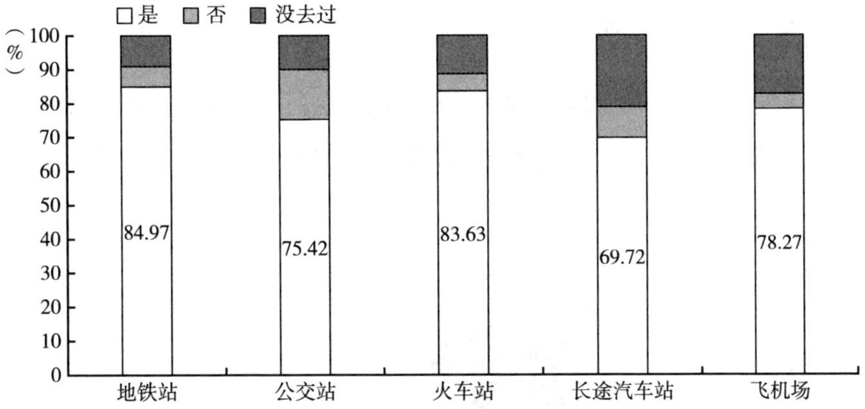

图 10　交通场站安防力量选项分布

9. 公共场所个人信息受保护程度

由图 11 可知，仅有 38.38%的受访者表示自己的信息“未被泄露”，其余 61.62%的受访者表示自己的个人信息“偶尔被泄露”或“经常被泄露”。数据表明，超过半数的受访者遇见过个人信息被泄露的情况，因而，可以反映出个人在参与北京市公共场所运行的过程中，其信息受到保护的程度并不高。

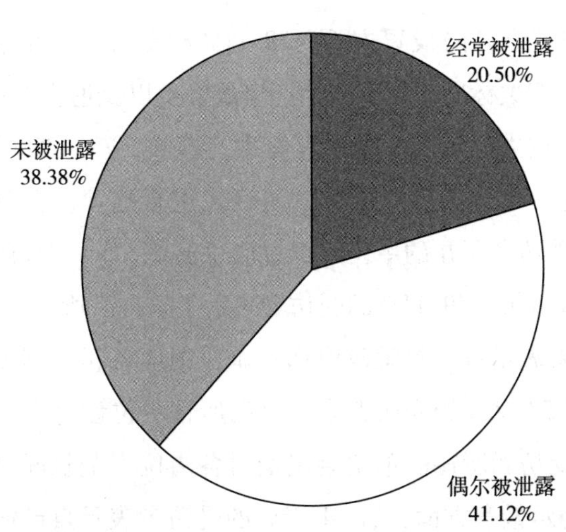

图 11　公共场所隐私安全保护度的选项分布

（三）单位安全感

视频监控体系的有效运行对单位内部的违法犯罪行为具有预防与威慑作用，在问卷调查中，有82.74%的受访者认为单位视频监控“非常有效”或“比较有效”（见图12）。

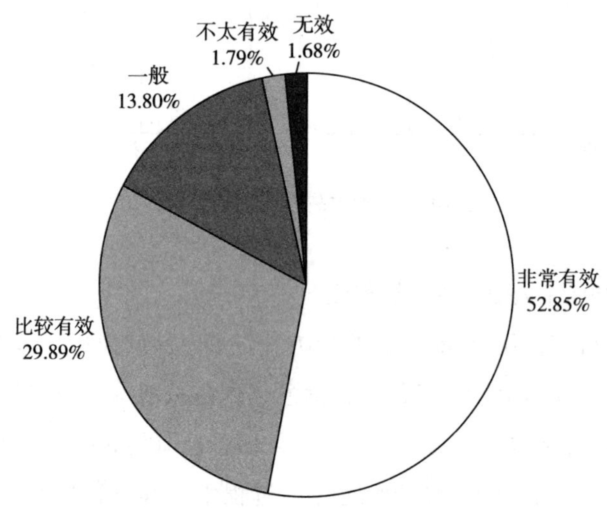

图12　单位视频监控体系有效运行程度

由表6可知，在技防设置方面，59.11%的受访者所在单位采用的技防设备及措施符合相关标准；在安全生产事故发生以及追责方面，8.44%的受访者所在单位在过去三年内发生过安全生产事故，79.47%的受访者所在单位在发生安全生产事故之后对相关的责任人进行追责；在单位应急管理方面，60.28%的受访者所在的单位组织过应急演练，56.15%的受访者所在的单位有应急救援队伍，49.11%的受访者表示了解自己所在单位的应急预案，46.59%的受访者表示自己熟悉政府和本单位的应急相关制度规范；在单位安全管理方面，57.60%的受访者表示自己所在单位设有专职的安全管理人员，62.79%的受访者所在的单位会定期对各岗位安全状况进行检查；在单位内部的安全警示教育方面，有64.75%的受访者表示自己所在的工作单位开展过安全警示教育活动。

表 6　单位安全感部分题项结果

单位：%

题项	是	否	不清楚(不读)
D7-您所在的单位采用的技防设备及技防措施,是否有相关的国家、行业或者地方标准作为依据?	59.11	12.85	28.04
D8-您所在单位过去三年是否发生过安全生产事故?	8.44	60.11	31.45
D9-您所在单位发生安全生产事故后,相关责任人是否被追责?	79.47	12.58	7.95
D10-您所在单位是否组织过应急演练?	60.28	13.54	26.17
D11-您所在的单位是否有应急救援队伍?	56.15	13.91	29.94
D13-您是否了解本单位的应急预案?	49.11	17.71	33.18
D14-您是否熟悉政府和本单位的应急相关制度规范?	46.59	17.37	36.03
D15-您所在单位是否有专职安全管理人员?	57.60	13.02	29.39
D16-您所在单位是否定期对各岗位的安全状况进行检查?	62.79	9.50	27.71
D17-您所在工作单位是否开展过安全警示教育活动?	64.75	9.89	25.36

同时，在安全生产的监督方面，仅有 36.48%的受访者了解 12350 和 12345 两种安全生产举报投诉电话，34.02%的受访者知道两种投诉电话中的其中一种，其余 29.50%的受访者并不清楚可以通过电话联系 12350 或 12345 进行举报和投诉。

（四）社区安全感

1. 违法犯罪情况

违法犯罪行为对居民安全感具有重大影响，通过问卷调查，受访者对所在社区近五年内与违法犯罪行为有关的情况进行了反馈。

问卷调查数据表明，居民反馈较多的违法犯罪行为包括电信诈骗（16.82%）、一般盗窃（11.17%）、破坏公私财物（10.89%）等（见表 7）。2023 年的问卷调查数据显示，居民反馈较多的违法犯罪行为同样是电信诈骗、一般盗窃和破坏公私财物，分别在受访者中占比 21.59%、15.22%和 13.06%。关于以上 3 种类型的违法犯罪行为在居民中的反馈，2024 年调查所得的数据占比相较于 2023 年有所降低，一定程度上反映出居民的社区安全感有所提高，这符合二级指标“社区安全感”2024 年得分高于 2023 年得分的实际情况。其中，居民反馈电信诈骗行为占比的下降，得益于“断卡”行动、限制开户等一系列政策与规定的贯彻落实和持续推进，从根源上减少了电信诈骗行为的发生。

表 7　居民关于社区近五年内违法犯罪情况的反馈

单位：%

类型	是	否	不知道(不读)
A 杀人	0.73	72.29	26.98
B 性侵、猥亵	1.01	70.67	28.32
C 入室盗窃	3.35	67.15	29.50
D 一般盗窃(如盗窃电动车、盗窃自行车)	11.17	59.44	29.39
E 抢夺或抢劫	1.06	69.55	29.39
F 电信诈骗	16.82	54.69	28.49
G 非法集资	3.02	65.59	31.40
H 邪教活动	0.73	70.22	29.05
I 传销	1.90	68.04	30.06
J 涉黄行为	3.58	65.98	30.45
K 涉毒行为	0.78	69.27	29.94
L 涉赌行为	3.74	65.98	30.28
M 打架斗殴	8.72	62.51	28.77
N 破坏公私财物(如划车、砸玻璃、破坏绿植或健身器材)	10.89	60.67	28.44

2. 社区技防情况

在社区技防方面，居民的社区安全感主要体现在社区的视频监控系统能否有效运行上，有 49.33%的受访者表示其所居住社区的视频监控系统运行是“非常有效”的；有 33.63%的受访者表示社区的视频监控系统运行是“比较有效”的；有 14.02%的受访者认为社区视频监控运行系统运行是“一般”的；有 2.07%的受访者表示社区的视频监控系统运行是“不太有效”的，仅有 0.95%的受访者认为社区的视频监控系统运行是“无效”的(见图 13)。

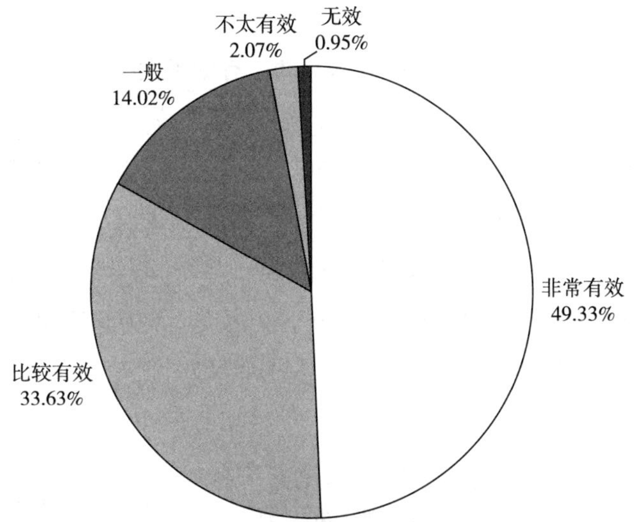

图 13　社区视频监控系统有效运行程度

总体来说，居民对社区视频监控系统有效运行程度持认同态度，认为其一方面可以发挥对社区内潜在违法犯罪的威慑作用，实现提前预防，另一方面可以及时发现违法犯罪行为，避免或者减少损失，实现主动应对。

3. 社区负责主体情况

不同社区的负责主体也不同。73. 52%的受访者反映社区设有物业公司，69. 55%的受访者反映社区设有业主委员会，60. 45%的受访者反映社区设有网格长。其中，同去年相比，受访者对网格长的认识度有较大提高。这表明网格长制度在基层治理的实践中正逐步落地落实，在社区中切实发挥作用。

表 8　居民反映社区负责主体情况

单位：%

社区负责主体	有	没有	不清楚(不读)
物业公司	73. 52	12. 29	14. 19
业主委员会	69. 55	12. 63	17. 82
网格长	60. 45	12. 12	27. 43

4. 社区居民熟悉程度

相互熟悉的街坊邻里更能够互帮互助，有助于发挥邻里守望效果。构建社区内熟人社会，能够促使社区居民产生更多的安全感。问卷调查数据显示，24.58%的受访者表示自己对所居住社区中居民“基本认识”，22.18%的受访者表示自己对所居住社区中居民“大部分认识”，14.97%的受访者表示自己对所居住社区中居民“大约认识一半”，25.20%的受访者表示其“只认识一小部分”社区中的其他居民，而其余13.07%的受访者则表示自己“基本不认识”社区中的其他居民（见图14）。

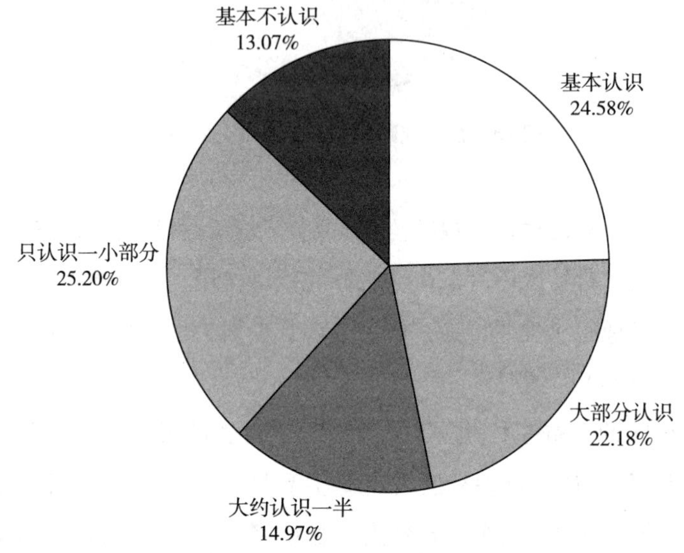

图14　社区居民熟悉程度

以上社区居民的熟悉程度反映出当前我国的社区并非完全的熟人社会，而是一种过渡式的“半熟人社会”。针对这一情况，需要在法治的框架内，充分调动社区内部个人的主观能动性，从而促进社区共同体的形成。

5. 居民对社区相关人员礼貌程度评价

居民对社区相关人员的感受也是其安全感的一种重要表现，无论是对邻居、居委会主任的礼貌程度评价，还是对社区民警的礼貌程度评价，都是社区关系融洽度的重要表征。

图 15 表示，87.88%的受访者对于邻居的评价是“比较礼貌”或“非常礼貌”；89.05%的受访者表示社区中的居委会主任是“比较礼貌”或“非常礼貌”的；90.95%的受访者对于社区民警的评价是“比较礼貌”或“非常礼貌”，显示出居民同社区相关人员之间的关系是较为融洽的，同时，居民对社区相关人员的认可度也是比较高的。居民同社区内多元主体的关系融洽，有利于提高其社区安全感。

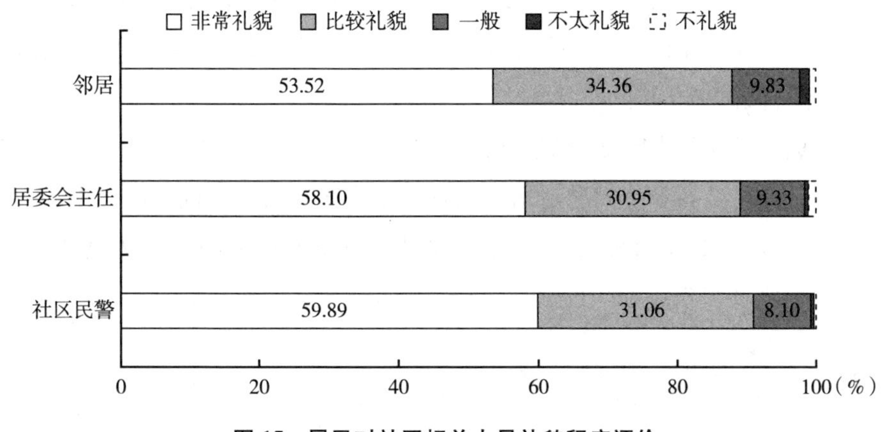

图 15　居民对社区相关人员礼貌程度评价

6. 基层社区警务运行情况

社区警务室是社区民警密切联系群众、服务群众的重要窗口。基层社区警务运行情况主要反映在两个方面，一方面是社区警务室开放的频率，另一方面是社区民警深入基层走访的频率。根据问卷调查数据，58.21%的受访者表示自己所居住社区的警务室是“经常开放”的，21.51%的受访者表示自己所居住社区的社区警务室是“偶尔开放”的，3.74%的受访者表示自己所居住社区的社区警务室处于“不开放”的状态，还有 16.54%的受访者表示自己“不清楚”所居住社区的社区警务室开放频率。

基层社区是频繁出现治安问题的地方，也是群众为解决问题建言献策的地方，社区民警通过深入基层的走访和交流，发现治安问题和隐患，发动群众力量，共求治理之道。但囿于警力有限等问题，社区民警难以深入基层进行走访调查。问卷调查数据显示，29. 55%的受访者表示社区民警“平均每年一次”走访自己的家庭，20. 89%的受访者表示社区民警“平均每季度一次”走访自己的家庭，8. 88%的受访者表示社区民警“平均每月一次”到自己的家庭进行走访，3. 41%的受访者表示社区民警“平均每周一次”开展对自己家庭的走访，只有 1. 23%的受访者表示社区民警“平均每三天一次”走访自己的家庭，还有 36. 03%的受访者表示并不清楚社区民警是否开展过走访活动。数据表明，在实践中，社区民警难以下沉至基层社区、社区警务室难以提高开放频率，因而如何充分发挥社区民警和社区警务室的作用是一个亟待解决的问题。

7. 居民对食品药品安全情况评价

食品和药品的安全问题对居民的社区安全感也有一定的影响。图 16 表明，分别有 80. 16%和 82. 07%的受访者认为食品和药品的安全情况是“比较安全”或者“很安全”的。

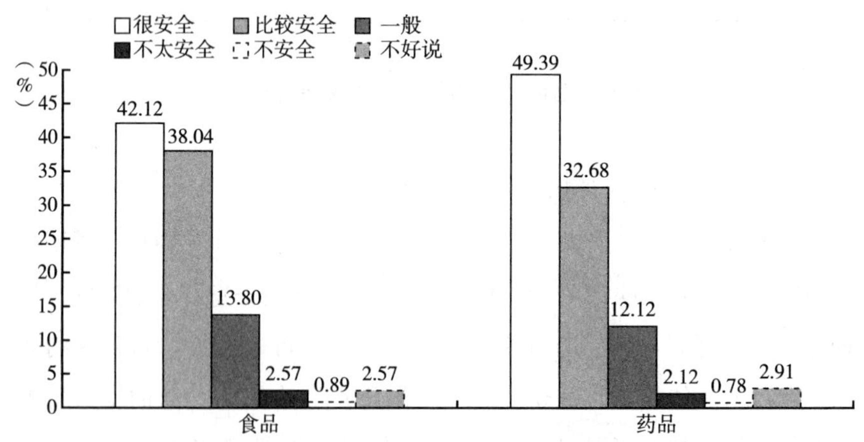

图 16　居民对食品药品安全情况评价

（五）校园安全感

往年以及 2024 年的问卷调查数据显示，“校园安全感”二级指标得分一直处于较高的水平。

幼儿园主要面临的是“校园基础设施安全问题”，根据问卷调查数据，有6.00%的受访者认为幼儿园存在“校园基础设施安全问题”，有5.33%的受访者认为幼儿园存在“校园食品安全问题”，有4.67%的受访者认为幼儿园存在学生“在上学期间走失”的安全问题（见表9）。

表9　北京市幼儿园、中小学、大学校园安全情况

单位：%

学校类别	是否存在下列校园安全问题	是	否
幼儿园	性侵或猥亵儿童行为	3.33	96.67
	教师等工作人员虐待学生行为	2.67	97.33
	校园食品安全	5.33	94.67
	校园基础设施安全	6.00	94.00
	在上学期间走失	4.67	95.33
	其他	3.33	96.67
中小学	意识形态问题	8.29	91.71
	校园斗殴、欺凌行为	6.42	93.58
	校园性侵或性骚扰行为	2.41	97.59
	校园盗窃行为	5.88	94.12
	校园欺诈行为	4.01	95.99
	教职工等人员虐待学生行为	2.14	97.86
	校园周边娱乐场所引发的安全问题	6.68	93.32
	校园食品安全问题	9.36	90.64
	校园基础设施安全问题	5.61	94.39
	在上学期间走失	2.94	97.06
	其他	2.94	97.06
大学	政治、意识形态安全问题	6.18	93.82
	邪教、封建迷信传播问题	3.93	96.07
	参与或组织传销	3.93	96.07
	沉迷游戏、网络问题	17.42	82.58
	校园斗殴、欺凌行为	6.18	93.82
	校园性骚扰或性侵	5.62	94.38
	校园盗窃行为	15.17	84.83
	校园欺诈行为	8.99	91.01

续表

学校类别	是否存在下列校园安全问题	是	否
大学	卖淫嫖娼、制作贩卖传播淫秽信息行为	3.37	96.63
	赌博行为	1.69	98.31
	吸食贩卖毒品行为	1.69	98.31
	校园周边娱乐场所引发的安全问题	6.18	93.82
	校园食品安全	16.29	83.71
	校园基础设施安全	10.67	89.33
	大学生心理健康问题	22.47	77.53
	其他	5.06	94.94

对中小学校园而言，受访者反映较多的是“校园食品安全问题”（9.36%）和“意识形态问题”（8.29%）。此外，有6.68%的受访者认为存在校园周边娱乐场所引发的安全问题，还有6.42%的受访者认为存在校园斗殴、欺凌行为。随着时代的快速发展，社会发生一系列的变化，青少年心理健康的问题愈发严重，在实践中表现为青少年违法犯罪行为的增多，为此，有必要进一步探究其心理与行为的根源，进而寻求合理解决青少年心理问题的方法。

对大学校园而言，受访者反映较多的是“大学生心理健康问题”（22.47%）、“沉迷游戏、网络问题”（17.42%）、“校园食品安全问题”（16.29%）、“校园盗窃行为”（15.17%）和“校园基础设施安全问题”（10.67%）。总体而言，调查数据显示，受访者认为大学校园存在安全问题的比例高于其他教育阶段的校园，同时，大学校园的安全隐患呈现种类多且复杂的特点。

针对北京市校园开展安全教育的情况进行问卷调查，有94.02%的受访者表示学校“开展过安全教育”，5.98%的受访者表示学校“未开展过安全教育”。

针对校园欺凌事件，2024年的问卷增加了对“据您了解，您或您亲属的孩子所在学校是否有针对校园欺凌的发现和干预制度?”问题的调查，有81.34%的受访者表示学校有上述制度，18.66%的受访者则表示没有上述制度。

五　总结与讨论

（一）2024年北京市居民安全感评估总结

本次调查发现，2024 年北京市居民安全感总体保持平稳。从构成总体安全感的不同维度以及个体差异来看，居民在不同方面的安全感较以往有一定程度的变化。居民安全感的特点和变化，从侧面反映了社会部分行业领域的安全防范水平和存在的问题。

1. 北京市的居民总体安全感维持在较高水平

2024 年北京市居民安全感的评估得分为 82.66 分，比 2023 年增加了 0.93 分。这说明随着平安北京建设各项机制的逐步完善，北京市的社会风险防范水平不断提高，立体化、信息化的社会治安防控体系不断完善，人民群众的获得感、幸福感、安全感稳步提升，首都和谐稳定的良好局面得到进一步巩固。

北京市居民总体安全感得分从 2023 年的 83.10 分增加到 85.22 分，这表明居民的总体安全感在 2024 年有所提升。但是，公共场所安全感得分却连续下降，从 2021 年的 68.19 分下降到 2024 年的 63.90 分，在四个领域中下降幅度最大，这可能与近年来公共安全事件、社会治安问题或公众对公共安全措施的感知变化有关。此外，复杂的社会环境也可能对公众的安全感产生影响。单位安全感得分波动较小，从 2023 年的 79.64 分逐步提升至 2024 年的 82.70 分，说明单位环境的安全感有所提高，这可能得益于单位安全规范和管理措施的逐步完善，以及单位对物防技防、应急管理水平的提升。社区安全感得分整体呈现稳定态势，从 2023 年的 83.09 分小幅提升至 2024 年的 84.13 分，这种稳定主要得益于近年来北京市有效的社区管理，以及社区警务工作的持续改进。校园安全感得分也保持相对稳定的状态，始终处于较高水平，从 2023 年的 92.35 分略微增加至 2024 年的 93.10 分，但未来仍需进一步关注校园食品安全、校园欺凌、校园基础设施安全、校园心理健康等一系列问题。

2. 居民安全感呈现出多个维度的变化

安全感由不同方面和维度构成，反映出不同方面的社会现实和问题。虽然北京市居民安全感得分总体处于稳定增长态势，但各部分得分的变化趋势不同。2024 年“社区安全感”“校园安全感”“单位安全感”指标得分与2023 年相比有所上升，而“公共场所安全感”指标得分则进一步下降，其原因包括网络上相关恶性治安事件舆情发酵的影响，社交媒体的普及和信息传播的快速性导致恶性治安事件更容易被宣传和扩散，从而给人一种频发的错觉，导致居民对公共场所安全感有所改观。可见，随着群众安全感需求逐渐提高，安全防控和安全治理也提出了更加精细化的要求。从各个维度深挖安全感的内涵，在社会治理细节中全面提高安全感，是更高水平的平安中国建设的应有之义。

3. 逐步回归分析的应用揭示影响总体安全感因素的系数

与往年相比，今年采用了逐步回归分析的方法建立线性回归模型，将社区安全感、公共场所安全感、校园安全感、单位安全感四大类影响因素逐一引入模型，剔除其中偏回归平方和不显著的变量，最终得到影响居民安全感的线性回归方程为：

$$Y = -0.073 + 0.601 \times \text{社区安全感} + 0.309 \times \text{单位安全感} + 0.224 \times \text{公共场所安全感} + 0.075 \times \text{校园安全感}$$

根据模型分析得出，社区安全感的偏回归系数值为 0.601、单位安全感的为 0.309、公共场所安全感的为 0.224、校园安全感的为 0.075，说明在其他因素不变的情况下，社区安全感每增加 1 个单位，居民安全感就增加 0.601 个单位。

社区安全感的偏回归系数最高，表明社区安全感对居民的安全感影响最大。这是因为社区是居民日常生活的主要环境，居民在社区中的时间长，安全或不安全的感受会直接影响到他们的安全感。社区安全措施的有效性、邻里关系的和谐以及社区内部的犯罪率等因素，都直接影响居民的安全体验。

单位安全感的系数表明它在居民安全感中也扮演重要角色，尽管影响力低于社区安全感。这可能是因为人们也会花费大量时间在工作场所，单位的安全管理、工作环境的安全性、与同事的关系等，都会影响到个人的安全感受。

公共场所安全感对居民安全感的影响相对较小，这可能是因为虽然公共场所的安全直接影响公众的安全体验，但与社区和单位相比，人们在公共场所停留的时间更短，因此其产生的影响相对较小。此外，公共场所的安全措施、人流管理和紧急响应能力等因素虽然重要，但在日常生活中所产生的影响较小。

校园安全感的系数最低，这可能表明在总体居民群体中，校园安全感的直接影响相对有限。这不意味着校园安全不重要，而是在整个社会中，直接接触校园环境的人群相对较少（主要是学生、教职工及其家庭），所以其对居民安全感的统计影响较小。

4. 个别行业领域的安全防范存在薄弱之处

居民安全感是检验社会治理成效的重要指标。通过居民安全感调查，可以反映出北京社会安全治理各方面的现状和存在的问题、隐患。调查发现，超过半数的受访者遇见过个人信息被泄露的情况，说明个人在参与北京市公共场所运行的过程中，其信息受到保护的程度并不高。在基层社区警务运行方面，社区警务室开放以及社区民警走访的频率有待提高。在大学校园安全方面，“校园基础设施安全”“校园盗窃行为”“大学生涉毒”“大学生心理健康危机”“校园食品安全”等问题仍有较大改善空间。

（二）对提升北京市居民安全感的建议

安全感的提升是获得感和幸福感提升的基本条件，增强居民安全感是社会和谐发展的保障。基于调查结果，本报告对提升北京市居民安全感提出以下建议。

1. 深化城市空间治理与强化社区功能

空间是社会秩序的载体，也是社会治理的对象，社会生活中许多问题以空间的形式表现出来，是影响居民安全感的重要因素。加强城市空间治理是保障我国社会持续发展、和谐安宁的重要举措。应当完善公共空间体系，加强空间秩序管控，提升城市界面形象。优化利用各片区存量资源，促进产业升级，提升发展效益与城市服务水平，引导人口合理布局。推动重点地区功能升级和整体提升。提升环境品质与便利化水平，加强交通治理和街道空间精细化设计。深入推进精细化治理和老旧小区改造，推动一流人居环境建设，不断改善居住条件，改造外立面，培育好居民社区安全感。

2. 聚焦居民对于安全保障的需求增长点

居民对安全保障的需求增长体现在多个方面，反映了其对个人和家庭安全的重视。第一，在住宅安全方面，对老旧住宅区，应进行安全设施升级，增设监控摄像头、智能门禁系统等，提升居住安全感。对自然灾害频发地区，需加强防灾减灾设施建设，提高其应对自然灾害的能力。第二，在公共场所方面，如公园、广场、街道等应覆盖足够的照明和监控设施，并设置紧急求助电话亭或一键报警装置，以减少潜在犯罪行为并确保紧急情况下能得到及时援助。第三，在交通安全方面，道路设计应更加人性化，增设行人过街设施、减速带等，确保交通标志标线清晰，减少交通事故风险。公共交通工具的安全性能也直接影响居民安全感。第四，在个人隐私信息方面，随着互联网普及，居民越来越重视个人信息安全，希望能有效防止个人信息泄露，并在网络服务中得到足够的安全保障。第五，在社区治安状况方面，需要加强治安管理、增加警力巡逻、提高见警率，社区应与公安机关加强合作，共同维护社区治安稳定，同时建立高效的应急响应机制，定期举行应急演练，提高应急处置能力。

3. 建立公共安全舆情动态监测和预警机制

由于安全感受多重因素影响且处于动态变化之中，建立公共安全舆情动态监测和预警机制便成为迫切需求。该机制能够实时追踪并分析社会公众对安全感的舆情变化，从而为政府提供决策支持，及时响应公众的安全关切。随着大数据和人工智能技术的应用发展，利用 AI 监测社会公众安全感的动态变化成为可能。通过网络技术实时抓取和分析社交媒体、新闻网站等数据源的信息，可以更深入地了解公众的安全感知，进而为政策制定提供科学依据，有效提升公众的安全感。为此，本报告提出以下建议。第一，构建动态监测模型。利用大数据和人工智能技术，整合社交媒体、新闻报道等多渠道信息，搭建一个实时监测公众安全感变化的模型。该模型应具备数据抓取、文本分析、情感识别等功能，能够准确反映公众安全感的细微波动。第二，设立预警系统。基于动态监测模型的数据分析，当识别到可能影响公众安全感的重大舆情事件时，预警系统应自动触发警报，以便相关部门能够迅速做出反应。同时，预警系统还应具备分级分类功能，根据事件的严重程度和影响范围，为政府决策提供优先级建议。第三，制定应对策略。政府应根据预警系统的提示，及时启动相应的应对机制。对于不同级别的舆情事件，制定具有针对性的回应策略，包括信息发布、舆情引导、紧急救援等多个方面。此外，还应建立跨部门协作机制，确保各部门能够高效协同应对舆情事件，共同维护社会稳定和保护公众安全。

参考文献

［1］艾恒平、林通、姬艳涛：《空间变革下的社区安全治理策略——以“村改居”治安治理现代化转型为例》，《中国人民公安大学学报》（社会科学版）2023 年第 5 期。

［2］仓平、严文斌、袁珏：《公众安全感影响因素模型的构建与研究》，《南京财经大学学报》2011 年第 3 期。

［3］吴克昌、王珂：《城市公众安全感的影响因素研究——以海口市 M 区为例》，《广州大学学报》（社会科学版）2016 年第 8 期。

专题报告

B.9 首都教育领域涉访维稳风险及防范化解对策*

邱志勇　吕志强**

摘　要：　教育领域综合改革是涉及面最广、影响最大的民生工程。纵深推进教育领域综合改革，面临的压力增大、风险点增多。本报告基于公安机关视角，结合近年来北京本地及京外输入反映出的教育领域涉访维稳问题，梳理存在的突出矛盾和涉访维稳风险，分析当前教育领域容易积累的矛盾隐患、网络舆情放大风险、深层问题影响社会稳定、风险综合治理相对滞后等问题，进而提出加强教育领域涉访维稳风险评估、监测预警、冲突管理和反馈问责等建议，旨在与教育部门和社会公众共同提升维护社会大局稳定的前瞻性、促进维护教育公平的协同性，从而共同构建高质量安全保障教育高质量发展的新格局。

关键词：　教育　涉访维稳　风险识别

* 本报告是北京市社会科学研究基金项目、北京市教育委员会社科计划重点社科项目《首都教育类涉访问题的现状及防范机制研究》（项目号：SZ202214019029）的阶段性成果。

** 邱志勇，公共管理硕士，北京警察学院治安系主任、教授；吕志强，法学硕士，北京警察学院治安系教研室主任、讲师。

党的二十大报告对新时代党和国家事业发展作出了科学完整的战略部署，确定了稳中求进的工作总基调，提出了统筹发展和安全的要求，明确了我国社会主要矛盾是人民日益增长的美好生活需要和不平衡不充分的发展之间的矛盾，并紧紧围绕这个社会主要矛盾推进各项工作，不断丰富和发展人类文明新形态。安全是发展的前提，发展是安全的保障。当前，我国各领域发展处于深化改革的攻坚期，面临的不确定性增多，必须加强防范化解重大风险，才能保持社会大局稳定。在教育领域，我国已具备世界最大规模的教育体系，要办好人民满意的教育，必须坚持以人民为中心发展教育，加快建设高质量教育体系，发展素质教育，促进教育公平。总体来看，教育系统坚定不移贯彻总体国家安全观，坚决维护教育领域政治安全，持续保持安全稳定良好局面。2024 年全国教育工作会议指出，要把进一步全面深化改革作为根本动力，纵深推进教育领域综合改革。教育关系千家万户，是涉及面最广、影响最大的民生工程。可以预见，教育领域综合改革将面临多方面、深层次的阻力，教育系统持续保持安全稳定的压力增大、风险点增多。本报告从公安机关视角出发，结合近年来北京本地及京外输入反映的教育领域涉访维稳问题，梳理存在的突出矛盾和涉访维稳风险，旨在与教育部门和社会公众共同提升维护社会大局稳定的前瞻性、促进维护教育公平的协同性，以共同构建高质量安全保障教育高质量发展的新格局。

一　教育领域涉访维稳风险识别

教育问题呈现出涉访活动频繁、矛盾集中、疏导劝阻难度大、初信初访化解率低、重复信访率高等特点。教育领域改革和突出矛盾问题都具有高度复杂性，涉访维稳风险识别是对教育改革进程中教育领域存在的突出矛盾问题，对可能发生的风险内容、损失大小、影响因素等进行估计判断。通过梳理公安机关掌握的教育领域突出矛盾诉求、舆情事件、各类案件，并结合这些风险的发展态势，本报告将可能影响社会稳定的风险归纳为以下三类。

（一）教育政策调整类

近年来，教育深化改革涉及学前教育、基础教育、高等教育、职业教育等阶段，涉及人才培养体系、办学体制和教育管理、教育评价、师资建设和管理制度、考试招生制度等重要维度内容。教育政策是教育改革和管理的主要手段和工具。在特定社会历史条件下，教育政策解决教育领域出现的各种热点、难点复杂问题，分配和调整不同社会群体在教育活动中的利益关系，推动和深化教育改革，能促进教育事业发展。因而，教育政策调整具有自上而下、牵一发动全身的影响力。

近年来，影响范围最广、热度最高的教育改革举措之一无疑是“双减”政策。截至 2021 年 12 月末，学科类校外培训机构大幅压减，线下校外培训机构已压减 83.8%，线上校外培训机构已压减 84.1%。[①]“双减”政策落地的第一个学期，北京市线下学科类无证机构压减率达 98%，原有各类培训机构压减 60%，12 个区实现无证机构动态清零。[②] 而随着大大小小的培训机构退出或缩减市场，家长们作为消费者面临着退费“三难”：找不到机构和老师、机构找各种借口拒不退费、退费时变相缩减课时。不少企业负责人坦言，“双减”政策下“去学科化”，如何花最小代价实现自身的优化调整，成为一项巨大的挑战。[③]“双减”政策大力持续推进，要从根本上解决教育“唯分数、唯升学”的短视化、功利化问题，促进基础教育整体变革和生态重塑，对学生、家长、学校、教师、教育管理部门都产生了重大深远影响。北京师范大学中国教育与社会发展研究院于 2022 年 3 月发布的《全国“双减”成效调查报告》显示，“双减”政策得到了普遍赞同，尤其是得到学生和校长高度赞同。但“双减”改革仍面临多方面困难和挑战，如教师工作压力和负担加重、家长对教育期望值较高、校外培训机构仍存在违规行为。一些地方学科类培训仍然存在“提前学学科知识”“占用法定节假日、周末进行培训”，以及打着非学科培训的

① 《读懂“双减”背后的教育逻辑》，中华人民共和国教育部网站，2021 年 12 月 22 日，http://www.moe.gov.cn/jyb_xwfb/moe_2082/2021/2021_zl53/mtgc/202112/t20211222_589201.html。

② 《教育部发布北京“双减”成绩单 培训广告全面停播 机构减六成》，北京市人民政府网站，2021 年 10 月 26 日，https://www.beijing.gov.cn/fuwu/bmfw/sy/jrts/202110/t20211029_2524388.html。

③ 《北京市“双减”措施正式发布 家长退费仍遇三大难题》，光明网，2021 年 8 月 18 日，https://m.gmw.cn/baijia/2021-08/18/1302494521.html。

名义搞学科培训等问题；还存在非学科培训盲目扩张、变相制造教育焦虑、价格虚高等现象。[①] 2022 年 10 月 28 日，在第十三届全国人民代表大会常务委员会第三十七次会议上，教育部部长怀进鹏在《国务院关于有效减轻过重作业负担和校外培训负担，促进义务教育阶段学生全面健康发展情况的报告》的形势研判中指出，“双减”工作具有长期性、复杂性、艰巨性，存在许多问题和不足，如学科类培训隐形变异、非学科类培训监管存在短板、风险防范处置仍存在薄弱环节、宣传引导工作效果还不够明显等。

教育政策调整是一个持续的动态过程，重大的政策调整变动需要各部门、各方面及时查漏补缺、不断修订完善。其中涉及教育资源分配、入学机会、师资待遇等群众切身利益的政策调整，容易引发讨论，如处理不好会增加涉访维稳风险。

（二）教培行业市场类

自 20 世纪末出现大量面向中小学学生的学科辅导以来，由于在基础教育的校外培训方面缺乏有效监管，资本的野蛮涌入增加了校外教育培训行业乱象。[②]

① 《北京师范大学中国教育与社会发展研究院召开“双减”成效调查座谈会》，北京师范大学新闻网，2022 年 3 月 2 日，https：//news. bnu. edu. cn//zx/zhxw/126713. htm。

② 据中消协《2021 年校外教育培训领域消费者权益保护报告》，我国校外教育培训领域消费者权益保护存在的主要问题有：消费投诉增长快、格式合同纠纷多、售后问题难解决、虚假宣传手段多、预付式消费风险大。另外，教育部、中国消费者协会 2023 年在全国开展了校外培训“平安消费”专项行动，该行动聚焦六项重点任务：一是规范培训收费行为，坚持校外培训公益属性；二是强化校外培训预收费资金监管，全面预防“退费难”“卷钱跑路”等问题，守护学生及家长缴费安全；三是加快化解校外培训消费纠纷，有效解决学生及家长合理退费诉求；四是加强校外培训机构安全排查，营造健康安全的消费环境；五是加强消费教育指导，整体提升学生及家长消费保护意识；六是坚决查处各类违规培训行为，有效防治无资格资质、无质量保证、无安全保障的学科类隐形变异培训。参见《教育部　中国消费者协会部署校外培训“平安消费”专项行动　营造良好消费环境》，中国政府网，2023 年 5 月 5 日，https：//www. gov. cn/lianbo/2023-05/05/content_ 5754273. htm。另外，教育部校外教育培训监管司、公安部刑事侦查局、国家消防救援局消防监督司、中国消费者协会秘书处共同发布了关于防范校外培训安全问题的温馨提示，其中存在非法集资、合同诈骗、挪用资金等犯罪风险。参见《教育部校外教育培训监管司　公安部刑事侦查局　国家消防救援局消防监督司　中国消费者协会秘书处关于防范校外培训安全问题的温馨提示》，中国消费者协会网站，2024 年 1 月 11 日，https：//www. cca. org. cn/Detail?catalogId = 475800865030213&contentType = article&contentId = 521578522419269。

近年来，北京乃至全国教培机构倒闭潮是教育领域涉访维稳的主要风险源之一。

2019年，在北京、上海、成都、深圳等地以英语口语培训为主的韦博英语因公司盲目扩张、业绩持续下滑、成本攀升、经营困难导致资金链断裂；2020年，以一对一个性化辅导为核心的北京优胜教育，因寻求融资上市失败、加盟校经营出现问题，导致资金链断裂。这两家机构都是成立达二十年、门店遍及全国、学员规模超百万人的老牌企业。再如，成立于1994年的北京巨人教育，在北京共有32个校区，并通过加盟制在武汉、郑州等地发展分校，是老牌的线下K12教培集团。2018年8月，巨人教育被美股上市公司精锐教育全资收购，但仍保持独立的品牌运作。2020年底，精锐教育原本计划将巨人教育、天津华英等班课业务进行合并重组成“新巨人教育”公司拟寻求独立上市。但自2021年7月政策发布后，精锐教育股价受到重挫，连续30个交易日股价低于1美元，并收到纽交所发出的退市警示函。在此情境下，精锐教育断臂求生，巨人教育则资金链断裂。① 2021年8月31日，成立27年、曾被誉为“教培黄埔军校”的巨人教育宣布倒闭。2022年以来相继“爆雷”的全国大型教育培训机构还有早教头部企业金宝贝。金宝贝在全国近150个城市拥有400多家加盟中心，各中心独立经营，从2023年起，在北京的直营店开始大幅缩水，上海、重庆、济南、广州、深圳、南昌、南京等多地出现门店突然关闭现象，一些濒临倒闭的门店在停业前还在持续推销预付费课程、鼓励家长续费，而一旦提及退费则难上加难。由于金宝贝是各中心独立运营的加盟机构，具体退费方案由各中心自行决定，但往往难以令人满意。此外，许多中小型教培机构突然关停、倒闭、跑路现象不胜枚举。天眼查数据显示，截至2021年9月1日，2021年教培相关企业注销或吊销的数量超16万家，较2020年同期相比，增长约26.51%。② 2022年，

---

① 《“双减”发布的50天里，每3天就有一家教育公司宣布倒闭》，“IT桔子”澎湃号，2021年9月30日，https://www.thepaper.cn/newsDetail_forward_14719153。

② 《谨防教培机构破产跑路卷走你的钱，注销或吊销的数量超16万家》，“大龙评谈”百家号，2021年9月2日，https://baijiahao.baidu.com/s?id=1709767061570017565。

倒下的数字教育公司达157家，其中北京以48家居首位。[①] 另据统计，2023年国内关停、倒闭公司中，教育行业涉及275家公司，占比7.2%，属于倒闭数较多的行业。[②]

教培行业属于预付式消费，在预付式消费退费难的问题中，关于培训机构退费的问题尤为突出。有记者梳理12345热线统计发现，2021年7月1日~27日，北京市民反映培训机构退费问题的诉求超过4000件。其中，“双减”措施出台后，仅7月25日~27日中午，涉及培训机构退费的相关诉求就达到1084件。[③] 校外教培行业预付式消费的经营方式及其连锁加盟的开店策略使其涉及地域范围广、群体人员多、资金体量大。教培机构一旦陷入经营危机，往往造成消费者退费难、维权成本高的问题。

（三）校园安全及管理类

校园安全问题直接关系学生的生命和健康，涉及消防、交通、食品、治安、公共卫生、师德师风、网络信息等方面，且风险燃点低、社会反响强烈，易引发涉访维稳风险。

在交通安全风险方面，《北京五环内中小学上学路安全风险分析》利用大数据对北京五环内的221所小学、170所中学进行了分析，发现有42所中学、66所小学共108所学校存在多处安全隐患（主要是学校附近有道路交叉口、校门附近有快速路、学校周边过街设施不足），占五环内所有中小学数量的27.6%。[④] 交通安全风险还包括超速、超员超载、驾驶经验不足、校车运营及车辆维护经费不足等问题。

---

① 《157家！〈2022中国数字教育“死亡”名单〉公布》，“网经社”网易号，2023年1月14日，https://www.163.com/dy/article/HR2NMPKE0514BOS2.html。

② 《「都不容易」，2023年国内倒闭公司全貌总览》，“IT桔子”百家号，2024年4月5日，https://baijiahao.baidu.com/s?id=1795446418246642510&wfr=spider&for=pc。

③ 《“双减”政策下，北京不少教培机构悄然闭店，退费成难题》，“京报网”百家号，2021年7月28日，https://baijiahao.baidu.com/s?id=1706489865855710473&wfr=spider&for=pc。

④ 《调查显示：北京近三分之一中小学附近存在交通安全隐患》，“922绿色出行”搜狐号，2018年9月21日，https://www.sohu.com/a/255177798_782444。

二　教育领域涉访维稳风险分析

归纳梳理教育领域涉访维稳风险突出问题后发现，教育问题牵涉面广且备受社会关注，其风险点不仅在教育领域内相互交织，而且受到外部各种不确定因素影响叠加，导致教育领域矛盾问题凸显或风险外溢放大，进而对社会稳定产生一定影响。因此，在关注教育领域涉访维稳风险类型的基础上，应进一步厘清风险演变升级的动力机制，从而系统把握教育涉访维稳风险的主要特点，为有效应对教育涉访维稳风险奠定基础。

（一）教育领域的资源配置与教育公共性

教育资源的配置要统筹协调公平与效率之间的关系，加强教育部门与相关部门之间的沟通，形成政府、学校、社会共同参与的教育工作格局。教育属于准公共产品，义务教育是面向全体学生的教育，是全面发展的教育，是国家必须予以保障的公益性事业，其基本内涵属性在于义务教育的公平性、非营利性、非竞争性。政府以外的自然人和其他社会组织提供义务教育阶段的服务，或政府之外的资源配置机制，应该成为政府的必要补充，通过政府供给和有限的市场运作相结合的办法，积极引入市场竞争机制，更好地扩大学位供给、实现教育供给多元化格局、满足居民多样的教育需求。

（二）教育领域受广泛关注

教育是社会民生关注度极高的领域，因教育关系孩子成长、成才、就业和未来发展，家庭在教育方面投入的精力和经济成本占比巨大，可以说教育直接关系家庭的现实利益和发展诉求，成为千家万户关注的重点。教育领域涉访维稳风险点多面广，问题敏感度高、可容忍度低，易引起网络舆情，进而增加涉访维稳风险。有些事件突破了保证学生健康安全的底线，引发了大量的关注与评论，极易产生网络舆情，影响社会稳定。

（三）深层问题对社会稳定影响深远

教育领域相关网络舆情事件和安全事件折射的深层问题尤为发人深省，其对社会稳定的影响是潜在的、深远的。

第一，师道尊严面临冲击。近年来，部分教师师德、学术道德沦丧，对尊师重教传统产生冲击。其根源在于教师队伍思想政治素养弱化，不同程度地受到享乐主义、拜金主义错误思潮的渗透影响。一些教师偏离了立德树人的根本任务，把三尺讲台当成了发财致富的平台；一些教师重专业教育，忽视了思政养成，没有搞清楚培养什么人、怎样培养人、为谁培养人的根本问题，从而放松了对自身政治素养的提升、降低了对学生思想政治教育的关注；还有一些教师不恪守学术道德、不注重严格修身、不在乎文化品位，在教学过程中发表不当言论、传播消极负面思想情绪，甚至使用污言秽语。凡此种种，不仅对学生成长发展不利，更玷污了整个教育环境，使得教师职业群体的社会地位和美誉度有所降低，教师自身的职业认同感和荣誉感也受到损害。此外，随着信息时代新技术的蓬勃发展，知识的来源和生产渠道更加多元，一定程度上也削弱了教师的权威性。

第二，安全问题使教育领域面临信任危机。健康安全是学生成长成才的基础前提，然而涉及校园安全问题的事件频发，让人深感担忧。校园欺凌现象隐匿存在，不仅会给受害者带来长期心理创伤，包括抑郁、焦虑、自卑、自闭等心理问题，影响受害者的日常生活和学习，还可能对其未来的社交和职业发展产生负面影响，严重的心理创伤甚至可能导致受害者产生自杀倾向，进一步加剧社会的不稳定因素。此外，受害者的家庭需要承担额外的经济和心理负担。家长在支付心理治疗、医疗支持等费用的同时还要面对因孩子受欺凌而带来的情感压力，亲子关系中容易产生矛盾和冲突，甚至导致家庭关系的破裂。这些都会给家庭带来沉重的负担，影响家庭的整体幸福感和社会的稳定性。对学校而言，校园欺凌事件会增加学校的管理难度，学校需要投入更多的资源和精力来处理欺凌事件，包括调查取证、处理纠纷等，这些都会增加学校的管理成本和压力。同时，校园欺凌事件会损害学校的声誉和形象，其教育质量和管理水平会受到公众的质疑和批评，进而导致学校的招生工作受到影响，影响学校的整体发展。总之，校园欺凌对社会稳定的影响是深远且多方面的，随着网络的发展，校园欺凌更易被传播和受到模仿，学生道德规范水平滑坡，一些欺凌者可能会因为长期的不良行为和心理扭曲而走上犯罪道路，给社会带来更大的安全隐患和不稳定因素。如果无法有效预防和处理欺凌事件，公众可能会对学校的教育质量和管理水平产生怀疑和不满，进而引发教育体系的信任危机。

为此，教育部、公安部、中央网信办印发了《学生欺凌防范处置工作指引（试行）》（以下简称《指引》），提出建立“密切协作联动机制。教育行政部门、公安机关要建立定期会商研判制度，完善信息共享、风险共防、问题共处的联动协作机制。通报涉欺凌警情分析、涉校矛盾纠纷、不良行为青少年群体、辍学和疑似辍学学生等信息，研判涉学生欺凌问题动态，分析风险隐患，查找薄弱环节，研究对策措施，共同做好防范处置工作”。《指引》中的做法及相关指导意见对防范化解涉访维稳风险提供了重要参考和有效路径。

（四）风险综合治理相对滞后

教育领域涉访维稳的风险治理不仅是教育部门的职能范畴，还涉及公安、市场监管等部门，要实现源头治理必然要做到协同治理，但目前这种格局还没有真正形成。以公安机关参与教育领域重大决策社会稳定风险评估面临的问题为例，有以下几点需要注意。

第一，由于目前我国还没有专门的法律规定重大决策社会稳定风险评估的相关内容，公安机关作为承担社会治安风险防控的重要职能部门，提前介入相关部门参与决策制定，进行风险评估和预警分析研判时缺乏法律依据。虽然社会稳定风险评估有党内法规加以明确，但公安机关主动参与教育领域决策制定，提前进行风险评估存在的问题主要体现在以下两个方面：一方面是现有的重大决策社会稳定风险评估的相关规定大都是整体性要求，没有针对教育管理部门、公安机关的具体职责范围、分工事项的细则；另一方面是现有规定主要针对重大决策本身，但对于决策前的社会稳定风险评估一般没有明确规定，公安机关主动参与教育领域决策制定的事项、范围、程序等相关依据尚不充分。

第二，各评估主体的评估内容有时会重叠。尽管中共中央办公厅下发文件明确要求党委和政府为维护社会稳定的主要负责单位，不同部门各司其职、各负其责；中共北京市委办公厅也曾下发文件明确提出谁决策谁负责、谁主管谁负责的权责划分原则，但是在实际操作中由于各类教育决策涉及部门广、波及人群多、利益交叉分散，各评估主体制定的稳评办法、评估措施有时会交叉重叠。以中小学校舍改扩建工程为例，涉及多个部门，各部门出台了相应的稳评办法，但评估内容和实施办法却出现重叠的情况，既导致重复评估，浪费行政资源，又有可能出现评估结果不一致的情形。

第三，参与教育决策前风险评估的范围不易把握。目前，一般的社会稳定风险评估大都根据制定政策的合法性、合理性、可行性和可控性来确定风险评估内容，但具体到教育决策社会稳定风险评估范围时，因教育管理部门和公安机关的视角站位、支撑分析研判的数据不同，其标准会存在一定偏差。

第四，公安机关主动介入教育决策评估渠道不畅通。一方面公安机关无法及时获取教育部门即将发布的决策信息，另一方面教育部门无法精准又全面地分析拟制定的政策、决定可能涉及的风险点，双方沟通的渠道不畅通、对接不及时，导致公安机关参与决策前风险评估时机滞后，难以把握主动权，往往只能在决策做出后，根据社会各界的反映情况、舆论影响程度，被动应对和平息已出现的维稳风险。

第五，评估结果运用不到位。对于部分能够在决策前公安机关提前介入参与风险评估的情况，有时存在“评而不用”的问题，即意识到决策实施可能引发的风险，但相关部门并没有认识到社会稳定风险评估本身的重要性和调整决策的必要性，忽视可能存在的风险隐患，继续按照既定方案实施，使得决策前的风险评估被束之高阁。

三　防范化解教育领域涉访维稳风险的对策建议

（一）加强顶层设计，健全教育领域涉访维稳风险评估体制

一是进一步健全涉访维稳风险评估体制。坚持和加强党对教育领域涉访维稳工作的全面领导，构建党委统一领导和统筹，涉访维稳工作联席会议协调，教育部门主责、公安机关协同支撑的涉访维稳工作格局。教育部门应围绕重大决策构建专门评估团队、建立相应的评估指标和模型量化风险等级水平，科学识别潜在威胁，为从源头上防范各类社会矛盾做好充分准备。公安机关作为维护社会稳定的主力军，要高度重视教育领域重大决策社会稳定风险评估的重要性，提升对决策前风评工作的认识，主动与教育部门对接，参与决策前风险评估，实现联席会商、信息共享，对重大决策风险进行事先审查，着重从减少社会矛盾、维护社会稳定、预防违法犯罪的角度，综合运用公安大数据对历史、现实数据进行分析预测，对风险源和风险点进行滚动排查，对涉及的各种利益群体和矛盾关系进行分析和评估，综合考虑各种影响社会稳定的风险发生的概率及可能造成的损失，并检查应急预案的预防控制和应对措施，由此核验预案的针对性和有效性，对风险等级和风险应对措施进一步提出修订建议，力争在政策出台前最大限度地减少不和谐、不稳定的因素。

二是进一步推动决策前风险评估立法进程。公安机关相关部门要及时总结梳理先进经验，制定工作方案、实施细则，规范决策前风险评估的事项、范围、程序等内容，以决策风评绩效成果推动立法进程，从而提升决策前风险评估的法律地位，把决策前风险评估作为重大决策的“前置程序”和“刚性门槛”，出台相应的法律规范并加强其可操作性。

三是进一步明确并精准锚定风险评估的主体责任。制定细则，明确决策前风险评估的主体责任及权责归属，同时紧盯教育领域重大政策、重大举措、重大项目、重大活动等重大决策事项，制定落实差异化的评估方案，及

时研判风险评估的类型、风险因素及其特征，特别是要根据风险因素的发生时间、所处阶段和影响期限、程度等情况，制定有针对性的风险防范措施。

（二）加强监测预警，滚动排查提前介入化解矛盾

一是建立双向预警机制。教育部门应根据涉访事项风险评估及时发出预警信号，公安机关在日常工作中则要强化对教育部门的专门预警。在教育政策调整初期或试行阶段，原来的风险因素可能会发生变化，同时又可能出现新的风险因素。教育部门往往只能在事发之后才能察觉相关风险，对风险酝酿变化过程的信息分析相对滞后，从而陷入被动应对的局面。公安机关可以为教育部门提供及时的预警支持，在日常工作中强化对教育领域涉访事项，如人、地、物、事、组织等治安要素的情报搜集，同步对涉教育问题的社情、舆情、警情进行情报研判，对相关风险进行持续跟踪，以便动态掌握教育涉访问题发展过程中风险和风险因素的变化情况。相关纠纷警情和舆情上升态势一旦触及风险临界点，公安机关可以将相关信息通报至教育部门，实现信息共享、提前预警，帮助教育部门尽早发现影响安全稳定的苗头性迹象，以便于双方及时疏导和联动应对可能出现的扰乱信访秩序或公共秩序的倾向性行为。

二是加强线上线下滚动监测排查。公安机关依托现代信息技术手段，构建线上监测预警系统平台，定期收集和分析教育领域的舆情信息和相关数据，利用数据挖掘、机器学习等算法技术，及时发现异常行为和潜在的涉访风险点，为后续线下排查提供范围和方向。根据线上监测发现的潜在风险，教育部门协同公安机关制定详细的排查方案，确定排查目的、范围、方法和人员等要素，组织相关人员进行实地调查走访，主动干预、处理、消除风险。

三是强化全过程预警功能。拓宽现有的沟通渠道，进一步完善决策前风险评估的流程和方法，全程跟踪并强化风险督查。决策制定前，罗列相关风险点，根据风险大小确定风险等级及对接部门；决策实施中，实时监控事项进展情况，及时调整防范措施；决策实施后，仔细排查遗留的风险问题，确

保风险防范不留死角。同时，通过对比重大决策蕴含的潜在风险和现有的风险防范能力，总结经验教训，确保风险防范全方位升级，把稳评与应急管理紧密结合，切实提升社会治理能力。

四是常态化开展隐患排查和矛盾纠纷源头治理。在党委、政府领导下，积极会同有关部门和基层组织，结合基础信息采集应用等工作，组织人员围绕教育涉访重点领域，全面滚动排查、多元调处化解影响社会稳定的各类矛盾纠纷和风险隐患。依法管控可能报复社会、危害公共安全的高危人员，进一步加强特殊人群帮教扶工作，依靠有关部门和村居委基层组织对心态失衡、悲观厌世的人员及时开展心理疏导，有力预防和减少矛盾纠纷激化升级引发个人极端暴力犯罪和群体性事件。通过全面排查、教育转化、沟通调解、社会联动等方法，促进矛盾纠纷“化解在早、解决在小”。

（三）加强冲突管理，稳控在法治轨道内调处合理诉求

一是加强教育政策的宣传与解读，提高公众认知度和认同感。在教育涉访问题的应对策略中，加强教育政策的宣传与解读、提高公众认知度和认同感十分重要。随着教育改革的不断深入，教育部门发布多项政策，公众对这些政策的了解程度不同。首先，加强教育政策宣传是提高公众认知度的关键。教育部门应充分利用各种渠道广泛宣传教育政策，让公众了解政策的目的、内容和实施方式。同时，还可以组织专家进行政策解读活动，帮助公众深入理解政策背后的逻辑和意图。其次，当公众对教育政策有了充分的了解，就能更好地理解教育部门的决策，从而减少因误解或不了解而产生的涉访问题。最后，公众认知度的提高还能增强他们对教育改革的信心和认同感，进一步促进教育事业的健康发展。

二是加强高风险事项和群体的精准稳控。公安机关依托“情指行”一体化运行机制，建立涉访维稳风险评估模型，对可能存在的涉访维稳风险进行量化分析，精准识别高风险事项和群体。依托“高峰勤务”和“护学岗”等常态勤务机制，定期分析研判校园及周边治安形势，及时掌握重点群体、人员和不稳定因素等情况，有效落实相关措施，切实增强工作主动性，针对

可能出现聚集上访的重点时段、地点，及时调整勤务部署，强化快速反应。

三是积极搭建平台，为解决群众合理诉求提供有效途径。首先要摆正态度，注意倾听群众诉求，对涉访问题进行深入分析，找到问题的根源和关键；其次要直面问题，及时回应群众关切，正面引导群众理性表达诉求，坚持社会矛盾纠纷多元预防调处化解，人民调解、行政调解、司法调解联动，综合运用法律、政策、经济、行政等手段和教育、协商、疏导等办法，多措并举化解矛盾纠纷，最大限度防止矛盾激化升级。

（四）加强反馈问责，提升风险治理水平促进教育公平

一是要加强跟进化解。在稳控基础上，持续关注、积极推动寻求问题解决的最优方案，努力消除障碍，避免问题在部门之间空转或相互推诿，要加强部门之间的协同联动，不断提高办事效率，密切跟踪进展，保持风险"动态清零"。

二是要落实监督问责。公安机关在查办涉访相关案件之后，应将发现的问题形成专门报告及时上报党委和相关部门，对于调查过程中发现的工作不到位问题，如态度蛮横、敷衍塞责、解决问题简单化，或其他不作为、不规范、不公正问题，要具体到责任追究环节；对涉访维稳工作中履职不力、存在严重问题的人员，要视情节轻重，由信访工作联席会议进行约谈、通报、挂牌督办，并责令限期整改，切实推动问责，促进改进工作态度和方法，防止同类问题反复堆积恶化。

三是要重视事后评估。要高度重视事后复盘，形成经验，进一步针对风险点完善防范化解和应对的措施。更重要的是对教育政策实施后的效果进行后评估，系统地找出改革的成效和问题，秉承全过程管理的理念加强改革后的风险跟踪，防止产生新的风险；针对评估发现的问题，补充相关制度，真正做到查漏补缺，才能有效化解风险。

结　语

习近平总书记指出："教育是提高人民综合素质、促进人的全面发展的

重要途径，是民族振兴、社会进步的重要基石，是对中华民族伟大复兴具有决定性意义的事业。”① 教育关乎增进民生福祉，深化教育改革发展离不开稳定的社会环境，要加强对教育领域涉访维稳风险基本类型和规律趋势的研判，加强教育部门与公安机关之间的涉稳风险沟通，形成工作合力，共同对教育信访突出问题进行系统治理、依法治理、综合治理、源头治理。公安机关要变被动反应式维稳为主动管理式维稳，全面贯彻和积极实施主动警务、预防警务。通过主动排查教育领域风险隐患，加强监测预警，及时发现苗头性的、潜在性的违法犯罪，把预防做到打击前、打击做到升级前，不断提升发现预防的前瞻性、强化打击整治的主动性、增强社会共治的有效性，切实有效化解教育领域突出矛盾，确保教育领域各项改革稳中求进、以进促稳，共同守护教育公平正义和社会安全稳定。

参考文献

[1] 付昌奎、曾文婧:《强化风险治理　护航教育改革》,《光明日报》2019 年 12 月 17 日。

[2] 怀进鹏:《国务院关于有效减轻过重作业负担和校外培训负担，促进义务教育阶段学生全面健康发展情况的报告》，中国人大网，2022 年 10 月 29 日，http://www.npc.gov.cn/c2/c30834/202210/t20221029_320032.html。

① 《做党和人民满意的好老师：同北京师范大学师生代表座谈时的讲话》，人民出版社，2014，第 2 页。

附录一

平安北京建设发展评估指标体系（2024）

平安北京建设发展评估指标体系（2024）

一级指标(权重)	二级指标(权重)	三级指标(权重)
社会治理(15%)	党委领导治理(30%)	是否建立党委领导责任制(60%)
		市委常委会会议是否讨论平安建设议题(40%)
	政府主导治理(20%)	市政府在平安北京建设中的定位是否明确(25%)
		是否定期召开全市平安建设相关会议(25%)
		政府相关部门是否公开平安建设相关信息(25%)
		是否将平安建设纳入年度考核(25%)
	人民团体、社会组织、企事业单位参与社会治理(20%)	人民团体参与社会治理情况(30%)
		社会组织参与社会治理情况(40%)
		企事业单位参与社会治理情况(30%)
	首都群防群治(30%)	群防群治参与力量情况(40%)
		群防群治品牌建设情况(30%)
		群防群治成果(30%)
社会治安防控(15%)	社会面治安防控(20%)	街面巡逻防控情况(40%)
		公共交通场所防控情况(20%)
		商场、购物中心、集贸市场等商贸场所防控情况(20%)
		银行、学校、医院等重点单位及周边防控情况(20%)
	重点行业场所治安防控及危险物品等要素管控(15%)	旅馆业、印章业、典当业等重点行业治安管理情况(30%)
		娱乐、休闲服务等场所治安管理情况(15%)
		物流寄递业治安管理情况(15%)
		枪支、管制刀具、危爆物品治安管理情况(20%)
		行业场所智慧化治安管理情况(20%)

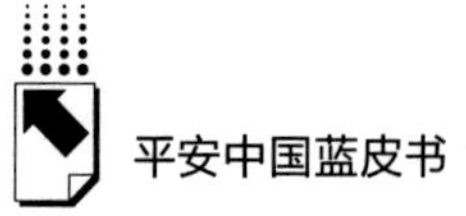

续表

一级指标（权重）	二级指标（权重）	三级指标（权重）
社会治安防控（15%）	乡镇（街道）和村（社区）治安防控（10%）	网格化管理情况（40%）
		社区服务中心建设运转情况（30%）
		社区警务实施情况（30%）
	机关、企事业单位、社会团体等单位防控（10%）	单位治保制度建设情况（40%）
		单位视频监控系统普及应用情况（30%）
		水电气热等基础设施运营单位安全防范情况（30%）
	信息网络治安防控（10%）	信息网络安全管理制度建设情况（40%）
		手机网络实名制落实情况（30%）
		个人信息安全保护情况（30%）
	城市圈层查控（10%）	市区卡口查控情况（30%）
		远郊区卡口查控情况（30%）
		环京公安检查站查控情况（40%）
	社会治安防控效果（25%）	重大案件、事件处置情况（30%）
		刑事案件立、破案数量（20%）
		公安行政处罚、强制案件办理情况（30%）
		法院受理公安行政案件数量（20%）
应急管理（15%）	应急管理责任制度体系（15%）	党委、政府领导责任是否明确（25%）
		部门监管责任是否落实（25%）
		企业主体责任是否落实（25%）
		责任追究制度是否落实（25%）
	应急管理风险防控体系（15%）	政府开展安全风险分级管控情况（20%）
		政府开展隐患排查治理情况（20%）
		政府应急管理行政执法工作情况（20%）
		企业开展风险隐患排查治理情况（20%）
		企业安全生产标准化创建情况（20%）
	应急管理事故灾害指标（15%）	安全生产死亡事故起数（10%）
		安全生产死亡人数（10%）
		单位地区生产总值生产安全事故死亡率（20%）
		年均每百万人口自然灾害死亡率（20%）
		年均自然灾害所致直接经济损失占地区生产总值比重（20%）
		10 万人口（常住人口）年火灾死亡率（20%）
	应急管理保障体系（15%）	应急法规体系（20%）
		应急救援队伍（20%）

续表

一级指标（权重）	二级指标（权重）	三级指标（权重）
应急管理（15%）	应急管理保障体系（15%）	应急志愿者队伍（20%）
		应急物资保障体系（20%）
		企业安全管理人员配备状况（20%）
	韧性安全建设（25%）	空间韧性（25%）
		工程韧性（25%）
		管理韧性（25%）
		社会韧性（25%）
	应急管理宣传教育（15%）	政府开展应急宣传情况（25%）
		政府开展应急教育培训情况（25%）
		企业开展应急宣传教育情况（25%）
		企业开展应急演练情况（25%）
矛盾纠纷化解（15%）	矛盾纠纷预防（25%）	开展矛盾纠纷排查情况（40%）
		重大决策社会稳定风险评估落实情况（30%）
		群众利益表达渠道畅通情况（30%）
	矛盾纠纷处置（30%）	矛盾纠纷处理主体是否及时受理或回应（15%）
		矛盾纠纷多元化解创新情况（20%）
		信访法治化建设情况（20%）
		行政复议化解行政争议情况（15%）
		公共法律服务体系建设情况（15%）
		社会心理服务体系建设情况（15%）
	矛盾纠纷化解效果（30%）	矛盾纠纷化解数量（35%）
		群众对矛盾纠纷化解的感受（35%）
		“枫桥经验”在矛盾纠纷化解中的应用情况（30%）
	矛盾纠纷化解巩固（15%）	对已化解的矛盾纠纷进行回访调查情况（60%）
		对已化解的矛盾纠纷典型案例宣传报道情况（40%）
民生安全（15%）	人口发展（20%）	常住人口数量调控（25%）
		常住人口结构（25%）
		常住人口质量（25%）
		流动人口服务管理（25%）
	食品安全（20%）	食品抽检合格率（20%）
		食品安全事故（20%）
		食品安全意识（20%）
		食品安全宣传教育（20%）
		食品安全满意度（20%）

续表

一级指标(权重)	二级指标(权重)	三级指标(权重)
民生安全(15%)	药品安全(20%)	药品抽检合格率(25%)
		药品案件查处(25%)
		用药安全(25%)
		药品安全满意度(25%)
	生态环境安全(20%)	国家地表水考核断面(20%)
		空气质量达标天数比例(20%)
		生态环境指数(20%)
		生活垃圾无害化处理率(20%)
		突发环境事件(20%)
	旅游安全(20%)	景区安全设施(25%)
		旅游服务质量(25%)
		旅游安全突发事件(25%)
		旅游安全宣传教育(25%)
平安建设保障(15%)	法治保障(20%)	平安建设地方性立法情况(30%)
		平安北京建设规范性文件情况(30%)
		平安建设决策容错纠错保障机制建设情况(30%)
		民众对法治保障的感受(10%)
	人员保障(20%)	警力配备情况(35%)
		专业队伍建设情况(25%)
		社会力量参与情况(25%)
		民众对人员保障情况的感受(15%)
	财务装备(25%)	平安建设经费投入情况(40%)
		平安建设硬件设施建设情况(40%)
		民众对财务装备保障的感受(20%)
	科技支撑(25%)	公共安全视频监控系统建设情况(20%)
		大数据深度应用(20%)
		信息资源共享融合情况(20%)
		信息化、智能化科技在平安建设中的应用(20%)
		信息安全防护建设(20%)
	宣传教育(10%)	是否将平安建设相关内容纳入领导干部培训(30%)
		是否将平安建设相关内容纳入中小学教育内容(30%)
		是否在全市范围内开展与平安建设有关的应急演练(40%)

续表

一级指标(权重)	二级指标(权重)	三级指标(权重)
安全感(10%)	总体安全感(40%)	公众对北京安全状况的总体感受(100%)
	公共场所安全感(15%)	公众对车站、广场、公园、商场等公共场所环境安全状况的主观感受(100%)
	单位安全感(15%)	公众对所在工作单位环境安全状况的主观感受(100%)
	社区安全感(15%)	公众对所居住的社区环境安全状况的主观感受(100%)
	校园安全感(15%)	公众对校园安全状况的主观感受(100%)

附录二
平安北京建设发展评估调查问卷（2024）

尊敬的先生/女士：

您好！非常感谢您参加我们的调查，本调查旨在了解当前平安北京建设实际情况，进一步加强和完善平安北京建设。本次调查是不记名的，回答无所谓对错，也不会影响他人对您的评价，您可以完全根据自己的实际情况作答。如果遇到不好回答或不适用的情况，请以最相近的场景或最接近情况作答即可。调查结果仅供研究，我们严格遵守《中华人民共和国统计法》相关规定，绝不会泄露您的个人信息。感谢您的支持与配合！

中国人民公安大学

平安北京建设发展评估课题组

2024 年 5 月

样本点村/居委会编码：□□□□□□□□□□□□（调查员不填写）

个人编码：□□□□□（调查员不填写）

以下部分由调查员填写：

受访者地址：______区______乡镇/街道________村/居委会

调查员（签名）：____________联系电话：________________

调查完成日期：________年________月________日

A　个人基本信息（12个问题）

A1. 性别（不读）：

1. 男　　2. 女

A2. 您的出生年月是：□□□□年□□月。

A3. 您的婚姻状况是：

1. 未婚　　2. 已婚　　3. 离婚　　4. 丧偶

A4. 您的受教育程度是：

1. 研究生（含硕士/博士/自学进修取得结业证书）
2. 大学本科　　3. 大学专科
4. 高中（中专）　　5. 初中
6. 小学及以下

A5. 您觉得您目前的身体状况怎么样？

1. 很健康　　2. 比较健康　　3. 一般　　4. 不太健康
5. 不健康

A6. 您个人上个月的收入是：□□□□□□□元。

A7. 您的户籍所在地是否为北京？

1. 是（跳答A10题）　　2. 否

A8. 您是否办理了暂住证/居住证？

1. 是　　2. 否

A9. 您来北京的时间是□□□□年□□月。

A10. 您当前所居住的地域类型是？

1. 城区　　2. 郊区或城乡接合部
3. 远离郊区乡镇　　4. 农村

A11. 您目前居住在什么样的社区中？

1. 商品房社区　　2. 经济适用房社区
3. 机关事业单位社区　　4. 工矿企业社区

5. 未经改造的老城区　　6. 经过改造的老城区
7. 城中村或棚户区　　8. 城乡接合部
9. 农村社区　　10. 其他

A12. 您现在的主要职业是什么？

1. 国家机关、党群组织、企业、事业单位负责人
2. 专业技术人员
3. 一般公务员、办事人员和有关人员
4. 商业、服务业人员
5. 农、林、牧、渔、水利业生产人员
6. 生产运输设备操作人员及有关人员
7. 无固定职业及其他职业
8. 不工作

B　首都社区安全状况（36个问题）

B1. 近五年，您所居住的社区是否发生过以下违法犯罪行为？

类型	是	否	不知道(不读)
A 杀人	1	0	9
B 性侵、猥亵	1	0	9
C 入室盗窃	1	0	9
D 一般盗窃 (如盗窃电动车、盗窃自行车)	1	0	9
E 抢夺或抢劫	1	0	9
F 电信诈骗	1	0	9
G 非法集资	1	0	9
H 邪教活动	1	0	9
I 传销	1	0	9
J 涉黄行为	1	0	9
K 涉毒行为	1	0	9
L 涉赌行为	1	0	9

续表

类型	是	否	不知道（不读）
M 打架斗殴	1	0	9
N 破坏公私财物 （如划车、砸玻璃、破坏绿植或健身器材）	1	0	9

B2. 在您居住社区中，能在重大活动或重要时间节点看到戴红袖标的治安志愿者吗？

1. 经常见到　　2. 偶尔见到

3. 见不到（跳答 B4 题）

B3. 您认为上述治安志愿者力量开展下列维护社会治安工作的效果如何？

类型	好	一般	不好	没有（不读）
A 巡逻防控	1	2	3	9
B 提供破案线索	1	2	3	9
C 排查化解矛盾纠纷	1	2	3	9

B4. 您晚上独自行走在您所居住的社区中会觉得害怕吗？

1. 很害怕　　2. 比较害怕　　3. 一般

4. 不太害怕　　5. 不害怕

B5. 您是否了解自己所在的社区定期或是在重大时间节点进行矛盾纠纷排查？

1. 了解　　2. 不了解

B6. 您是否认可下列治安志愿者组织的工作效果？

治安志愿者组织	认可	一般	不认可	不知道（不读）
A 西城大妈	1	2	3	9
B 东城守望者	1	2	3	9
C 丰台劝导队	1	2	3	9

续表

治安志愿者组织	认可	一般	不认可	不知道(不读)
D 海淀网友	1	2	3	9
E 朝阳群众	1	2	3	9
F 石景山老街坊防消队	1	2	3	9
G 其他(请注明:　　)	1	2	3	9

B7. 您所居住社区的视频监控系统运行是否有效?

1. 非常有效　　2. 比较有效　　3. 一般

4. 不太有效　　5. 无效

B8. 您所居住的社区是否设有以下管理组织或个人?

社区负责主体	有	没有	不清楚(不读)
A 物业公司	1	2	3
B 业主委员会	1	2	3
C 网格长	1	2	3

B9. 您对您所居住社区中居民的认识程度怎么样?

1. 基本认识　　2. 大部分认识

3. 大约认识一半　　4. 只认识一小部分

5. 基本不认识

B10. 当您跟社区中的下列人员接触时,您认为他们的礼貌程度如何?

社区相关人员	非常礼貌	比较礼貌	一般	不太礼貌	不礼貌
A 社区民警	1	2	3	4	5
B 居委会主任	1	2	3	4	5
C 邻居	1	2	3	4	5

B11. 如果您遇到矛盾纠纷,更倾向于选择哪几种方式解决?(可多选)

1. 与对方协商和解

2. 找居委会、业委会、物业公司等人员进行调解
3. 直接报警　　4. 拨打 12345 热线
5. 找人民调解员调解　　6. 信访途径
7. 向人民法院提起诉讼　　8. 找相关政府部门
9. 其他

B12. 您认为下列主体在矛盾纠纷化解中是否有效发挥作用？

主体	有效	一般	无效	未参与（不读）
A 公安机关	1	2	3	9
B 社区居委会、社区业委会、物业公司等	1	2	3	9
C 人民调解组织	1	2	3	9
D 12345 热线	1	2	3	9
E 信访机关	1	2	3	9
F 人民法院	1	2	3	9
G 相关政府部门	1	2	3	9

B13. 您反映关于自身合理诉求或相关问题的渠道是否通畅？

1. 很通畅　2. 比较通畅　3. 一般通畅
4. 不太通畅　5. 不通畅

B14. 据您观察，您所居住社区的社区警务室开放频率如何？

1. 经常开放　　2. 偶尔开放
3. 不开放　　4. 不清楚（不读）

B15. 近三年来，社区民警是否去过您家里调查或走访？

1. 平均每年一次　　2. 平均每季度一次
3. 平均每月一次　　4. 平均每周一次
5. 平均每三天一次　　6. 不清楚（不读）

B16. 矛盾化解主体对您反映的诉求是否立即处理或给出明确处理时间？

1. 是　2. 否　3. 不清楚（不读）

B17. 您是否了解或接受过公益法律援助服务？

1. 是　2. 否　3. 不清楚（不读）

B18. 您是否了解或接受过社会心理援助服务？（如拨打心理服务热线或者参加社区组织的心理健康讲座）

1. 是　　2. 否　　3. 不清楚（不读）

B19. 相关部门解决您的诉求后，是否进行回访调查？（如电话回访纠纷后续是否反复，或询问您对于处理结果的满意程度）

1. 是　　2. 否　　3. 不清楚（不读）

B20. 您是否收到过突发事件预警信息？（可多选）

1. 否　　2. 是，气象预警

3. 是，空气污染　　4. 是，森林火险

5. 是，地质灾害　　6. 是，其他

B21. 突发事件的最高预警级别是？

1. 红　　2. 橙　　3. 黄　　4. 蓝

5. 不知道（不读）

B22. 您是否会根据不同等级预警信息采取不同的应对措施？

1. 是　　2. 否

B23. 近三年来，北京自然灾害是否对您或家庭造成损失？

1. 是　　2. 否

B24. 您所在的社区是否组织过应急知识宣传教育？

1. 否　　2. 是，每年1次

3. 是，每年2~3次　　4. 是，每年4次及以上

B25. 您所在的社区是否组织过应急演练活动？

1. 否　　2. 是，每年1次

3. 是，每年2~3次　　4. 是，每年4次及以上

B26. 您所在的社区是否开展过安全隐患排查？

1. 否　　2. 是，每年1次

3. 是，每年2~3次　　4. 是，每年4次及以上

B27. 您在家中是否储备了家庭应急物资？

1. 是　　2. 否

B28. 您是否熟悉所居住建筑的应急疏散路线？

1. 是　　2. 否

B29. 您所在社区的应急避难场所数量？

1. 没有　　2. 1 个　　3. 2 个

4. 2 个及以上　　5. 不清楚

B30. 总体来看，您认为您所居住社区的治安状况怎样？

1. 很好　　2. 比较好　　3. 一般

4. 比较差　　5. 很差

B31. 总体来看，您对所居住社区（村）的应急管理工作满意吗？

1. 很满意　　2. 比较满意　　3. 一般

4. 不太满意　　5. 很不满意

B32. 您所在社区附近的加油站、加气站及其他危险化学品经营单位的数量？

1. 没有　　2. 较少　　3. 一般

4. 较多　　5. 过多　　6. 不清楚

B33. 您所居住的社区在防火防震方面是否存在安全隐患？

1. 没有　　2. 较少　　3. 一般

4. 较多　　5. 过多　　6. 不清楚

B34. 您所居住的社区在供电供水供热供气方面是否存在安全隐患？

1. 没有　　2. 较少　　3. 一般

4. 较多　　5. 过多　　6. 不清楚

B35. 您所居住的社区是否存在电动自行车违规停放或充电现象？

1. 不存在　　2. 存在，情况不突出

3. 存在，情况一般　　4. 存在，情况较突出

5. 存在，情况非常突出

B36. 面对常见灾害，您是否具备基本的应急技能？

1. 不具备　　2. 具备，但能力薄弱

3. 具备，能力一般　　4. 具备，能力较强

5. 具备，能力充足

C　社会公共空间安全状况（39个问题）

C1. 您认为北京市关于平安建设的立法是否完备？

1. 是　　2. 否　　3. 不清楚（不读）

C2. 您是否了解政府公开的平安建设相关信息？

1. 是　　2. 否　　3. 不清楚（不读）

C3. 近五年来，您的手机、钱包或其他贵重物品在公共场所（如商场等）被盗窃过吗？

1. 是（请注明：被盗过________次）　　2. 否

C4. 您晚上独自行走在社区外面的街道、广场等地方，您会觉得害怕吗？

1. 非常害怕　　2. 比较害怕　　3. 一般

4. 不太害怕　　5. 不害怕

C5. 在您居住地的街道、广场等公共地方，重大活动或重要时间节点能看到戴红袖标的治安志愿者吗？

1. 经常见到　　2. 偶尔见到　　3. 见不到

C6. 在您居住地的街道、广场等公共地方，经常见到警察或警车吗？

1. 经常见到　　2. 偶尔见到　　3. 见不到

C7. 您能区分警察、辅警与保安吗？

1. 能　　2. 不能

C8. 您认为北京警察态度和善吗？

1. 非常和善　　2. 比较和善　　3. 一般

4. 不太和善　　5. 不和善　　6. 未接触（不读）

C9. 您拨打 110 报警后，公安民警能及时赶到现场帮您处理问题吗？

1. 非常及时　　2. 比较及时　　3. 一般

4. 不太及时　　5. 很不及时　　6. 未报警过（不读）

C10. 在您自己或亲朋好友所接触的北京警察执法过程中，您认为受到公正对待了吗？

1. 非常公正　2. 比较公正　3. 一般

4. 不太公正　5. 不公正　6. 未接触（不读）

C11. 您认为北京市维护社会治安秩序的力量是否充足？

人员类别	过剩	充足	不足	不清楚(不读)
A 警察	1	2	3	9
B 专业队伍	1	2	3	9
C 社会力量	1	2	3	9

C12. 您认为北京市的企业或事业单位参与社会治理作用如何？

1. 作用很大　2. 作用大　3. 作用一般

4. 作用不大　5. 没有作用

C13. 您或您的亲朋好友有没有在北京见到过有人携带下列危险物品？

种类	有	没有
A 枪支	1	0
B 管制刀具	1	0
C 其他危险物品(如易燃易爆、化学物品等)	1	0

C14. 近一年内，您在北京邮寄快递时，快递员是否现场检查邮寄物品？

1. 全都会检查　2. 大多数会检查

3. 检查与不检查，比例相当　4. 偶尔检查

5. 不检查　6. 未邮寄（不读）

C15. 近一年内，您如果去过旅馆、刻字店、娱乐场所、洗浴按摩等行业场所，您觉得其身份验证、人脸识别、视频监控、数字门禁等智慧化防范技术运用程度如何？

1. 运用得很好　2. 运用得一般　3. 运用得不好

4. 不清楚（不读）　5. 没去过（不读）

C16. 您在北京最近一次办理旅店入住手续时，旅店信息登记情况如何？

1. 所有入住人员均要求登记
2. 同行人员一人或少数人登记，其余人员未登记
3. 所有入住人员均不要求登记
4. 没住过（不读）

C17. 您在北京洗浴、按摩场所过夜时，是否需要登记？

1. 需要登记　2. 偶尔登记　3. 不需要登记
4. 未在洗浴、按摩场所过夜（不读）

C18. 您在北京有没有收到代办刻制公章的广告？

1. 经常收到　2. 偶尔收到
3. 未收到　4. 不清楚（不读）

C19. 您在北京的 KTV、歌厅、舞厅消费时，有无遇见争吵辱骂、打架斗殴等纠纷？

1. 有遇见过　2. 没有遇见过
3. 没在歌厅或舞厅消费过（不读）

C20. 最近一年，是否有陌生人在网上添加您好友后进行推销、借款或者骚扰性聊天？

1. 经常遇到　2. 偶尔遇到
3. 正常交流　4. 未被添加（不读）

C21. 当您去银行办理汇款业务时，银行工作人员会向您确认收款人吗？

1. 都会　2. 大多数会　3. 会与不会，比例相当
4. 偶尔会　5. 不会　6. 未办理（不读）

C22. 您认为北京市医院的整体安全防范能力如何？

1. 强　2. 一般
3. 弱　4. 不清楚（不读）

C23. 您通过政务服务网络平台或相关政府网络平台办理过就业、劳动、社会保障、治安管理或医疗卫生等相关业务吗？

1. 办过　2. 没办过　3. 不清楚（不读）

C24. 请用 1~10 分，来表达您对以下项目的满意度（1 分表示非常不满意，10 分表示非常满意，每行单选）

		非常不满意								非常满意		不适用
1	工作	1	2	3	4	5	6	7	8	9	10	99
2	住房	1	2	3	4	5	6	7	8	9	10	99
3	教育	1	2	3	4	5	6	7	8	9	10	99
4	医疗保障	1	2	3	4	5	6	7	8	9	10	99
5	托育服务	1	2	3	4	5	6	7	8	9	10	99
6	养老保障	1	2	3	4	5	6	7	8	9	10	99
7	社会救助	1	2	3	4	5	6	7	8	9	10	99
8	总体来说，您对生活的满意度	1	2	3	4	5	6	7	8	9	10	99

C25. 您认为在北京办理居住证是否方便？

1. 办理过，方便　　2. 办理过，不方便

3. 未办过（不读，跳答 C27 题）

C26. 您是否同意以下说法？

说法	同意程度
A 我喜欢我现在居住的城市/地方	1. 完全不同意　2. 不同意　3. 基本同意　4. 完全同意
B 我关注我现在居住城市/地方的变化	1. 完全不同意　2. 不同意　3. 基本同意　4. 完全同意
C 我很愿意融入本地人当中，成为其中一员	1. 完全不同意　2. 不同意　3. 基本同意　4. 完全同意
D 我觉得本地人愿意接受我成为其中一员	1. 完全不同意　2. 不同意　3. 基本同意　4. 完全同意
E 我感觉本地人看不起外地人	1. 完全不同意　2. 不同意　3. 基本同意　4. 完全同意
F 我的生活习惯与本地市民之间存在较大差别	1. 完全不同意　2. 不同意　3. 基本同意　4. 完全同意
G 我觉得我已经是本地人了	1. 完全不同意　2. 不同意　3. 基本同意　4. 完全同意

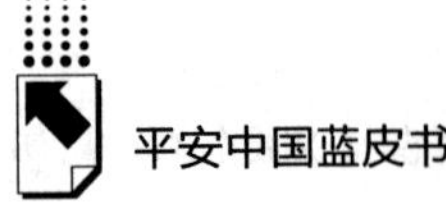

C27. 近五年，您是否听说或参加过社会稳定风险评估（如涉及居民居住环境安全或是征地拆迁补偿，楼栋、小区改造等事项）听证会？

1. 是　　2. 否　　3. 不清楚（不读）

C28. 您最近一年内在车站、机场等附近见过黑车拉客行为吗？

1. 经常见到　　2. 偶尔见到　　3. 未见到

C29. 您最近一年内在景点附近见到过导游私自拉客行为吗？

1. 经常见到　　2. 偶尔见到　　3. 未见到

C30. 您最近一年内，在商场、购物中心、集贸市场等商贸场所遇到过打架斗殴、财物被盗等事情吗？

1. 较为常见　　2. 偶尔遇到

3. 没遇见　　4. 未逛过商贸场所（不读）

C31. 您在近两年内是否发生过交通事故？

1. 发生过严重事故　　2. 发生过轻微事故

3. 未发生任何事故

C32. 您认为北京市下列交通场站的安防力量是否充足？

交通场站类别	是	否	没去过(不读)
A 地铁站	1	0	9
B 公交站	1	0	9
C 火车站	1	0	9
D 长途汽车站	1	0	9
E 飞机场	1	0	9

C33. 当您自驾或乘坐车辆在五环内行驶时，是否接受过交通卡口的治安检查？

1. 全都检查　　2. 大部分都检查

3. 检查或不检查各占一半　　4. 偶尔检查

5. 不检查　　6. 没到过交通卡口（不读）

C34. 当您自驾或乘坐车辆在五环外行驶时，是否接受过交通卡口的治安检查？

1. 全都检查　　2. 大部分都检查
3. 检查或不检查各占一半　　4. 偶尔检查
5. 不检查　　6. 没到过交通卡口（不读）

C35. 当您自驾或乘坐车辆进京时，是否接受过交通卡口的治安检查？

1. 全都检查　　2. 大部分都检查
3. 检查、不检查各占一半　　4. 偶尔检查
5. 不检查　　6. 没到过交通卡口（不读）

C36. 您最近一年个人信息是否发生过被泄露的情况？

1. 经常被泄露　　2. 偶尔被泄露
3. 未被泄露

C37. 您认为北京市对平安建设所投入的经费是否充足？

1. 过剩　　2. 充足
3. 不足　　4. 不清楚（不读）

C38. 最近一年您的手机或者电脑是否受到过病毒攻击？

1. 经常受攻击　　2. 偶尔受攻击
3. 未被攻击

C39. 您最近一年办理手机号码时，是否要求实名登记？

1. 全都会要求　　2. 大多数会要求
3. 要求或不要求各占一半　　4. 偶尔要求
5. 不要求　　6. 未办理过（不读）

D　学校与单位安全状况（20个问题）

D1. 您或您的亲属是否有孩子在北京上学？

1. 是　　2. 否（跳答 D6 题）

请选择一个您最熟悉的孩子，回答 D2~D4 题。

D2. 您或您亲属的孩子在北京就读学校的类型为？

1. 幼儿园（回答 D3 题 A 部分） 2. 中小学（回答 D3 题 B 部分）

3. 大学（回答 D3 题 C 部分）

D3. 据您了解，您或您亲属的孩子在校园当中是否存在下列安全问题？

学校类别	校园安全问题	是	否
A 幼儿园	1 性侵或猥亵儿童行为	1	0
	2 教师等工作人员虐待学生行为	1	0
	3 校园食品安全	1	0
	4 校园基础设施安全	1	0
	5 在上学期间走失	1	0
	6 其他	1	0
B 中小学	1 意识形态问题	1	0
	2 校园斗殴、欺凌行为	1	0
	3 校园性侵或性骚扰行为	1	0
	4 校园盗窃行为	1	0
	5 校园欺诈行为	1	0
	6 教职工等人员虐待学生行为	1	0
	7 校园周边娱乐场所引发的安全问题	1	0
	8 校园食品安全问题	1	0
	9 校园基础设施安全问题	1	0
	10 在上学期间走失	1	0
	11 其他	1	0
C 大学	1 政治、意识形态安全问题	1	0
	2 邪教、封建迷信传播问题	1	0
	3 参与或组织传销	1	0
	4 沉迷游戏、网络问题	1	0
	5 校园斗殴、欺凌行为	1	0
	6 校园性骚扰或性侵	1	0
	7 校园盗窃行为	1	0
	8 校园欺诈行为	1	0
	9 卖淫嫖娼、制作贩卖传播淫秽信息行为	1	0
	10 赌博行为	1	0

续表

学校类别	校园安全问题	是	否
C 大学	11 吸食贩卖毒品行为	1	0
	12 校园周边娱乐场所引发的安全问题	1	0
	13 校园食品安全问题	1	0
	14 校园基础设施安全问题	1	0
	15 大学生心理健康问题	1	0
	16 其他	1	0

D4. 据您了解，您或您亲属的孩子所在学校是否开展过安全教育？

1. 是　　2. 否

D5. 据您了解，您或您亲属的孩子所在学校是否有针对校园欺凌的发现和干预制度？

1. 是　　2. 否

D6. 您所在单位的视频监控体系是否有效运行？

1. 非常有效　　2. 比较有效　　3. 一般

4. 不太有效　　5. 无效

D7. 您所在单位采用的技防设备和技防措施，是否有相关的国家、行业或者地方标准作为依据？

1. 有　　2. 没有　　3. 不清楚（不读）

D8. 您所在单位过去三年是否发生过安全生产事故？

1. 是　　2. 否（跳答 D10 题）

3. 不清楚（不读，跳答 D10 题）

D9. 您所在单位发生安全生产事故后，相关责任人是否被追责？

1. 是　　2. 否　　3. 不清楚（不读）

D10. 您所在单位是否组织过应急演练？

1. 是　　2. 否　　3. 不清楚（不读）

D11. 您所在的单位是否有应急救援队伍？

1. 是　　2. 否　　3. 不清楚（不读）

D12. 您是否知道安全生产举报投诉电话?

1. 12350　　2. 12345

3. 12350 和 12345 都可以　　4. 不清楚（不读）

D13. 您是否了解本单位的应急预案?

1. 是　　2. 否　　3. 不清楚（不读）

D14. 您是否熟悉政府和本单位的应急相关制度规范?

1. 是　　2. 否　　3. 不清楚（不读）

D15. 您所在单位是否有专职安全管理人员?

1. 是　　2. 否　　3. 不清楚（不读）

D16. 您所在单位是否定期对各岗位的安全状况进行检查?

1. 是　　2. 否　　3. 不清楚（不读）

D17. 您所在工作单位是否开展过安全警示教育活动?

1. 是　　2. 否　　3. 不清楚（不读）

D18. 您所在单位的治保会是否有效运行?

1. 非常有效　　2. 比较有效　　3. 一般

4. 不太有效　　5. 无效　　6. 不清楚（不读）

D19. 如果您所在的单位属于水电气热等基础设施运营单位，您觉得所在单位的内部保卫工作做得如何?

1. 非常好　　2. 比较好　　3. 一般

4. 不太好　　5. 不好　　6. 不清楚

9. 不在水电气热等基础设施运营单位（不读）

D20. 您觉得北京总体安全状况如何?

1. 非常安全　　2. 比较安全　　3. 一般

4. 不太安全　　5. 不安全

E　民生安全状况（10个问题）

E1. 您购买包装食品时，是否会关注生产日期、保质期等信息?（单

选题）

1. 每次都会　　2. 经常会

3. 偶尔会　　4. 完全不会

E2. 您在现居住地遇到过食品安全问题吗？（单选题）

1. 是　　2. 否

E3. 如果您购买到有问题的食品（“三无”、过期或变质的食品），您的处理方式是？

1. 找相关部门投诉　　2. 直接找商家索赔

3. 直接扔掉不吃　　4. 继续食用

5. 其他处理方式（请注明）______________

E4. 您觉得现居住地的食品安全程度如何？

1. 很安全　　2. 比较安全　　3. 一般

4. 不太安全　　5. 很不安全　　6. 不好说

E5. 您在服用药物前是否会阅读说明书？

1. 每次都会　　2. 经常会　　3. 偶尔会　　4. 完全不会

E6. 过去 12 个月，您在用药后是否出现过不良反应？

1. 从来没有　　2. 偶尔出现　　3. 经常出现

E7. 您觉得现居住地的药品安全程度如何？

1. 很安全　　2. 比较安全　　3. 一般

4. 不太安全　　5. 很不安全　　6. 不好说

E8. 您是否浏览过旅游安全知识相关的宣传手册、视频等？

1. 是　　2. 否

E9. 当地景区游览区是否设有明显的安全警示标志？

1. 是　　2. 否　　3. 不知道

E10. 您对当地的旅游服务是否满意？

1. 很满意　　2. 比较满意　　3. 一般

4. 不太满意　　5. 很不满意

谢谢您参与我们的调查！希望您能告诉我们您的联系方式，以便我们将来联系回访。我们将会严格遵守相关法律规定，为您所提供的信息保密。再次感谢您的理解与配合！

F1. 您的姓名：＿＿＿＿＿＿。

F2. 您的手机号码：□□□□□□□□□□□。

Abstract

The Third Plenary Session of the 20th Central Committee of the CPC has made strategic plans at a new starting point on how to better safeguard national security and social stability and build a higher level of Safe China. The security of the capital is a key part of national security, and has an important position in the national security system. Under the guidance of the construction of Safe China, the construction of Safe Beijing has been further optimized and upgraded in terms of institutional mechanisms, methods and initiatives, supervision and guarantee, and has achieved new development and new achievements, providing effective support and guarantee for the high-quality development of the capital. This book is a research report formed after a professional, scientific and systematic investigation and assessment of the construction of Safe Beijing, and consists of three parts: the general report, sub-reports and thematic reports. The general report carries out an overall evaluation and proposes countermeasures, the sub-report evaluates and analyzes seven elements of Beijing's social governance, social security prevention and control, emergency management, conflict resolution, livelihood security, peace building guarantee and sense of security, and the thematic report adds an appendix to provide this year's Ping An Beijing Construction Development Evaluation Indicator System and questionnaire while selecting the risk of petitions related to stabilization in the field of education for the study. This year's survey and assessment continued to cover all 16 administrative districts in Beijing, with a total of 1, 808 questionnaires collected, which is a true and reliable source of data that can reflect the true level of the construction of Safe Beijing to a greater extent.

According to the results, the total score of the assessment of the development of the construction of Safe Beijing is 86. 84 points, which is in the grade of "excellent" . Five first-level indicators, including "social governance" and "emergency management", scored at the "excellent" level, while two first-level indicators, namely, "social security prevention and control" and "sense of security", scored at the "good" level. " and "sense of security" are at the "good" level. In terms of regional scores, Beijing's various jurisdictions generally scored higher on indicators such as "sense of community safety" and "prevention and control of public transportation venues", with relatively small regional differences, but regional scores on indicators such as "sense of security on campuses" were relatively low, while regional scores on indicators such as "sense of security in schools" were relatively low. " and other indicators scored relatively high, with relatively small regional differences, but there are relatively large regional differences in scores for indicators such as "sense of security in schools" . From the trend of scores, the "excellent" rates of primary and secondary indicators show a fluctuating upward trend, indicating that the quality and effectiveness of Beijing's peace building continues to improve, and that the balance between different areas continues to improve. However, the assessment also found that there are certain shortcomings in the construction of Safe Beijing 2024 in terms of social security prevention and control and sense of security. As a next step, we should further enhance the systematic capacity of the Safe Beijing construction, focus on the key areas and weak links of the Safe Beijing construction, continuously improve the effect of mass participation in grassroots social governance, strengthen the prevention and control of security risks in new business, improve the construction of urban resilience and security, improve the system of governance of conflicts and disputes, deepen the governance of the field of food, medicine, environment, and tourism, construct a multi-dimensional funding mechanism, and raise the level of governance of the urban space. We have actively responded to the security needs of residents and continuously improved the public's sense of security.

Keywords: Safe Beijing; Social Governance; Social Security Prevention and Control; Sence of Security

Contents

Ⅰ General Report

Abstract: The total score of the assessment of the development of the construction of Safe Beijing is 86.84 points, which is in the grade of "excellent" . Five first-level indicators, including "social governance" and "emergency management", scored at the "excellent" level, while two first-level indicators, namely, "social security prevention and control" and "sense of security", scored at the "good" level. "The score of 2 first-level indicators, namely, "sense of security", is at the "good" level. In terms of regional scores, Beijing's various jurisdictions generally have higher scores for indicators such as "sense of community safety" and "prevention and control of public transportation venues", with relatively small regional differences, but regional scores for indicators such as "sense of campus safety" and "sense of security" are at the "excellent" level. " and other indicators have relatively large regional differences in scores. From the trend of scores, the "excellent" rates of primary and secondary indicators show a fluctuating upward trend, indicating that the quality and effectiveness of the peace building in Beijing continues to improve, and the balance between different areas is constantly improving; at the same time, the peace building in Beijing is generally high. At the same time, there are some shortcomings in social security prevention and control and the sense of security in the construction of Safe Beijing. In the future, it will be necessary to continuously improve the effectiveness of grassroots participation in governance, strengthen the prevention and control of security risks in new businesses, enhance the construction of urban resilience and security, improve the governance system for conflicts and disputes, deepen governance in the areas of food, medicine, environment and tourism, and improve the level of governance in the urban space and the sense of security among residents.

Keywords: Safe Beijing; Social Governance; Social security prevention and control; Sence of Security

Ⅱ Topical Reports

B.2 Beijing Social Governance Survey Report (2024)

Abstract: National security is an important foundation for the steady progress of Chinese-style modernization, and a sound social governance system is a core component of the modernization of the national security system and capacity. Improving the capital's social governance system and the new pattern of social governance in the capital is a key element in the construction of a modernized governance system for a mega-city in Beijing. Conducting an assessment of Beijing's social governance in 2024 will allow us to identify the overall picture of social governance in this year, as well as observe an overview of the construction of Safe Beijing. We have set up 4 secondary indicators and 12 tertiary indicators, including party leadership, government-led governance, participation of people's groups, social organizations, enterprises and institutions in social governance, and collective governance in the capital city, and the indicators are evaluated using a combination of data from internet searches, statistical data, and questionnaire surveys. The results show that the score for the first-level indicator of "social governance" is 91.52, the highest since 2020; the scores for the four second-level indicators are 100. 00, 96. 07, 81. 49, and 86. 70 respectively. The study found that there are a number of problems in Beijing's social governance: there are still shortcomings in the disclosure of information on peace building by relevant government departments, the limited role of social organizations and enterprises and institutions in participating in social governance, and the non-correspondence between the brand and results of group defense and group governance. Targeted measures need to be taken to address these problems, including standardizing the disclosure of information on peacebuilding by relevant government departments, enhancing the effectiveness of the participation of social organizations and enterprises and institutions in social organization on all fronts, and continuing to improve the degree of organization and branding of the group defence and group governance.

Keywords: Social Governance; Safe Construction; Party Committee Leadership; Government-led; Group Prevention and Treatment

Abstract: Under the first-level indicator of "social security prevention and control", seven second-level indicators are set, namely, "social security prevention and control", "security prevention and control of key industries and places, and control of dangerous goods and other elements", "township (street)", "township (street)", "township (street)" and "township (street)". Security prevention and control," 'security prevention and control of key industry venues and control of dangerous goods,' 'security prevention and control in townships (streets) and villages (communities),' 'security prevention and control of institutions, enterprises, public organizations and other units,' 'information and communication technology,' and 'security control in the community,' 'security prevention and control in the community,' and " security control in the community. The six secondary indicators, including "prevention and control of public security in townships (streets) and villages (communities)", "prevention and control of public institutions, enterprises and public organizations", "prevention and control of public security in information networks" and "investigation and control of urban circles", correspond to the "construction of the social security prevention and control network", reflecting the actual situation of security prevention and control. The second-level indicator "Effectiveness of Social Security Prevention and Control" reflects the effectiveness of the implementation of security prevention and control. 25 third-level indicators have been set for the 7 second-level indicators. The data sources for the assessment include web survey, statistics and questionnaires. This year's questionnaire was mainly obtained by means of field research questionnaires. The first-level indicator of "social security prevention and control" scored 82.21 points, and the two second-level indicators with the lowest scores were "information network security prevention and control" (71.93 points) and "townships (streets) and villages (communities) security prevention and control" (75.38 points)

Keywords: Social Security Prevention and Control; Social Security Prevention and Control Network; The Effectiveness of Social Security Prevention and Control; Beijing

Abstract: Emergency management is an important part of the national governance system and governance capacity. Accelerating the modernization of the emergency management system and capacity, and safeguarding the new development pattern with the new security pattern, is crucial to the construction of Safe Beijing. Under the first-level indicator of "emergency management", this report has six second-level indicators, namely, "emergency management responsibility system", "emergency management risk prevention and control system", "emergency management disaster indicator", "emergency management guarantee system", "resilience and safety construction", and "emergency management publicity and education", which have been refined into 28 third-level indicators. into 28 tertiary indicators. After comprehensively analyzing all kinds of data through network search, statistical data and questionnaire survey, the score of the first-level indicator of "Emergency Management" is 87. 54 points. Generally speaking, Beijing's emergency management system has been improving, but there are still shortcomings in the areas of risk and hidden danger investigation, resilience and safety construction, and grassroots emergency management capacity. In the next stage of work, it is necessary to improve risk assessment and hidden danger management, promote the construction of resilient and safe cities in an all-round way, and solidly promote the enhancement of grass-roots emergency management capacity.

Keywords: Contingency Management; Resilient Security; Risk Prevention and Control; Beijing

Abstract: Effectively resolving contradictions and disputes and minimizing unstable factors is the key to building a higher level of peace and security in Beijing. This is the key to building a higher level of peace in Beijing. In this report, under the first-level indicator of "resolving conflicts and disputes," the following indicators are set: "Prevention of conflicts and disputes," "Disposal of conflicts and disputes," "Effectiveness of resolving conflicts and disputes," and "Effectiveness of resolving conflicts and disputes." "Consolidation of Conflicts and Disputes" under the primary indicator of "Conflicts and Disputes Resolution", and conducts a comprehensive and objective assessment of each indicator by means of questionnaire surveys and internet searches, and finally arrives at a score of 87. 24 points for the primary indicator of "Conflicts and Disputes Resolution" in 2024, with a grade of "1" and "2" . is 87. 24 points, with a grade of "excellent" . Overall, Beijing has formed a system of conflict resolution that includes prevention, response, disposal and consolidation, and the effectiveness and level of conflict governance has steadily improved. However, some limitations and deficiencies have also been revealed, which are mainly reflected in the fact that the fineness of contradiction and dispute investigation needs to be improved, there is a risk that the social stability risk assessment of major decision-making will be reduced to a mere formality, the construction of the public legal service and social psychological service system is lagging behind, and the contradiction and dispute resolution has not yet been formed into a system, and other problems. In this regard, it is recommended that the prevention of conflicts and disputes be enhanced through institutionalized and intelligent ways to refine the investigation of conflicts and disputes; the response to conflicts and disputes be enhanced by improving the information disclosure mechanism of stability assessment and strengthening the solicitation of and response to public opinion; and the resolution of conflicts and disputes be enhanced through systematization of the means of resolving conflicts and the systematization of the linkage of resolving conflicts and disputes, so as to comprehensively enhance the overall level of the work of resolving conflicts and disputes in Beijing.

Keywords: Dispute Conflicts and Disputes; Prevention of Conflicts and Disputes; Disposal of Conflicts and Disputes; Beijing

Abstract: The data were collected through questionnaires, official statistics, internet searches and other methods. The data collected through questionnaire surveys, official statistics and internet searches, etc. The score for the first level indicator of "livelihood security" in Beijing in 2024 is 86. 15 points, which is in the " excellent " level. " Population development ", ' Food safety ', ' Drug safety ', ' Ecological environment safety ', ' Tourism safety ', ' Food safety ',

'Pharmaceutical safety', 'Tourism safety', and so on. "Tourism safety" 5 secondary indicators scored above 80 points, of which 'population development' 'medicine safety' tourism safety The scores of the three secondary indicators of "population development", "safety of medicines" and "safety of tourism" are all at the "excellent" level, while the scores of the two secondary indicators of "food safety" and "safety of the ecological environment" are at the "good" level. The scores of two secondary indicators, namely "food safety" and "ecological environment safety", are at the "good" level. Overall, Beijing has achieved good results in the quality of the resident population, the passing rate of drug sampling and drug case investigation, and the quality of tourism services and other livelihood safety work. However, Beijing's resident population has returned to a state of growth, the pressure of population macro-control continues to rise, food safety issues have obvious shortcomings, there are still problems with air, water quality and ecosystems in the field of ecology and environment, and the quality of tourism services still has a lot of room for improvement. In the future, Beijing needs to promote the high-quality development of population, strengthen the construction of food safety governance system, increase the protection of ecological environment safety, and strengthen the governance of tourism safety in terms of livelihood security.

Keywords: Livelihood Safety; Food Safety; Drug Safety; Ecological Environment Safety; Tourism Safety

Abstract: Peaceful construction guarantee is the cornerstone of Beijing's peaceful construction. 2024 Safe Beijing construction has achieved relatively fruitful results in all aspects, continuously optimizing the construction of talent teams in the area of "personnel guarantee", continuously exploring innovative governance in the area of "scientific and technological support" In terms of "personnel protection", the construction of talents has been continuously optimized; in terms of "technological support", innovative governance models have been explored; and the public recognition of the construction in various fields has been improved. At the same time, however, the lack of integration of rule of law safeguards for the construction of Safe Beijing and the gaps in publicity and education have also been exposed. In the future, Safe Beijing should focus on these areas, further improve the construction of rule of law safeguards, and explore diversified modes of publicity and education, so as to ensure the steady advancement of Safe Beijing.

Keywords: Safe Construction Guarantee; Legal Guarantee; Propaganda and Education; Beijing

Abstract: The 2024 Beijing Survey on Residents' Sense of Safety shows that the score for the first-level indicator of sense of safety is 82.66, slightly higher than that of 2023. Among the secondary indicators, the scores of sense of safety in communities, campuses, and units all increased, while the score of sense of safety in public places decreased continuously. Regression analysis shows that community safety has the most significant impact on residents' overall sense of safety, followed by unit safety. In order to further improve residents' sense of security, Beijing should base on the actual situation, deepen urban space governance, strengthen community. In order to further improve residents' sense of security, Beijing should deepen urban spatial governance based on the actual situation and strengthen community functions; focus on the growth of residents' demand for safety and security, and strengthen the protection of key areas; and set up a dynamic monitoring and early warning mechanism for public security public opinion to strengthen the real-time feedback on the sense of security.

Keywords: Residents' Sense of Security; Community Security Sense; Campus Security Sense; Unit Security Sense; Beijing

Ⅲ Special Report

B.9 Risks and Prevention and Resolution Measures Related to Visiting and Maintaining Stability in the Field of Education in the Capital

Qiu Zhiyong, *Lyu Zhiqiang* / 282

Abstract: Comprehensive reform in the field of education is a livelihood project with the broadest scope and greatest impact. The deepening of comprehensive reform in the field of education is facing increased pressure and risk points. Based on the perspective of the public security authorities, this report combines the problems related to petitions and stability maintenance in the field of education reflected in recent years in Beijing and outside of Beijing, sorts out the prominent conflicts and risks related to petitions and stability maintenance, and analyzes the current problems in the field of education, such as the accumulation of hidden contradictions, amplification of risks by online public opinion, the far-reaching impact of deep-rooted problems, and the relative backwardness of comprehensive risk management, so that the report can be used as a basis for the analysis of the problems in the field of education. It then puts forward countermeasures and suggestions for strengthening the assessment, monitoring and early warning, conflict management, and feedback and accountability of the risk of petition-related stability in the field of education, aiming to work with the education sector and the public to enhance the foresight of maintaining the stability of the overall situation of society and to promote the synergy of safeguarding the fairness of education, so as to jointly build a new pattern of high-quality security to guarantee the high-quality development of education.

Keywords: Education; Stability Maintenance Through Visits; Risk Identification

北京市哲学社会科学研究基地智库报告系列丛书

推动智库成果深度转化

打造首都新型智库拳头产品

为贯彻落实中共中央和北京市委关于繁荣发展哲学社会科学的指示精神，北京市社科规划办和北京市教委自 2004 年以来，依托首都高校、科研机构的优势学科和研究特色，建设了一批北京市哲学社会科学研究基地。研究基地在优化整合社科资源、资政育人、体制创新、服务首都改革发展等方面发挥了重要作用，为首都新型智库建设进行了积极探索，成为首都新型智库的重要力量。

围绕新时期首都改革发展的重点热点难点问题，北京市社科联、北京市社科规划办、北京市教委与社会科学文献出版社联合推出“北京市哲学社会科学研究基地智库报告系列丛书”。

北京市哲学社会科学研究基地智库报告系列丛书

（按照丛书名拼音排列）

· 北京产业蓝皮书：北京产业发展报告

· 北京人口蓝皮书：北京人口发展研究报告

· 城市管理蓝皮书：中国城市管理报告

· 法治政府蓝皮书：中国法治政府发展报告

· 健康城市蓝皮书：北京健康城市建设研究报告

· 京津冀蓝皮书：京津冀发展报告

· 平安中国蓝皮书：平安北京建设发展报告

· 企业海外发展蓝皮书：中国企业海外发展报告

· 首都文化贸易蓝皮书：首都文化贸易发展报告

· 中央商务区蓝皮书：中央商务区产业发展报告

皮 书

智库成果出版与传播平台

✤ 皮书定义 ✤

皮书是对中国与世界发展状况和热点问题进行年度监测，以专业的角度、专家的视野和实证研究方法，针对某一领域或区域现状与发展态势展开分析和预测，具备前沿性、原创性、实证性、连续性、时效性等特点的公开出版物，由一系列权威研究报告组成。

✤ 皮书作者 ✤

皮书系列报告作者以国内外一流研究机构、知名高校等重点智库的研究人员为主，多为相关领域一流专家学者，他们的观点代表了当下学界对中国与世界的现实和未来最高水平的解读与分析。

✤ 皮书荣誉 ✤

皮书作为中国社会科学院基础理论研究与应用对策研究融合发展的代表性成果，不仅是哲学社会科学工作者服务中国特色社会主义现代化建设的重要成果，更是助力中国特色新型智库建设、构建中国特色哲学社会科学“三大体系”的重要平台。皮书系列先后被列入“十二五”“十三五”“ 十四五”时期国家重点出版物出版专项规划项目；自 2013 年起，重点皮书被列入中国社会科学院国家哲学社会科学创新工程项目。

皮书网

（网址：www.pishu.cn）

发布皮书研创资讯，传播皮书精彩内容
引领皮书出版潮流，打造皮书服务平台

栏目设置

◆ **关于皮书**

何谓皮书、皮书分类、皮书大事记、
皮书荣誉、皮书出版第一人、皮书编辑部

◆ **最新资讯**

通知公告、新闻动态、媒体聚焦、
网站专题、视频直播、下载专区

◆ **皮书研创**

皮书规范、皮书出版、
皮书研究、研创团队

◆ **皮书评奖评价**

指标体系、皮书评价、皮书评奖

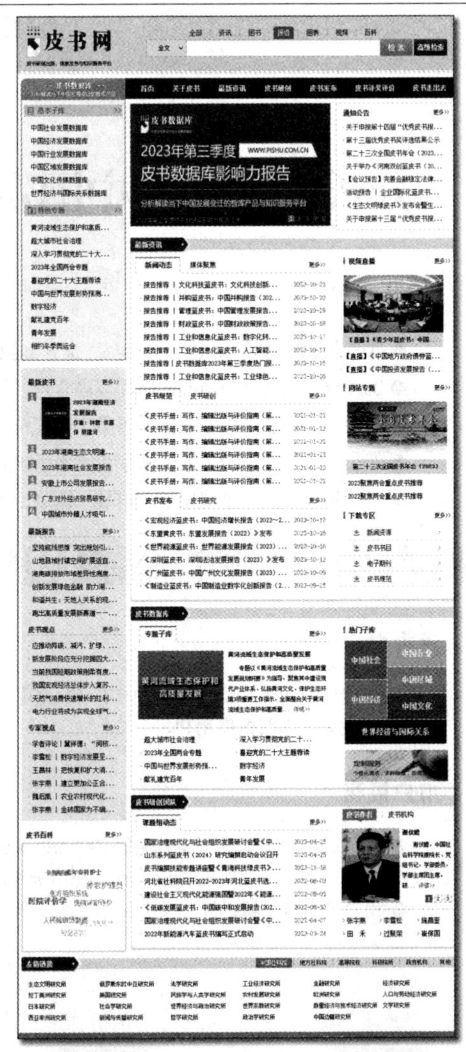

所获荣誉

◆ 2008 年、2011 年、2014 年，皮书网均在全国新闻出版业网站荣誉评选中获得“最具商业价值网站”称号；

◆ 2012 年，获得“出版业网站百强”称号。

网库合一

2014年，皮书网与皮书数据库端口合一，实现资源共享，搭建智库成果融合创新平台。

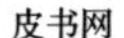

皮书网

“皮书说”
微信公众号

S 基本子库
UB DATABASE

中国社会发展数据库（下设 12 个专题子库）

紧扣人口、政治、外交、法律、教育、医疗卫生、资源环境等 12 个社会发展领域的前沿和热点，全面整合专业著作、智库报告、学术资讯、调研数据等类型资源，帮助用户追踪中国社会发展动态、研究社会发展战略与政策、了解社会热点问题、分析社会发展趋势。

中国经济发展数据库（下设 12 专题子库）

内容涵盖宏观经济、产业经济、工业经济、农业经济、财政金融、房地产经济、城市经济、商业贸易等12个重点经济领域，为把握经济运行态势、洞察经济发展规律、研判经济发展趋势、进行经济调控决策提供参考和依据。

中国行业发展数据库（下设 17 个专题子库）

以中国国民经济行业分类为依据，覆盖金融业、旅游业、交通运输业、能源矿产业、制造业等 100 多个行业，跟踪分析国民经济相关行业市场运行状况和政策导向，汇集行业发展前沿资讯，为投资、从业及各种经济决策提供理论支撑和实践指导。

中国区域发展数据库（下设 4 个专题子库）

对中国特定区域内的经济、社会、文化等领域现状与发展情况进行深度分析和预测，涉及省级行政区、城市群、城市、农村等不同维度，研究层级至县及县以下行政区，为学者研究地方经济社会宏观态势、经验模式、发展案例提供支撑，为地方政府决策提供参考。

中国文化传媒数据库（下设 18 个专题子库）

内容覆盖文化产业、新闻传播、电影娱乐、文学艺术、群众文化、图书情报等 18 个重点研究领域，聚焦文化传媒领域发展前沿、热点话题、行业实践，服务用户的教学科研、文化投资、企业规划等需要。

世界经济与国际关系数据库（下设 6 个专题子库）

整合世界经济、国际政治、世界文化与科技、全球性问题、国际组织与国际法、区域研究 6 大领域研究成果，对世界经济形势、国际形势进行连续性深度分析，对年度热点问题进行专题解读，为研判全球发展趋势提供事实和数据支持。

法律声明

“皮书系列”（含蓝皮书、绿皮书、黄皮书）之品牌由社会科学文献出版社最早使用并持续至今，现已被中国图书行业所熟知。“皮书系列”的相关商标已在国家商标管理部门商标局注册，包括但不限于LOGO（ ）、皮书、Pishu、经济蓝皮书、社会蓝皮书等。“皮书系列”图书的注册商标专用权及封面设计、版式设计的著作权均为社会科学文献出版社所有。未经社会科学文献出版社书面授权许可，任何使用与“皮书系列”图书注册商标、封面设计、版式设计相同或者近似的文字、图形或其组合的行为均系侵权行为。

经作者授权，本书的专有出版权及信息网络传播权等为社会科学文献出版社享有。未经社会科学文献出版社书面授权许可，任何就本书内容的复制、发行或以数字形式进行网络传播的行为均系侵权行为。

社会科学文献出版社将通过法律途径追究上述侵权行为的法律责任，维护自身合法权益。

欢迎社会各界人士对侵犯社会科学文献出版社上述权利的侵权行为进行举报。电话：010-59367121，电子邮箱：fawubu@ssap.cn。

社会科学文献出版社